Die 78 coolsten Entdeckungen für Kids

Das große Kinder-Wander-Erlebnis-Buch Allgäu

J. BERG

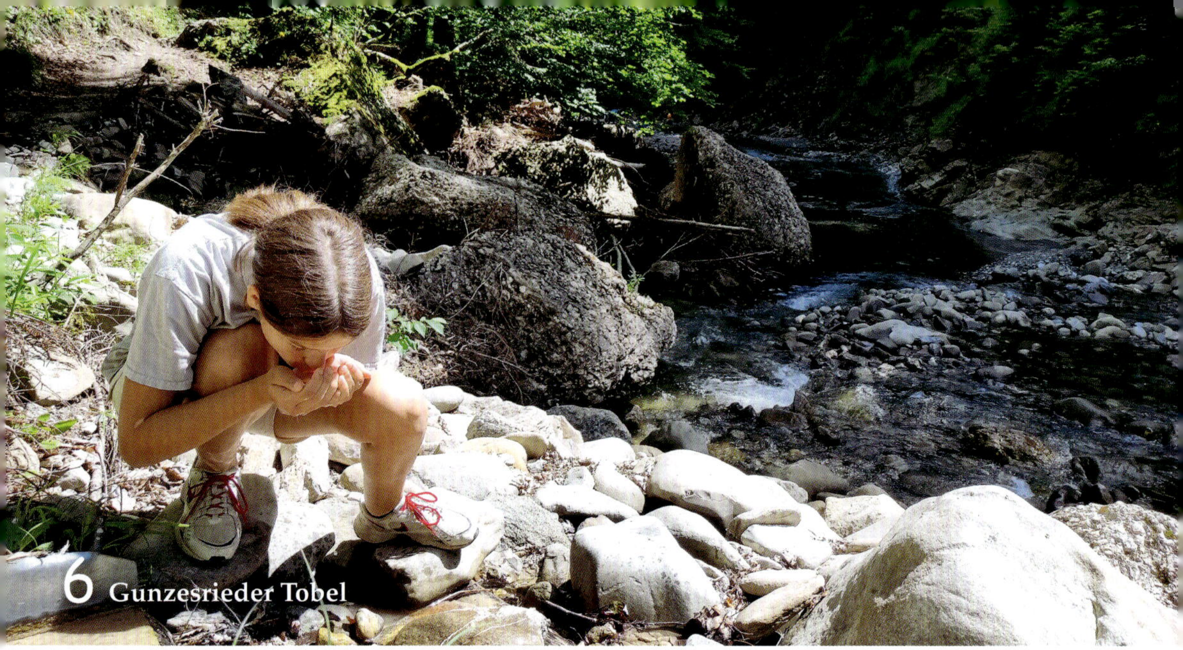

6 Gunzesrieder Tobel

Inhalt

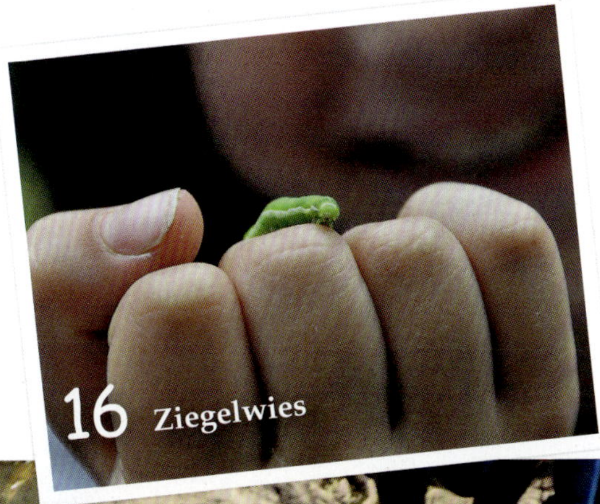

16 Ziegelwies

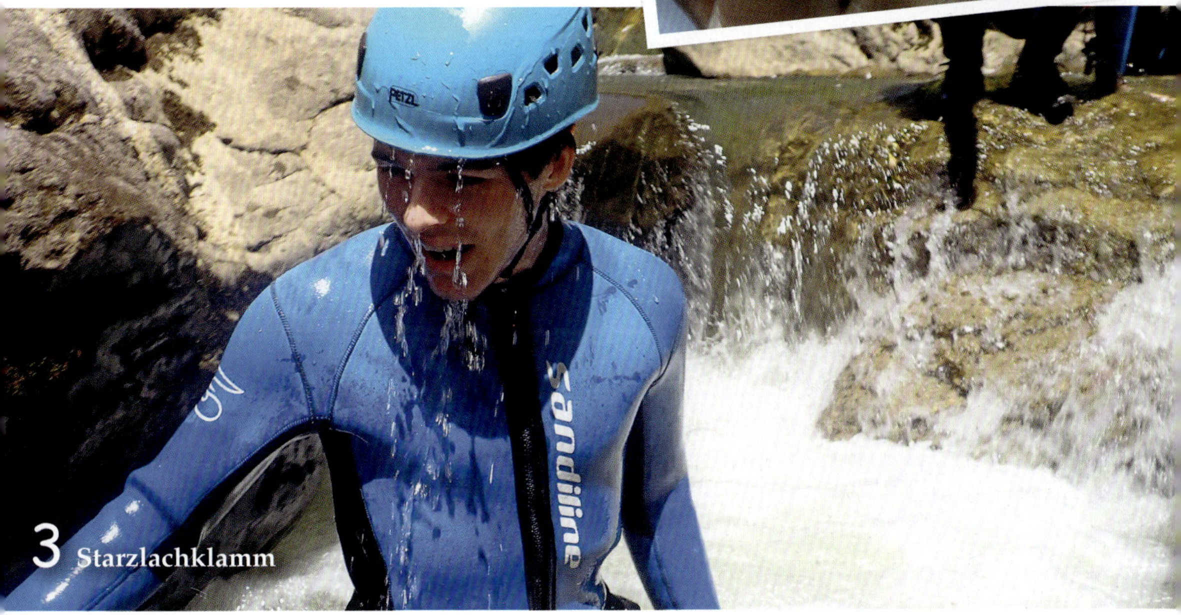

3 Starzlachklamm

Museen und Wissenswertes . 74

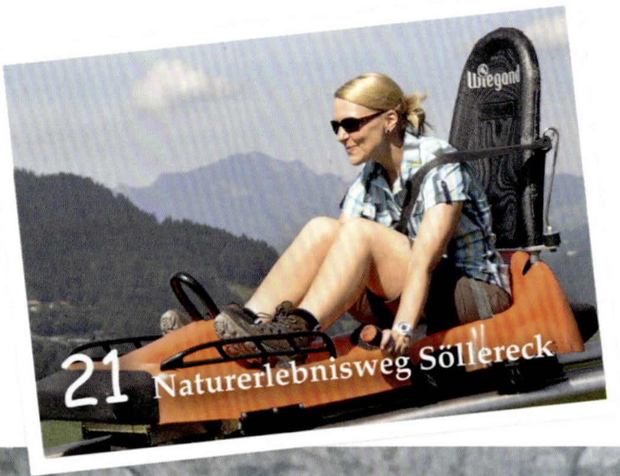
21 Naturerlebnisweg Söllereck

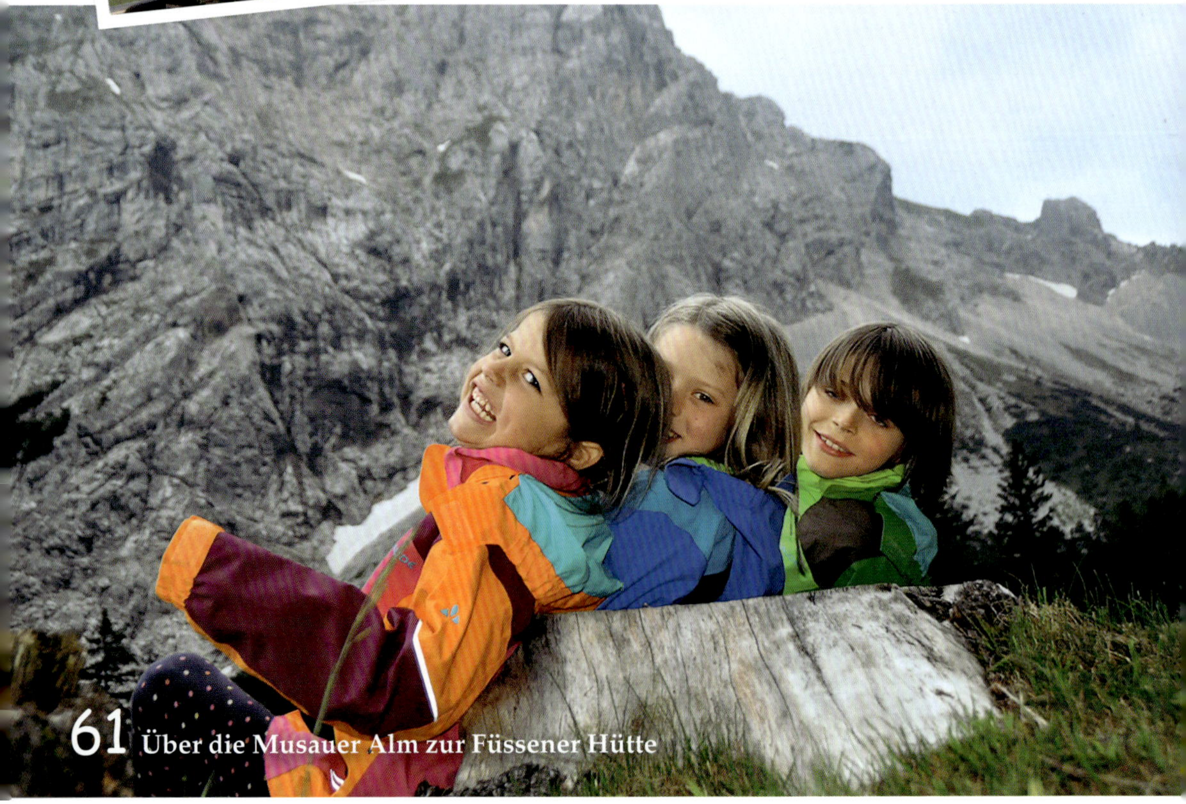
61 Über die Musauer Alm zur Füssener Hütte

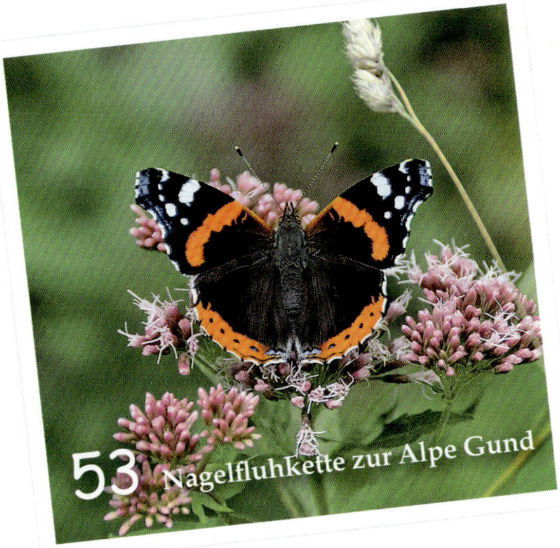
53 Nagelfluhkette zur Alpe Gund

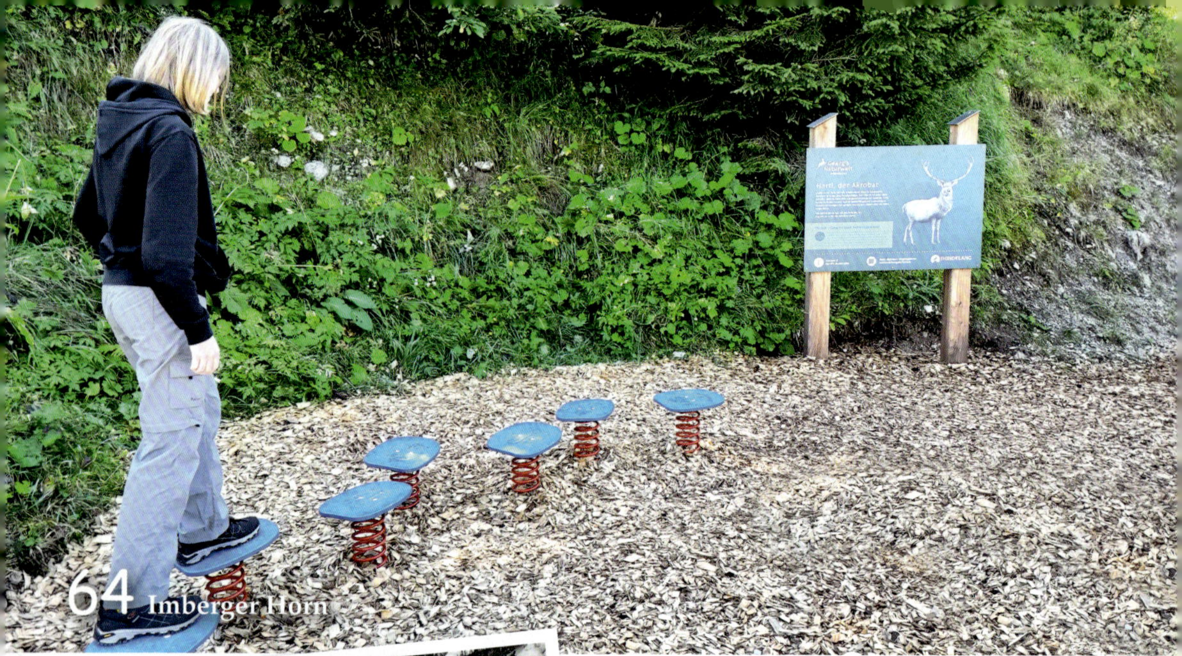
64 Imberger Horn

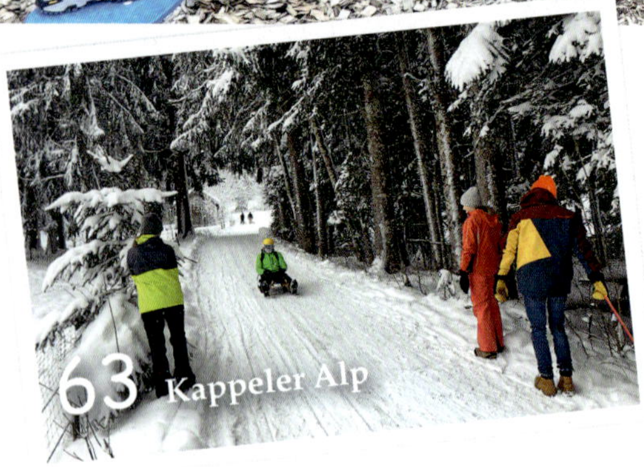
63 Kappeler Alp

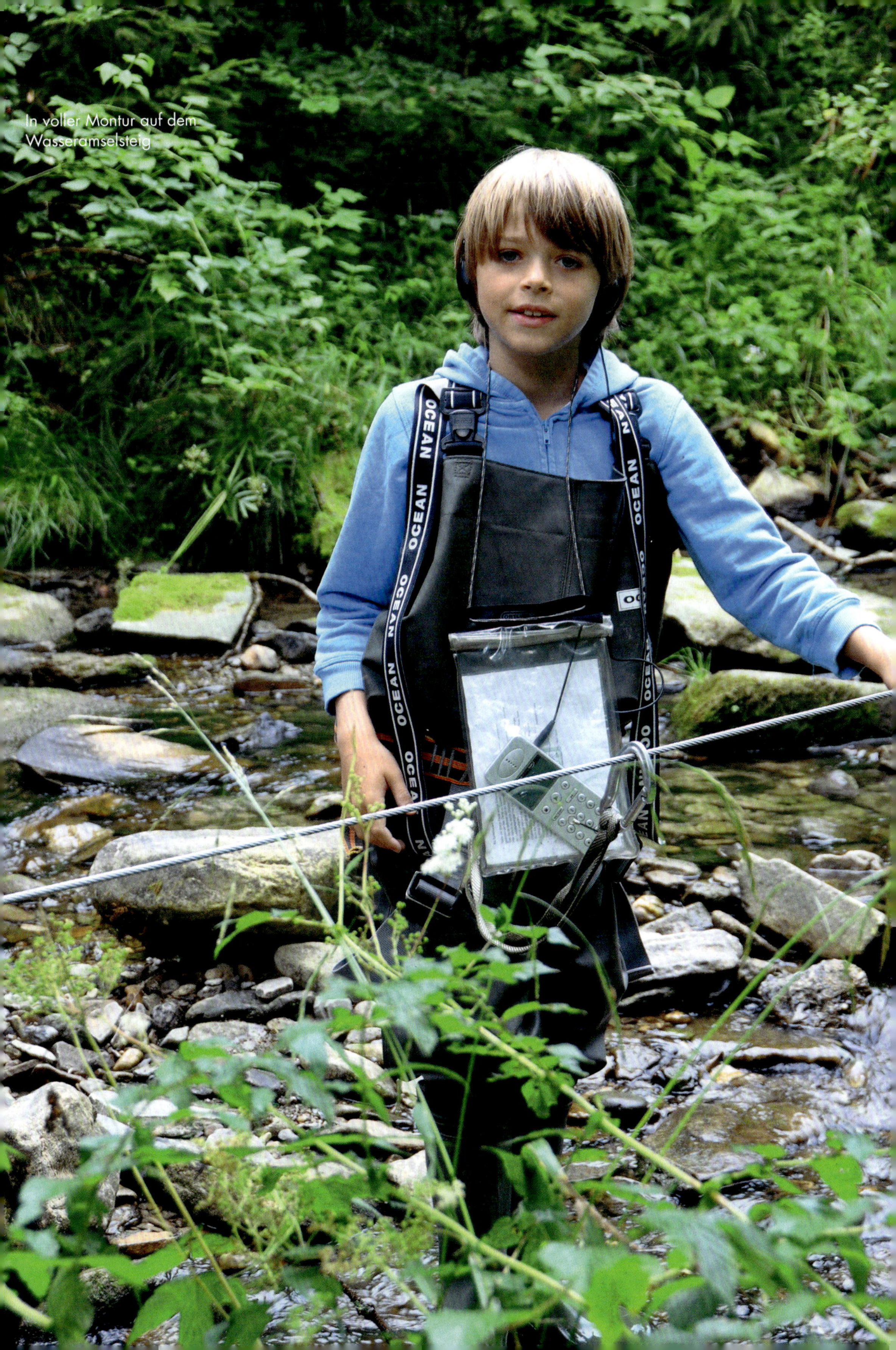

In voller Montur auf dem Wasseramselsteig

Tourenüberblick

Tour			km	Hm	Std.								
1	●	Pöllatschlucht	7 km	280 Hm	3 Std.	6		●			●	●	
2	●	Gaisalpe	4,2 km	260 Hm	2 Std.	6	●	●		●	●		
3	●	Starzlachklamm	5,1 km	270 Hm	2.40 Std.	5		●			●		
4	●	Wasseramselsteig	2,6 km	60 Hm	1.30 Std.	4	●	●		●	●		
5	●	Hausbachklamm	3 km	90 Hm	1.15 Std.	3				●			
6	●	Gunzesrieder Tobel	3,6 km	90 Hm	1 Std.	5		●	●	●			
7	●	Breitachklamm	4 km	200 Hm	2 Std.	4		●					
8	●	Kanzelwand	1,7 km	60 Hm	1 Std.	3	●	●			●	●	
9	●	Duracher Wasserweg	3,1 km	70 Hm	1.25 Std.	3	●	●					
10	●	Wasserfall Nesselwang	9,5 km	660 Hm	4.20 Std.	7		●				●	
11	●	Wasserfall Niedersonthofen	4,5 km	170 Hm	2 Std.	4		●			●		
12	●	Buchenegger Wasserfall	4 km	180 Hm	2 Std.	5		●			●		
13	●	Hintersteiner Wasserfall	7 km	400 Hm	4.20 Std.	6		●			●		
14	●	Hinanger Wasserfall	5,1 km	200 Hm	2 Std.	5		●					
15	●	Scheidegger Wasserfälle	1,4 km	35 Hm	1 Std.	3				●			
16	●	Walderlebniszentrum Ziegelwies	5 km	160 Hm	2.40 Std.	6	●	●					
17	●	Kuhnigundenweg Diepolz	4,4 km	140 Hm	2 Std.	4	●	●				●	
18	●	Alperlebnisweg Imbergbahn	6,3 km	220 Hm	3.15 Std.	5	●	●	●	●		●	
19	●	Walderlebnispfad Isny-Beuren	2,2 km	40 Hm	1 Std.	6	●				●		
20	●	Erlebnisweg am Nebelhorn	2,2 km	90 Hm	1.10 Std.	4	●	●					
21	●	Naturerlebnisweg Söllereck	8,1 km	270 Hm	2.40 Std.	6		●		●	●	●	
22	●	Waldspielplatz im Großen Wald	1,7 km	30 Hm	1 Std.	3	●	●		●			
23	●	Kulturpfad Schutzengelweg	7,8 km	500 Hm	3.30 Std.	6	●	●					
24	●	Schmugglersteig	4 km	210 Hm	2.40 Std.	6		●				●	
25	●	Grenzerpfad Oberreute	8,4 km	240 Hm	3.10 Std.	7	●	●			●		
26	●	Walderlebnispfad Ottobeuren	3 km	90 Hm	1.40 Std.	5	●	●					

Tour													
27	●	Erlebnispfade in Pfronten	–	–	–	5				●			
28	●	Carl-Hirnbein-Weg	7 km	190 Hm	3.10 Std.	6		●					
29	●	Lech Erlebnisweg	3 km	10 Hm	0.45 Std.	3	●	●		●	●	●	
30	●	Erlebniswanderweg Hündle-Schwandalpe	6 km	290 Hm	2.05 Std.	6		●				●	
31	●	Walderlebnispfad Buxheim	3 km	40 Hm	1.15 Std.	5	●	●					
32	●	Moos-Erlebnis-Pfad Stötten	4,8 km	10 Hm	1 Std.	5	●	●					
33	●	Bergbauernmuseum Diepolz	–	–	–	3	●	●		●			
34	●	Museumsdorf Gerstruben	8,4 km	350 Hm	1.50 Std.	7	●	●				●	
35	●	Kutschenmuseum Hinterstein	–	–	–	3	●	●			●		
36	●	Bauernhofmuseum Illerbeuren	–	–	–	3	●	●					
37	●	Miniwelt Oberstaufen	–	–	–	3		●					
38	●	Sturmannshöhle	3,2 km	450 Hm	1.50 Std.	6		●	●				
39	●	Erzgruben am Grünten	2,5 km	70 Hm	1.40 Std.	4		●					
40	●	Aussichtsturm Alpkönigblick	5,3 km	240 Hm	1.50 Std.	5		●				●	
41	●	Skywalk Allgäu	–	–	–	4	●	●		●		●	
42	●	Aussichtsturm Schwarzer Grat	7,7 km	350 Hm	3 Std.	6		●				●	
43	●	Steinzeithöhle Tiefenbach	3,2 km	170 Hm	1.10 Std.	4		●					
44	●	Waldseilgarten Höllschlucht	–	–	–	5		●					
45	●	Kletterwald Söllereck	–	–	–	5		●					
46	●	Carl-Hirnbein-Kletterwald Bärenfalle	–	–	–	5		●		●			
47	●	Kletterwald Grüntensee	–	–	–	5		●			●		
48	●	Alpsee Coaster und Eckhalde	3,5 km	330 Hm	2 Std.	5		●			●		
49	●	Sommerrodelbahn am Hündle	–	–	–	5		●					
50	●	Alpspitz Sommerrodelbahn	1 km	140 Hm	0.45 Std.	5	●	●					
51	●	Sommerrodelbahn Söllereck	–	–	–	5	●	●					
52	●	Sommerrodelbahn am Tegelberg	–	–	–	5		●					

Tour													
53	●	Alpe Gund	16 km	800 Hm	5.50 Std.	8		●				●	
54	●	Siedelalpe	7,3 km	350 Hm	2.35 Std.	7	●	●			●		
55	●	Ofterschwanger Horn	3 km	110 Hm	1.10 Std.	5	●	●				●	
56	●	Gemsteltal	6,8 km	215 Hm	1.55 Std.	6	●	●					
57	●	Bärenmoosalpe	5,3 km	420 Hm	2.45 Std.	6	●	●					
58	●	Obere Traualpe	7,8 km	550 Hm	3.50 Std.	7		●			●	●	
59	●	Sulzspitze	13 km	410 Hm	4.20 Std.	8		●				●	
60	●	Gaichtspitze	6,8 km	460 Hm	2.55 Std.	10		●				●	
61	●	Füssener Hütte	14,9 km	720 Hm	3 Std.	8	●	●					
62	●	Breitenberg	16 km	240 Hm	3.05 Std.	5		●				●	●
63	●	Kapeller Alp	8,8 km	460 Hm	2.45 Std.	7		●				●	●
64	●	Imberger Horn	7,2 km	550 Hm	4.20 Std.	7		●				●	
65	●	Besler	5 km	380 Hm	2.30 Std.	7		●				●	
66	●	Alpenwildpark Obermaiselstein	3,4 km	110 Hm	1.15 Std.	5		●	●			●	
67	●	Burgberger Tierparadies	3,3 km	35 Hm	1.55 Std.	5		●	●				
68	●	Reuterwanne	7,6 km	540 Hm	2.55 Std.	7		●				●	
69	●	Pfeifferberg	7 km	360 Hm	3.15 Std.	6		●				●	
70	●	Eisenberg und Hohen-Freyberg	3,5 km	240 Hm	1.30 Std.	5	●	●	●			●	
71	●	Ruine Vilsegg	5,1 km	390 Hm	3 Std.	6		●		●		●	
72	●	Ruine Falkenstein	2 km	190 Hm	1.15 Std.	5		●		●		●	
73	●	Ruine Vorderburg	2,8 km	160 Hm	1.50 Std.	4		●		●		●	
74	●	Ruine Trauchburg	3 km	110 Hm	1.30 Std.	4		●					
75	●	Ruine Hopfen	2,5 km	95 Hm	1.10 Std.	4		●			●	●	
76	●	Ruine Rothenstein	3,7 km	100 Hm	2.20 Std.	5		●					
77	●	Burg Laubenbergerstein	1 km	95 Hm	0.25 Std.	3	●	●					
78	●	Ruine Sulzberg	1,4 km	40 Hm	1 Std.	3	●	●				●	

Unterwegs mit diesem Buch

Gehzeiten

Die angegebenen Gehzeiten sind als Gesamtzeit zu verstehen, umfassen also den Hin- und Rückweg. Dennoch sind sie sehr (!) individuell und kaum jemand wird für eine der Touren genau diese Zeit benötigen. Manchmal nimmt eine Tour etwas mehr Zeit in Anspruch, weil die Kinder einen Trödeltag haben oder einfach am Wasser oder mit Steinen spielen. Mal geht es deutlich schneller, weil vielleicht eines der Kinder rasch von einem spannenden Highlight zum nächsten will. Man sollte die Zeiten also nur als grobe Richtschnur nehmen.

Höhenmeter

Ist es die erste Tour? Können Sie die Wanderlust Ihres Nachwuchses noch nicht so ganz einschätzen – wer kann das schon? Dann wählen Sie für einen Ausflug eine Tour mit eher wenigen

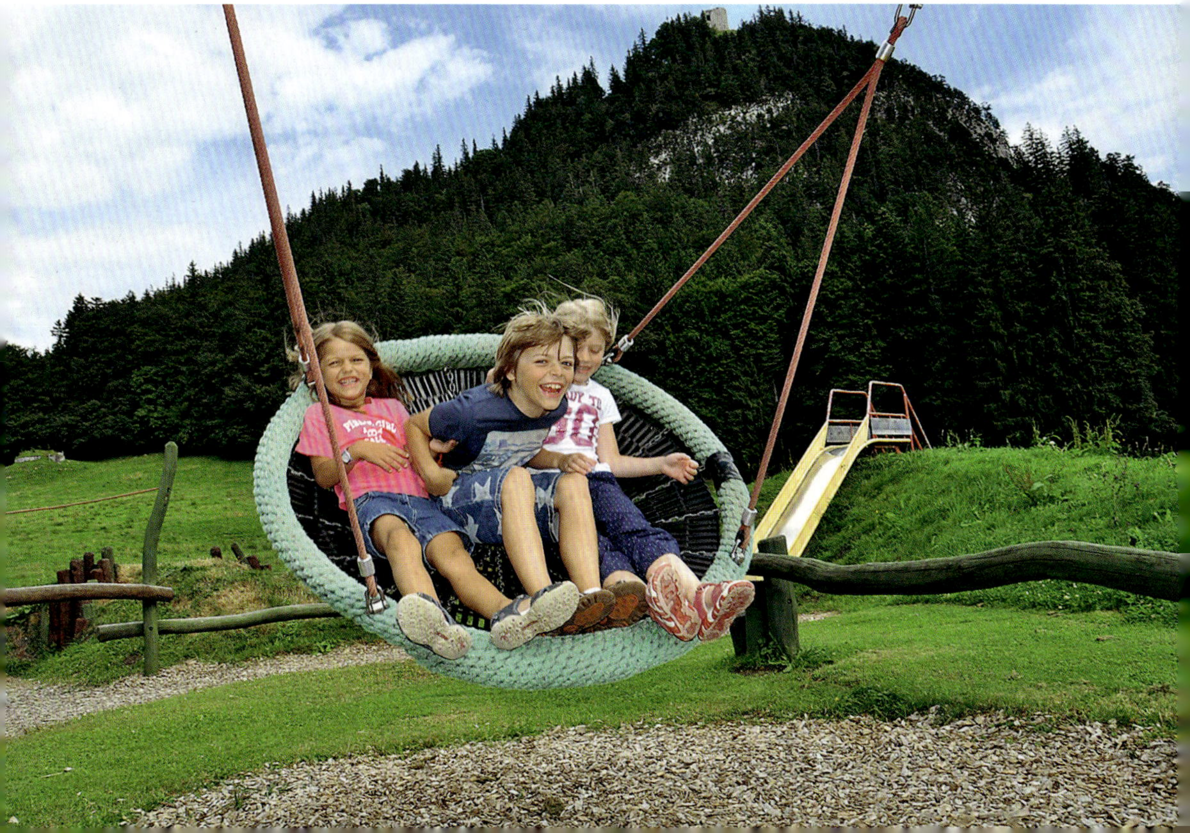

Spielplatz unter der Burg Falkenstein (Tour 72)

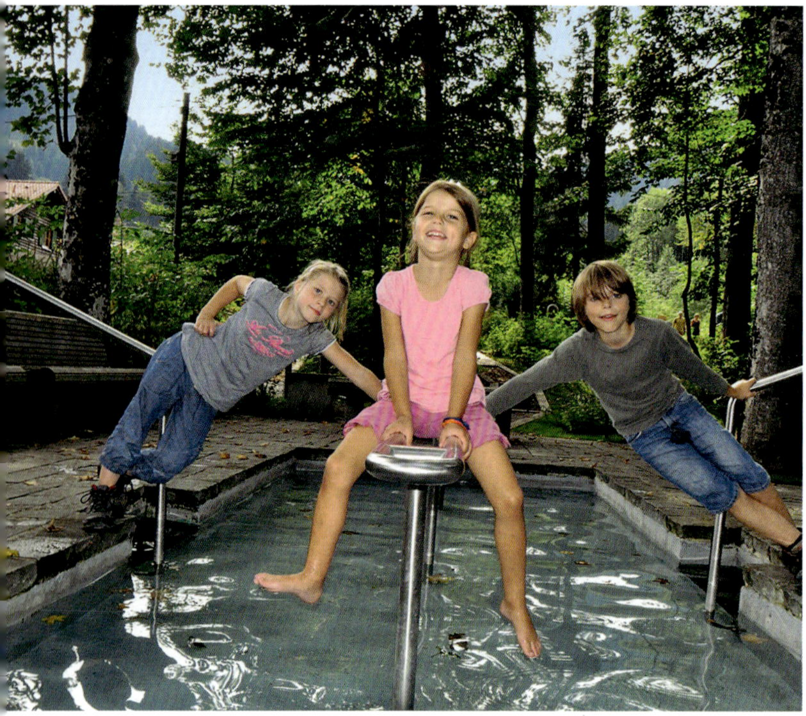

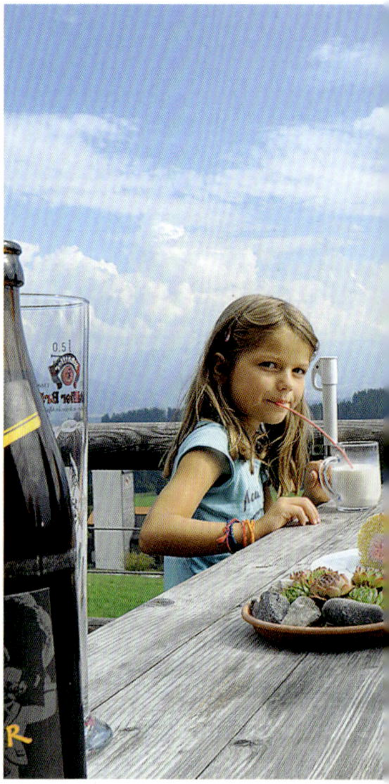

Sommerspaß am Kneippbecken beim Waldseilgarten Höllschlucht (Tour 44)

Höhenmetern. Bei zahlreichen Touren in diesem Führer sind sogar überhaupt keine Höhenmeter zu überwinden. Alle in diesem Wanderführer beschriebenen Touren – handverlesen, von sechs Kinderbeinen getestet und übereinstimmend für gut befunden – sind jedoch die Anfahrt wert, und auch eine Tour mit wenigen Höhenmetern wird Ihre Kinder begeistern.

Die Ziele und was diese sonst noch zu bieten haben

Westallgäu, Oberallgäu und Ostallgäu

Die Touren verteilen sich auf das gesamte Allgäu. Im Westen sieht man vom Aussichtsturm beim Skywalk den Bodensee, im Norden geht es dann über den Waldlehrpfad zur Ruine Rothenstein fast bis zur A 96, im Süden gelangt man mit der Kanzelwand und dem tollen Burmiwasser bis nach Österreich und im Osten kommt man bei der Sommerrodelbahn der Tegelbergbahn bis zum Ammergebirge.

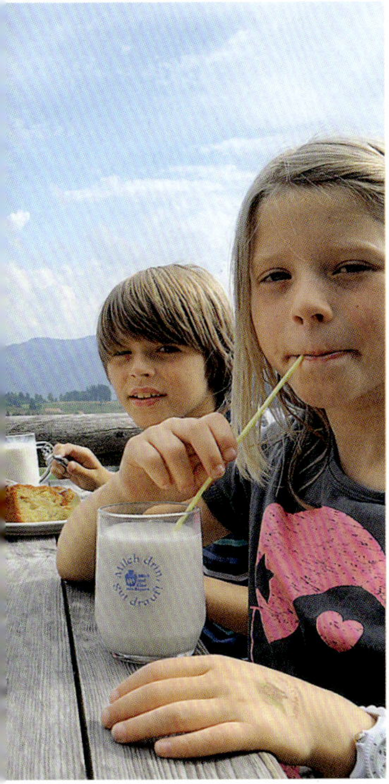

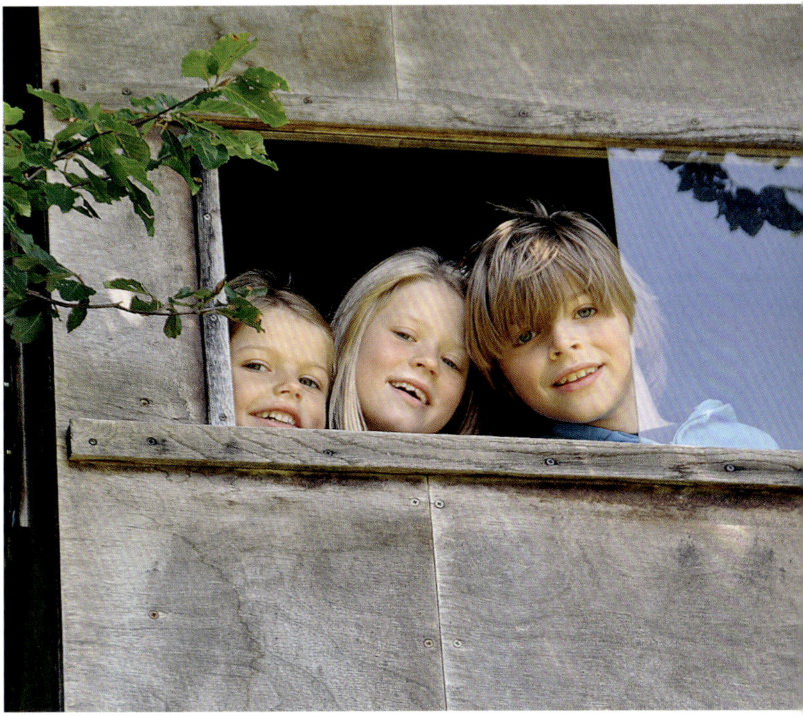

Ausblick vom Jägerstand

Links: Leckeres von der Höfle-Alpe (Tour 17)

Klamm und Tobel

Obwohl man auch im Winter durch eine Klamm oder über einen Tobelweg wandern kann und sich faszinierende Eisformationen in der kalten Jahreszeit bilden, bieten sich diese Touren doch eher für den Sommer an. Zum einen kann man dann meist am Fluss oder Bach vor oder nach der Klamm spielen und zum anderen sind die kühleren Temperaturen in den engen Tälern ideal für heiße Tage geeignet. Neben den Touristenmagneten Starzlachklamm und Breitachklamm gibt es im Allgäu noch viele weitere beeindruckende Wege am Wasser.

Wasserfälle und Wasserspiele

An der Fallhöhe gemessen können die Wasserfälle und noch weniger die Wasserspiele in diesem Kapitel zwar nicht mit den höchsten Wasserfällen Deutschlands wie dem Röthbachfall beim Königssee im Berchtesgadener Land oder den Triberger Wasserfällen im Schwarzwald mithalten, aber eindrucksvoll stürzt auch im Allgäu so mancher Bach in die Tiefe. Der Wasserweg in Durach und erst recht das Burmiwasser bei der Bergstation der Kanzelwandbahn begeistern garantiert sogar ganz ohne Fallhöhe.

Erlebniswege und Themenwege

Natur- und Walderlebnispfade sind lehrreiche Ausflüge. Die einzelnen Baumarten, Tierarten oder Wasserlebewesen kann sich zwar kaum ein Kind alle merken, aber auf keiner Tour kann man so viel durch Lesen, Fühlen und Schauen über die heimische Tier- und Pflanzenwelt lernen wie auf den angelegten Lehrpfaden, auf denen meist auch ein Spielplatz nicht fehlt.

Museen und Wissenswertes

Die Ziele im Kapitel Museen und Wissenswertes bieten mehr als langweilige Museen und Ausstellungen, die nur als Notprogramm für Regentage dienen. Hier können die Kinder in Erlebniswelten eintauchen und hautnah miterleben, was es zu den speziellen Themengebieten zu erfahren und erfühlen gibt.

Klettergärten, Türme und Höhlen

Wer hoch hinaus oder tief ins Erdinnere eintauchen will, wird in diesem Kapitel fündig. In Kletterwäldern oder Waldseilgärten können die Kinder Mut und Geschick beweisen – stets gesichert und von Mama oder Papa überwacht. Die meisten Hochseilgärten fordern eine Mindestgröße oder ein Mindestalter, sind also für die Allerkleinsten leider noch nicht als Ziel geeignet. Während nur die Schwindelfreien über die Baumwipfel blicken und das Allgäuer Panorama genießen oder den Blick bis zum Bodensee schweifen lassen können, ist der Spaziergang durch Schächte, Gruben und Höhlen den nicht klaustrophobisch veranlagten Familien vorbehalten.

Sommerrodelbahn und Coaster

Diese Erlebnisse sind Ziele ohne große Wanderung, da man mit der Bahn zum Start der Bahn hinauffährt oder im Rodel nach oben gezogen wird. Einen Gipfelabstecher könnte man zum Beispiel bei Deutschlands längster Sommerrodelbahn, der Alpsee Bergwelt, einplanen.

Almen, Tiere und Gipfel

Will man im Allgäu Tiere einmal nicht nur aus der Ferne betrachten, bietet sich ein Besuch des Alpenwildparks in Obermaiselstein oder des Burgberger Tierparadieses an. Neben den in vielen Touren vermerkten Spielplätzen findet man in diesem Kapitel auch zwei Touren, deren Ziel ein Spielplatz ist.

Burgen und Ruinen

Die Fantasie der kleinen Burgfräulein und Ritter kommt sprunghaft in Schwung, sobald die Mauern, die zugegebenermaßen heute nur noch als Ruine bestehen, erklommen sind. Aussichtsreiche Adlerhorste, bemooste Mauern und sogar ein Tretpferd (mit Lanze) warten auf Mittelalterforscher jeden Alters.

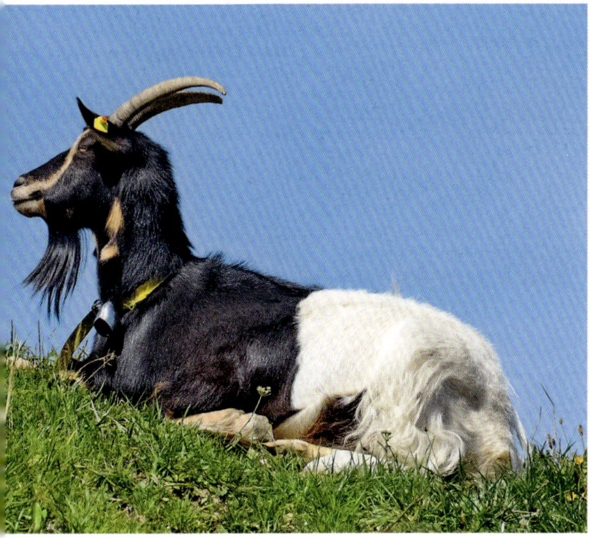

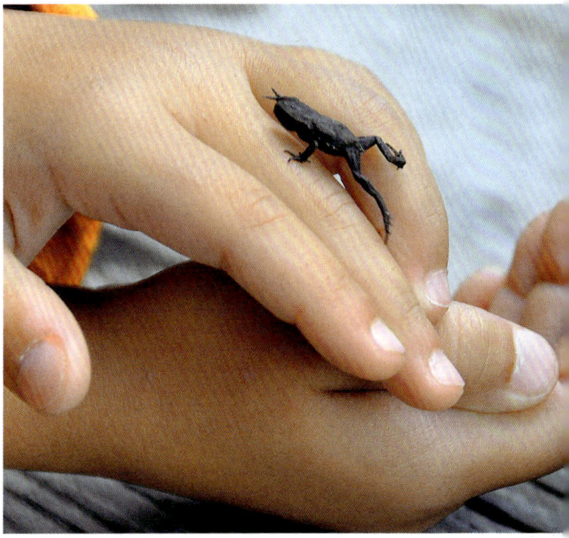

Miniaturfrösche auf der Hinteren Seealpe (Tour 20)

Links: Die stolze Ziege auf der Sennalpe Oberhündle (Tour 30)

Touren für die ganze Familie?

»Bitte tragen« – diesen Satz hört man von kleineren Geschwistern gerne schon kurz nach dem Start. Die Touren sollen der ganzen Familie Spaß machen, daher wurde Wert auf einen geringen Schwierigkeitsgrad gelegt. Ein paar Hilfsmittel für die Kleinsten können aber unterstützend sein:

Kinderwagen

Der Vorteil eines Kinderwagens ist, dass das Kind schlafen oder sitzen, sich warm in Decken kuscheln oder unter dem Sonnenschutz vor der Sonne geschützt werden kann. Vor allem für die noch empfindlicheren Säuglinge unter einem halben Jahr ist der Kinderwagen daher ideal. Auf unebenen Wegen steht der Wagen stabil und selbst im tiefsten Winter kommt man halbwegs gut über Eis und Schnee. Der Kinderwagen sollte vorne keine flexiblen Räder haben, da diese sich bei jedem Stein oder Schneehügel quer stellen.

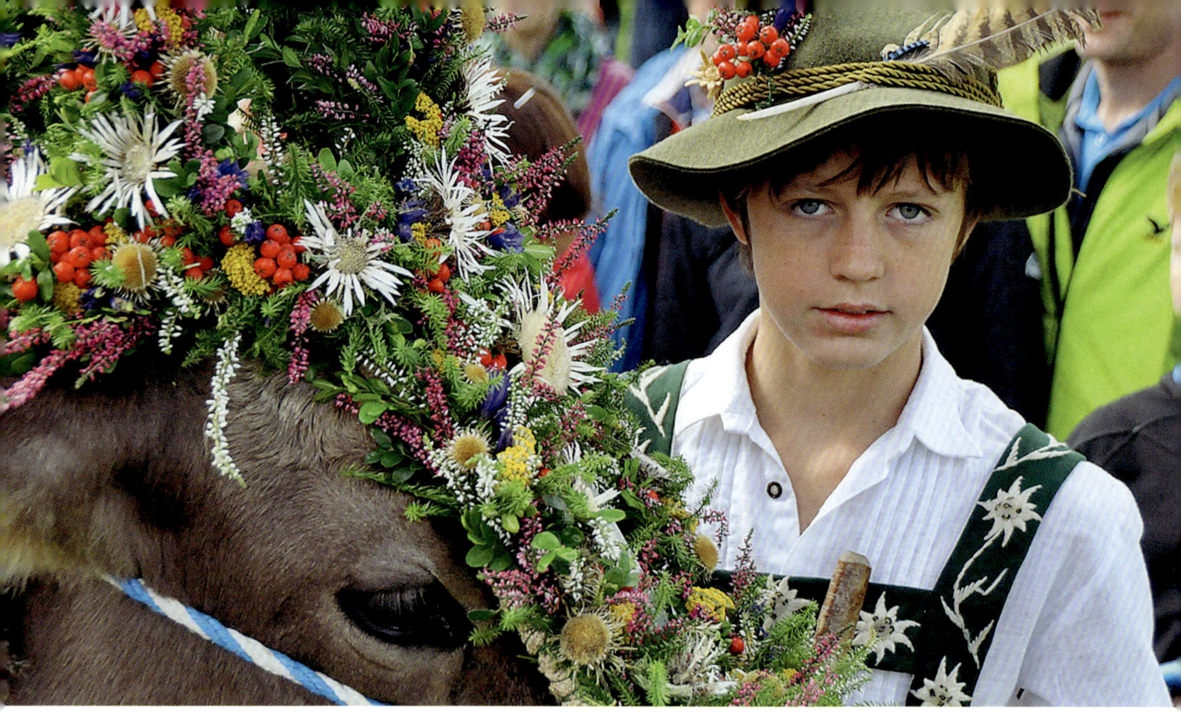

Nachwuchskraft bei der Viehscheid in Kranzegg

Buggy

Der Buggy ist nur für reine Asphalt- oder Kurztouren geeignet. Er ist zwar in der Regel leichter und wendiger als der Kinderwagen, zugleich aber auch wackeliger, der Reifendurchmesser kleiner (man taucht in alle Mulden ein) und die Reifen sind meist aus unflexiblem Hartplastik. Gepäck kann hier kaum untergebracht werden.

Rückentrage (Kraxe)

Eine Rückentrage ist für das Transportieren von Kindern, die schon sitzen können, vor allem in den Bergen ideal. Die Kinder sitzen gerne auf dem Rücken von Mama oder Papa und haben beste Sicht. Auch Schlafen ist kein Problem. Der Träger der Rückentrage kommt auch über steiles und unwegsames Gelände. Dank des stabilen Rahmens kann man die Kleinen jederzeit für eine Pause abstellen – aber unbedingt immer festhalten! Meist bieten die Rückentragen auch Stauraum für Windeln, Ersatzkleidung, Brotzeit etc. Ein weiterer Vorteil gegenüber dem Tragetuch ist der trockene Rücken durch das Rückennetz. Bitte unbedingt darauf achten, dass die Kleinen komplett vor Sonne geschützt sind und im Winter die Füße und Hände warm bleiben. Bei Temperaturen unter -2 Grad besteht angesichts der geringen Durchblutung beim Sitzen Erfrierungsgefahr, vor allem an den Füßen.

Tragetuch

Im Tragetuch sind vor allem kleine Kinder, die noch nicht selbstständig sitzen können, besser aufgehoben. Der Rücken wird (wenn das Tuch korrekt gebunden ist) optimal gestützt. Die Spreiz-Hock-Haltung unterstützt die richtige Entwicklung der Hüften. Allerdings liegt das Tragetuch schweißtreibend am Körper an, man kann das Kind nicht schnell und unkompliziert abstellen und das Binden des Tuches erfordert Übung und ist aufgrund der Länge der Tücher oft unkomfortabel. Ebenso fehlt zusätzlicher Stauraum. Es gibt allerdings mittlerweile leichte Tragesysteme aus Stoff, die alle Vorteile des Tragetuches haben, aber viel leichter anzulegen sind.

Wanderzubehör

Rucksack

Ein guter Rucksack gehört zur Grundausstattung. Wichtig sind vor allem eine ausreichende Luftzirkulation am Rücken, ein wasserdichtes Außengewebe und ausreichend Packvolumen. Nicht nur der Proviant muss Platz finden, sondern auch der Regenschutz, eventuell Wechselklamotten sowie Karte oder Fernglas. Ab sechs Jahren tragen auch die Kinder ihr eigenes Getränk und etwas Proviant meist gerne selbst.

Wanderstöcke

Wanderstöcke können Auf- und Abstieg sehr erleichtern, insbesondere beim Tragen der Kinder in der Kraxe geben die Stöcke guten Halt und entlasten spürbar Knie und Rücken. Die meist dreiteiligen, ineinanderschiebbaren Stöcke sind zudem leicht am Rucksack verstaubar. Auch die Kleinen wollen die Stöcke meist ausprobieren, aber das führt erfahrungsgemäß nur zu einer Erhöhung der Stolperzahl pro Stunde.

Kleidung

Bei der Kleidung von kleinen Kindern, die geschoben oder getragen werden, sollte unbedingt bedacht werden, dass diese sich nicht bewegen. Sie brauchen also vor allem im Winter mindestens eine Schicht mehr Kleidung als die Wanderer. Besonders die Füße und Finger sollten zwischendurch immer wieder kontrolliert werden, um einer Unterkühlung oder gar Erfrierung vorzubeugen. In Frühjahr, Sommer und Herbst empfiehlt es sich, in jedem Fall Regenkleidung mitzunehmen. Bei Sonnenschein sollten die Kinder immer komplett mit Kleidung bedeckt sein, um einen Sonnenbrand zu vermeiden. Ein Kopfschutz schützt vor Sonnenstich. Robustes Schuhwerk, also Bergstiefel, sind für Touren, die auf schmaleren Wegen bergauf gehen, ein echtes Plus an Sicherheit und Freude.

Essen und Trinken

Wie für Erwachsene ist auch für Kinder ausreichendes Trinken beim Wandern sehr wichtig. Der notwendige Getränkevorrat sollte in keinem Rucksack fehlen. Mit Broten, Obst und vielleicht sogar ein paar Gummibärchen oder Keksen kann man nicht nur den kleinen Hunger zwischendurch stillen, sondern auch quengelige Kinder ablenken.

Wander-App auf dem Smartphone

Zahlreiche kostenlose Apps stehen für die verschiedenen Smartphone-Betriebssysteme wie Android oder iOS in den Appstores zur Verfügung. Das kostenlose Kartenmaterial von OpenStreetMap lässt sich mit diesen Apps ebenfalls für die Offlinenutzung speichern, um immer eine Karte zur Hand zu haben, falls man keine gedruckte Version dabeihat. Alle Touren wurden vom Au-

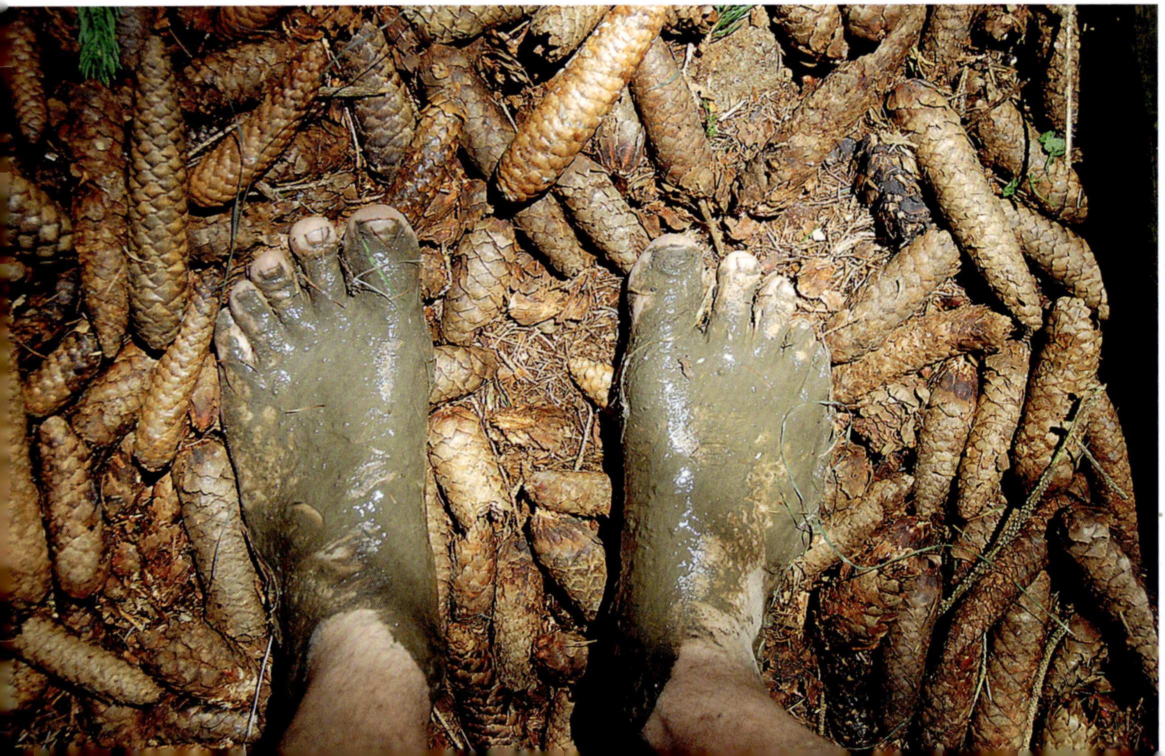

Barfuß die Natur erleben

tor in OpenStreetMap überprüft, eingetragen oder um einzelne Bestandteile ergänzt und stehen dort somit kostenlos zur Verfügung.

Unterhaltung für die Kleinen: Spiele und Ablenkung am Wegesrand

Die Natur liefert auf der Tour zahlreiche Spielideen. Es kann sich allerdings auszahlen, wenn man bereits beim Packen des Rucksacks an Forscherutensilien wie einen Becher zum Wasserschöpfen, ein Fernglas oder ein Taschenmesser denkt.
Wasser zieht Kinder magisch an und man kann Stunden, wenn nicht Tage damit überbrücken. Vom Baden in Fluss oder See über den eigenen Staudamm im Bach bis hin zu Ast- und Laubbooten unter Brücken sind hier der Fantasie kaum Grenzen gesetzt. Auch mit Steinen lassen sich prima Türme, Staudämme oder Bodenmarkierungen bauen. Als Andenken bietet es sich an, einen besonders schönen Stein mit nach Hause zu nehmen und dort mit einem kleinen Klebestreifen zu beschriften. So kann man auch nach zwanzig Jahren noch die Erinnerung an den Fundort auffrischen.
Laub eignet sich – besonders im Herbst – hervorragend zum Sammeln. Die herbstlich bunt leuchtenden Blätter, die auch im Rucksack nicht ins Gewicht fallen, können dann gewaschen und geputzt und an verregneten Wochenenden zum Basteln verwendet werden. Mit Ästen und kleinen Stämmen (nicht absägen!) kann man tolle Unterschlupfhöhlen zimmern, Naturmikado spielen oder in den größten Erdlöchern herumstochern. Auch ein provisorischer Wanderstock macht allen Kindern Spaß.
Fast immer hilft einem die Natur selbst, die Tour spannend zu gestalten: eine Klamm mit einem tosenden Bergbach, ein Wasserfall, der in die Tiefe stürzt, eine saftige Wiese mit zu bestimmenden Blumen oder gar ein Höhleneingang, der mit der Taschenlampe erforscht werden kann.
Die Kunst, Vögel am Gesang zu erkennen, beherrschen vermutlich nur noch die wenigsten – gesehene Tiere zu bestimmen und zu beobachten ist dagegen eine spannende Ablenkung. Im Herbst kann ein Pilz-Bestimmungsbuch Wissenslücken füllen.

Und nun viel Spaß beim Wandern!

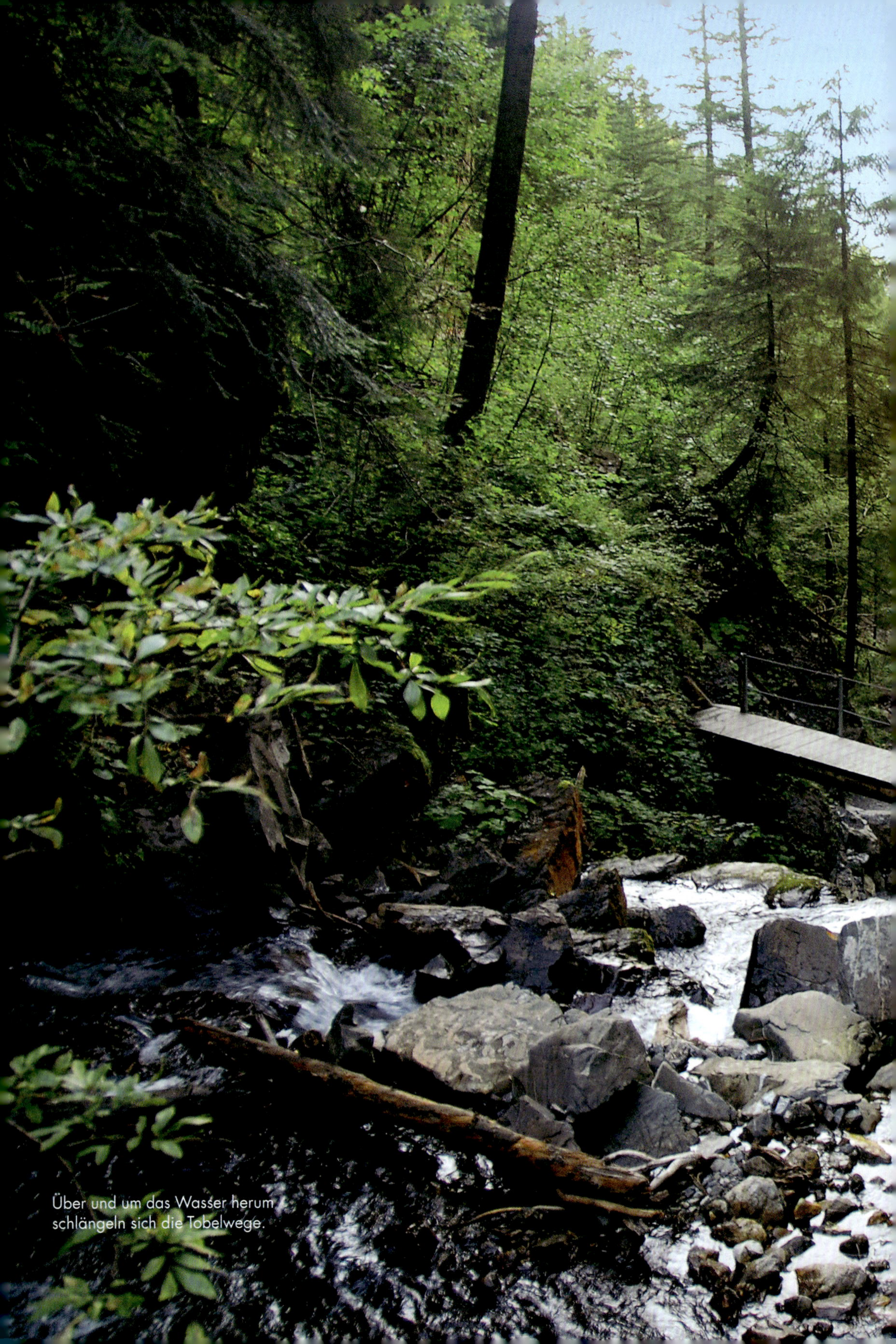

Über und um das Wasser herum schlängeln sich die Tobelwege.

Klamm und Tobel

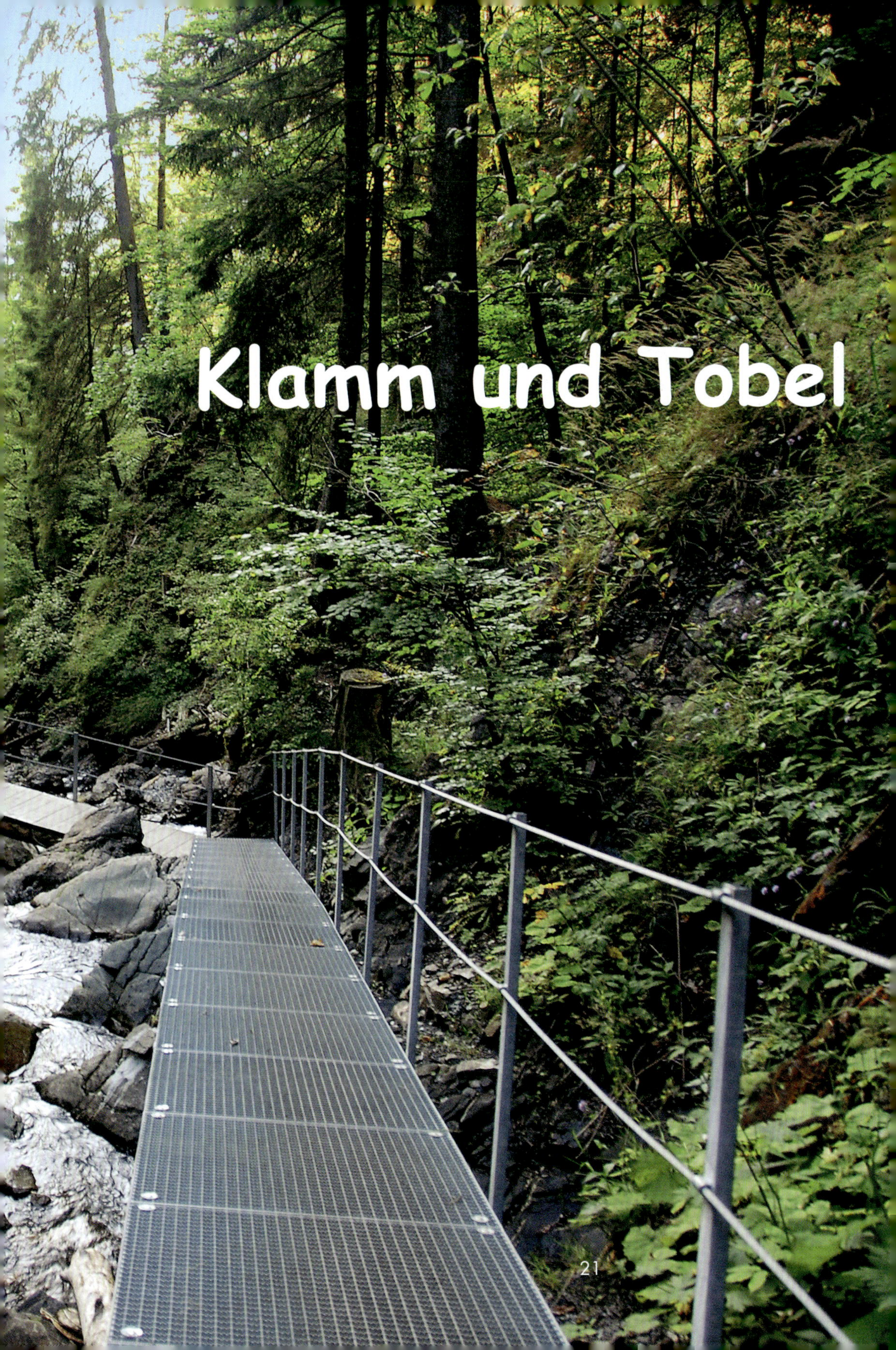

1 Pöllatschlucht

Durch die Schlucht zum Alpsee

Mittel | 7 km | 280 Hm | 3 Std.

Alter
Ab 6 Jahren

Ausgangspunkt
Parkplatz bei Schloss Neuschwanstein

Anfahrt
Über die A 95 bis zur Ausfahrt Murnau, weiter nach Bad Kohlgrub und Füssen; die Großparkplätze sind bestens ausgeschildert

Tourencharakter
Sicherer Klammsteig zum Schloss Neuschwanstein, Pfad zum Alpsee und Forststraße zurück. Achtung: Die Marienbrücke ist wieder geöffnet, die Pöllatschlucht war im Herbst 2022 aber noch wegen Felssturz geschlossen

Kinderwagen
Nicht geeignet

Einkehr
Kleiner Kiosk am Freibad, Gaststätten am Alpsee

Informationen
Tourist-Info Schwangau, Münchener Str. 2, 87645 Schwangau, Tel. 08362/81 98-0, schwangau.de

Schloss Neuschwanstein ist nicht nur für Besucher Deutschlands ein Highlight, sondern ebenso für kleine Ritter und Prinzessinnen. Man kann aber auch die Natur rund um das Schloss erleben, und das sogar auf gänzlich einsamen Pfaden.

Ausgehend von der Information beim Großparkplatz gehen wir rechts an diesem vorbei zum Gymnasium Hohenschwangau und an der ersten Abzweigung gleich wieder rechts in den Pöllatweg. Nach dem Gymnasium geht man direkt rechts neben der Straße angenehm im Schatten auf dem Fußweg weiter nach Nordosten, der Beschilderung zur Pöllatschlucht folgend. Über eine Schotterstraße erreichen wir die alte Gipsmühle (soll restauriert werden), auf deren Rückseite es noch ein großes Wasserrad in Aktion zu bestaunen gibt. Man wendet sich nach rechts in die Schlucht und erreicht nach wenigen Metern die ersten Stege, die einen trockenen Fußes über das Wasser und um die Felsen führen. Ein paar

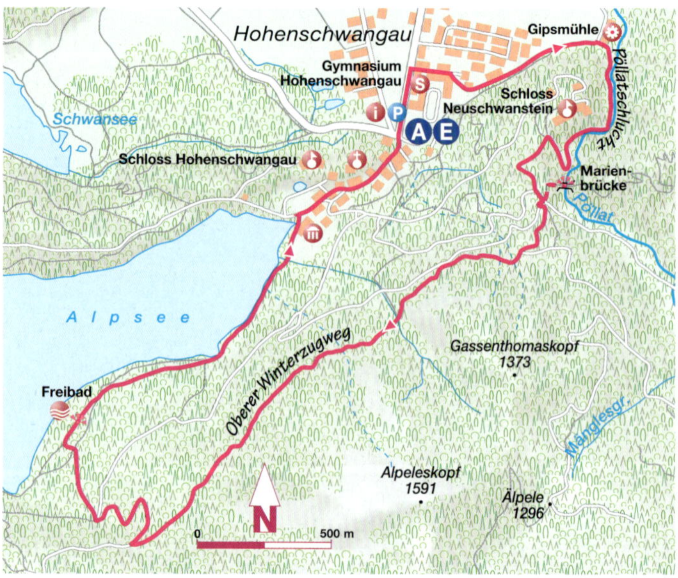

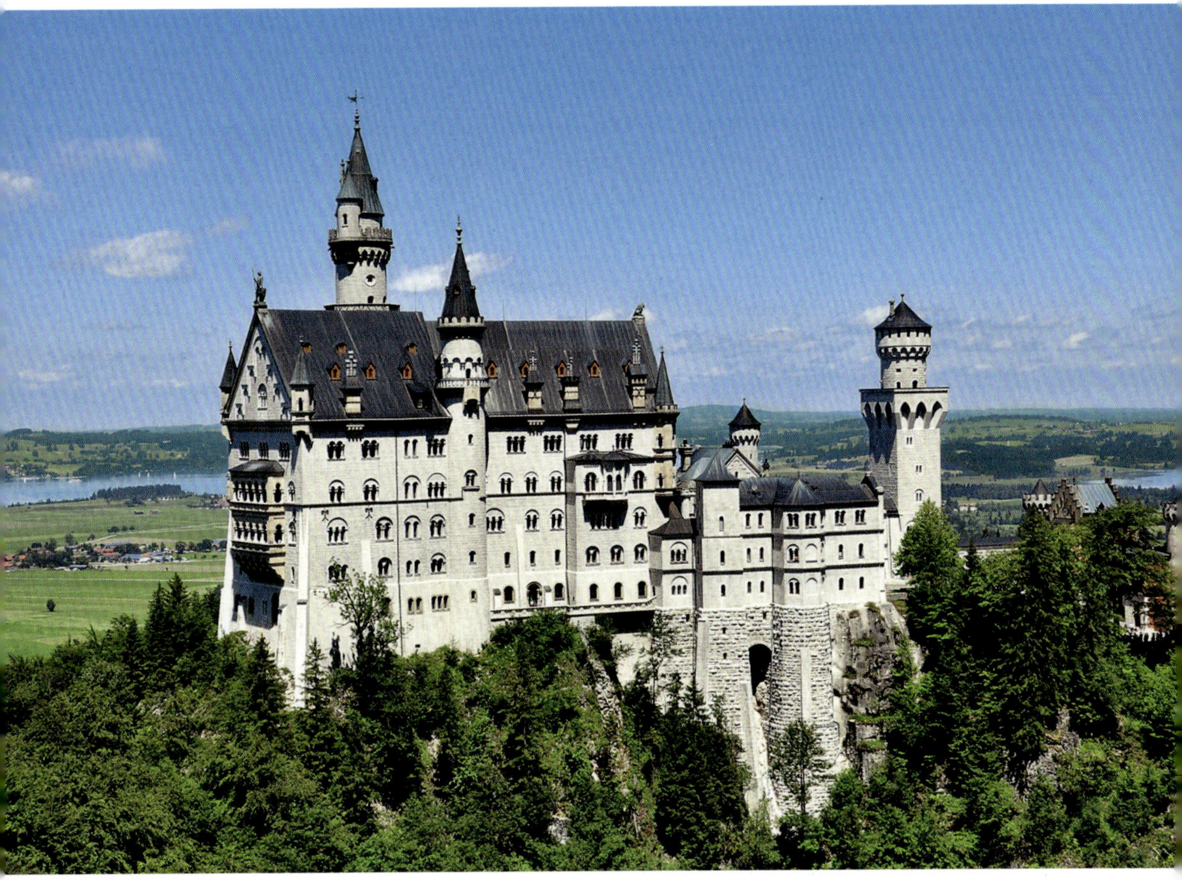

Das vermutlich weltweit meistfotografierte Schloss

Höhenmeter gilt es nun zu erklimmen, was aber dank des tosenden Wassers nicht so recht wahrgenommen wird. Nach etwa 15 Minuten Aufstieg erreicht man die Kiesbank am Ufer der Pöllat, auf der sich zahlreiche Besucher der Schlucht mit »Stoamandl« verewigt haben.

Dass hier ein eigenes Mandl gebaut werden muss, höher oder zumindest kunstvoller als alle anderen, ist Ehrensache. »Bitte lächeln« nicht vergessen, schließlich beobachten einen von der Marienbrücke hoch oben geschätzt 400 Augen. Nach der Rast – falls es für den turm- oder staudammbauenden Vater als solche zählt – folgt man dem Weg ein paar Schritte weiter zum finalen Anstieg, der über zahlreiche Treppen hoch zum Schloss führt. Oben angekommen könnte man sich nun nach rechts wenden und in die Schlangen einreihen (Karten zur Besichtigung gibt es unten

Tipp

Ganz in der Nähe befindet sich die Sommerrodelbahn bei der Tegelbergbahn.

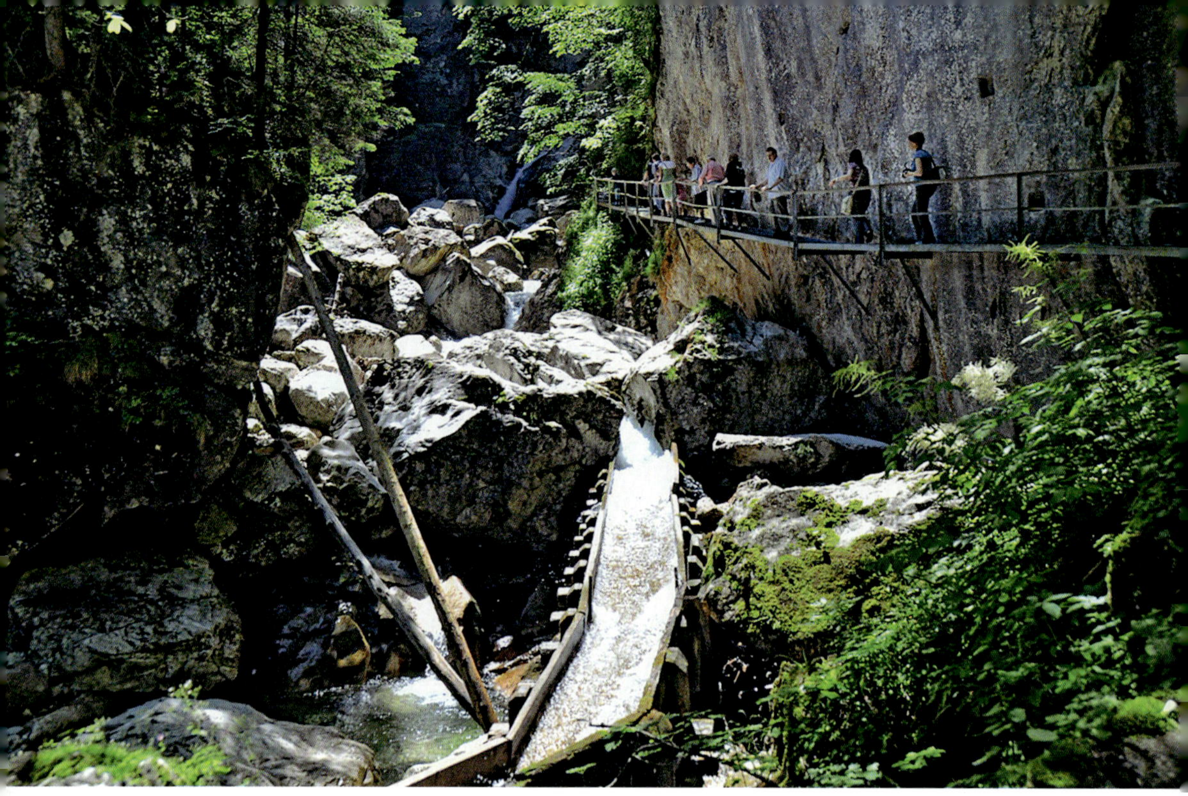

Der Einstieg in die Pöllatschlucht

beim Besucherzentrum!), so man Neuschwanstein besichtigen will. Wer einen ruhigen Nachmittag geplant hat, geht nach links und folgt der Horde auf dem neuen Panoramaweg über den Buswendeplatz zur Marienbrücke, um den eindrucksvollen Blick auf das Schloss zu genießen.

Vor dem Wahnsinn fliehend gehen wir zurück bis zum Shuttlebus-Wendeplatz und dort links neben der Teerstraße auf den Schotterweg Richtung Wasserleitungsweg, Bleckenau. Sobald man diesen betritt, hat man den Lärm hinter sich gelassen und wird für die kommende Stunde keinem Menschen mehr begegnen. Die Schotterstraße verlassen wir in der ersten Linkskehre nach rechts/geradeaus und folgen dem schmalen Pfad, der uns oberhalb der Busstraße nach Südwesten führt (Oberer Winterzuweg). Der Steig führt uns stets geradeaus und weitet sich nach etwa 50 Minuten zu einer Forststraße, die schließlich zu einer weiteren Forststraße führt, welcher wir nun bergab zum Alpsee folgen. Wir gehen bis zum Ufer und erreichen so das idyllische Freibad, wo wir uns mit einem Sprung in den frischen Alpsee belohnen (vielleicht gibt's sogar ein Eis für die tapferen Wanderer). Hier lassen wir den Tag mit Blick auf Schloss Hohenschwangau ausklingen, bevor wir am Ufer den Weg zurück Richtung Volksauflauf einschlagen.

Gaisalpe

2

Über den Tobelweg zur Gaisalpe und zum Gaisalpsee

Der in fünfter Generation seit 1892 in Familienbesitz befindliche Berggasthof Gaisalpe lädt auf 1165 Metern Höhe das ganze Jahr zu einer Rast am Fuße des Rubihorns ein. Lockt im Winter die Naturrodelbahn, so begeistert im Sommer der Tobelweg die kleinen Wanderer.

Den Wanderparkplatz in Reichenbach zu verfehlen wäre wohl ein Kunststück; allzu deutlich weisen doch die Wegweiser am östlichen Rand des Illertales auf diesen hin. Der Parkscheinautomat trübt noch etwas die Stimmung und weckt eher Assoziationen zur Münchener Innenstadt als zum Allgäuer Illertal.
Wir starten unsere Tour also direkt am Parkplatz und folgen der Teerstraße an der Schranke vorbei bergauf in den Wald. Nach wenigen Metern sind wir schon wieder zum Stehen gekommen.

Mittel | 4,2 km | 260 Hm | 2 Std.

Alter
Ab 6 Jahren

Ausgangspunkt
Gebührenpflichtiger Wanderparkplatz der Gaisalpe in Reichenbach

Anfahrt
Auf der B 19 über Sonthofen nach Schöllang; weiter nach Reichenbach und im Ort links zum ausgeschilderten Parkplatz

Tourencharakter
Leichter Spaziergang auf der Teerstraße oder feuchter Steig mit Felsstufen bis zur Gaisalpe; Trittsicherheit erforderlich auf dem teilweise mit Drahtseilen gesicherten Pfad zum Gaisalpsee

Kinderwagen
Geeignet (auf der Fahrstraße bis zur Gaisalpe)

Einkehr
Gaisalpe, ganzjährig bewirtschaftet, Montag und Dienstag Ruhetag, gasthof-gaisalpe.de

Informationen
Tourist-Info, Prinzregenten-Platz 1, 87561 Oberstdorf, Tel. 08322/700-0, reichenbach-im-allgaeu.de

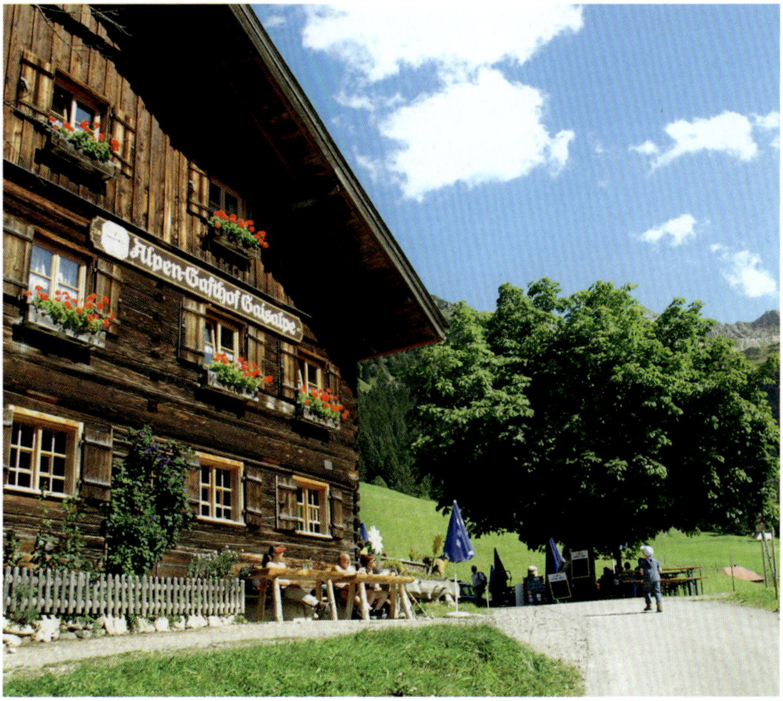

Der prächtige Gasthof Gaisalpe

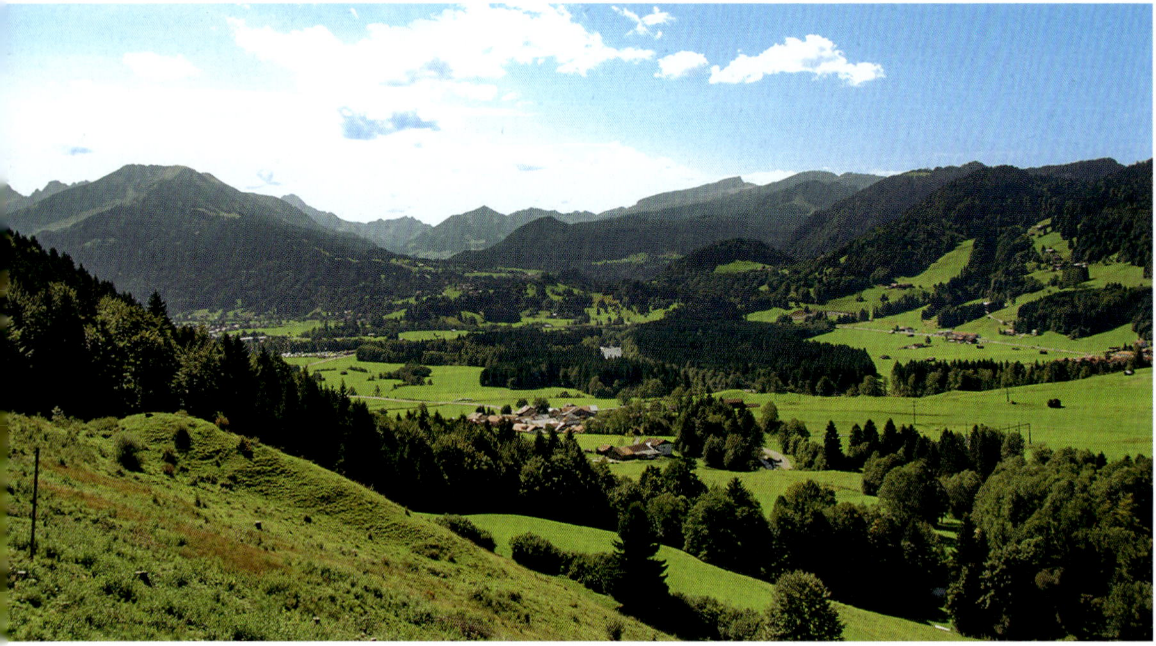

Blick in das Illertal

Direkt neben der Straße kann man herrlich auf der Kiesbank am Wasser des Gaisalpbaches spielen. Nach gutem Zureden und der Erwähnung eines möglicherweise auf der Hütte vorrätigen Kuchens geht es weiter auf der Teerstraße, bis nach wenigen Metern links direkt am Gaisalpbach der Tobelweg abzweigt. Man hat nun die Wahl zwischen dem rot, also mittelschwierig, eingestuften Tobelweg und gelber, also leichter Teerstraße. Von der Gehzeit her gesehen sind beide Wege identisch, vom Erlebniswert kann die Teerstraße mit dem Tobelweg sicher nicht mithalten. Zwar hat man mit dem Kinderwagen hier keine Wahl, aber zu Fuß ist der Tobelweg auch schon mit kleinen Kindern gut zu bewältigen. Ab und an kann es etwas feucht und daher rutschig sein. Die mit Handläufen und Seilen gesicherten Felsstufen im letzten Abschnitt des Weges sind auch für geübte Dreijährige zu schaffen. Wichtig ist, dass die Eltern nicht vor Brücken zurückschrecken, die nur einseitig mit Geländer versehen sind und über gu-

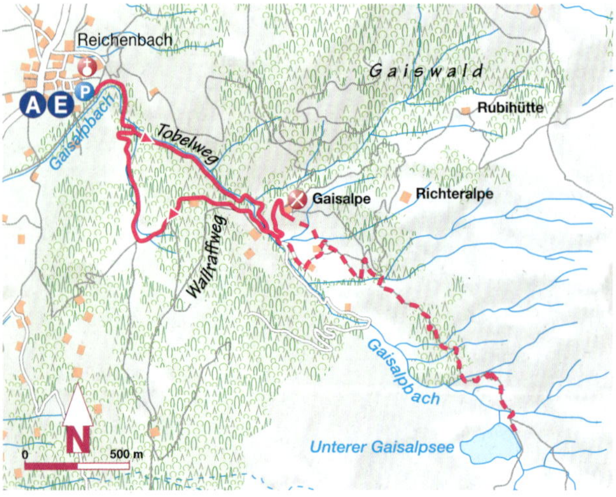

tes Schuhwerk verfügen, um den Kleinen bei den Stufen und Stahlgitterpassagen eine ruhige Hand zu bieten. Der Weg beginnt noch harmlos und wird zusehends schmaler, bis wir endlich im letzten Drittel nach den ersten Stufen die Schlüsselstelle erreichen. Über eine Leiter geht es zur Brücke, auf der wir den Gaisalpbach überqueren, und weiter über eine durchaus als glatt zu bezeichnende Gitterpassage zu den Felsstufen, die uns über die letzten Höhenmeter hinauf zur Teerstraße führen. Es sind nun nur noch wenige Meter nach links zum Schild, das uns abermals links bergauf zur Gaisalpe weist.

Tipp

Schöner Waldspielplatz unterhalb des Parkplatzes und Moorschwimmbad in Reichenbach

Mit größeren Kindern kann man die Tour nun noch bis zum unteren Gaisalpsee über einen Bergpfad verlängern, der an manchen Stellen mit Drahtseilen gesichert ist. Hierzu folgt man der Beschilderung, die uns durch den Wald und über die Almwiesen zum rund 450 Meter höher gelegenen Bergsee führt.

Für den Rückweg wählen wir ab der Gaisalpe nicht den Tobelweg, sondern gehen geradeaus weiter, stets der Teerstraße folgend, an der kleinen Kapelle vorbei auf der Teerstraße zurück ins Tal.

Leichte Stufen auf dem Tobelweg

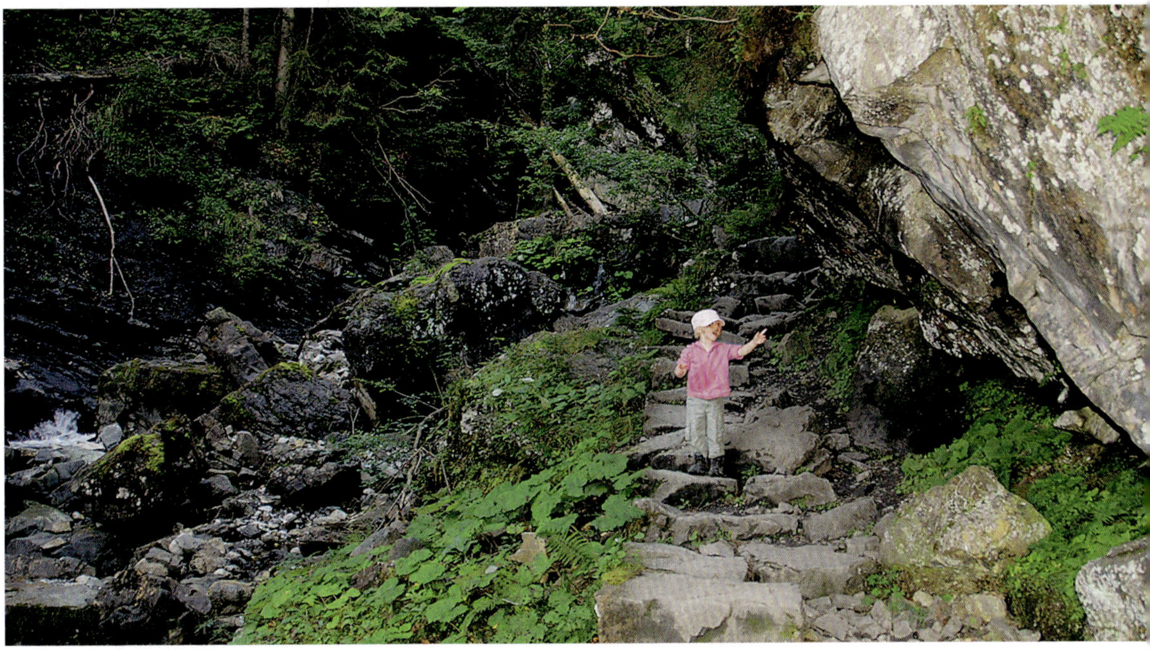

3 Starzlachklamm

Durch die Klamm zur Alpe Topfen

Mittel | 5,1 km | 270 Hm | 2.40 Std.

Alter
Ab 5 Jahren

Ausgangspunkt
Sonthofen, Parkplatz im Ortsteil Winkel

Anfahrt
Über die B 19 nach Sonthofen und weiter in den Ortsteil Winkel der Beschilderung zur Klamm folgen

Tourencharakter
Gut gesicherter Klammweg, weiter auf schmalem Steig und am Ende auf Wanderweg

Öffnungszeiten
Anfang Mai bis Ende Oktober

Kinderwagen
Nicht geeignet

Einkehr
Alpe Topfen, nur im Sommer bewirtschaftet; Berggasthof Alpenblick, alpenblick-burgberg.de

Informationen
starzlachklamm.de

Die Starzlachklamm am Fuße des Grünten, »Wächter des Allgäus«, wurde über Jahrtausende von der Starzlach ausgewaschen und bietet insbesondere für Kinder eine eindrucksvolle und an heißen Tagen schattige Wanderung.

Wir starten am gebührenpflichtigen Parkplatz am Ortsende von Winkel, folgen der Beschilderung zur Starzlachklamm am Ende des Parkplatzes über eine Brücke und gehen nach rechts. Kurz darauf halten wir uns rechts Richtung Klamm und spazieren schon wenig später direkt am steinigen Bachbett der Starzlach entlang. Hat man genügend Zeit eingeplant, spricht an diesem ideal zum Spielen geeigneten Bachbett nichts gegen einen ersten Stopp. Weiter geht es flussaufwärts angenehm eben dahin, bis wir nach einer weiteren Brücke den von Anfang Mai bis Ende Oktober bewirtschafteten Klammwirt – eher ein Kiosk als ein Gasthaus – erreichen. Direkt neben dem Klammwirt können wir schon ganz umsonst den prächtigen Wasserfall am Klammeingang bewundern. Um Zutritt durch das schwere Eisengitter gewährt zu bekommen, entrichten wir beim Kassenfenster des Klammwirts den Eintritt und betreten den nun noch kühleren und auch feuchteren Klammweg. Kleinkinder gilt es fest an der Hand zu halten, da der Weg mitunter etwas rutschig sein kann und die Kleinen beim Blick in die Tiefe nicht in diese stürzen sollen. Der Weg an sich ist nicht gefährlich und mit Seilen und Geländern gut gesichert, aber an manchen Stellen doch sehr schmal und feucht. Vorbei an vielen Gumpen und gestuften Wasserfällen geht es etwa eine halbe Stunde leicht bergauf, bis wir das obere Ende der Klamm erreichen. Für die Eiligen geht es rechts auf direktem Wege zurück zum Ausgangspunkt. Wir gehen jedoch nach links und steigen etwas steiler im schattigen Wald hoch über die Klamm und erreichen so schon bald die Wiesen auf dem Almplateau zwischen Berggasthaus Alpenblick und Alpe Topfen sowie eine breite Schotterstraße. Um das sehr touristische Berg-

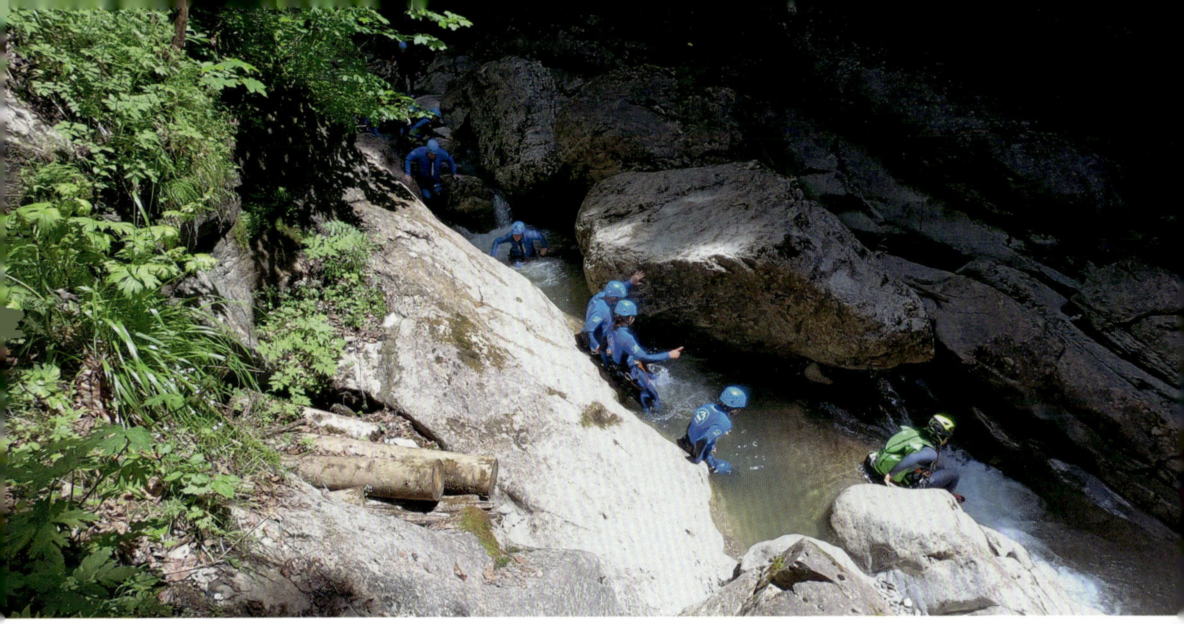

gasthaus zu meiden, gehen wir auf der Schotterstraße nach rechts leicht bergab und erreichen nach wenigen Metern die idyllische Alpe Topfen. Auf der einfach bewirtschafteten Alpe wird neben Wurstbrot auch eine gerade an heißen Tagen angenehm kühle, frische Milch serviert. Die Kinder können sich nach der Stärkung an der Schaukel austoben oder mit den Tieren rund um die Alpe spielen bzw. diese füttern (dies sollte immer mit den Besitzern abgeklärt sein!).

Beobachten oder mitmachen: Canyoning in der Klamm

Nach der Rast gehen wir auf der Schotterstraße zurück und passieren den Berggasthof Alpenblick. Wir folgen der Straße ein wenig weiter bergab, biegen dann aber gleich links auf den beschilderten Wanderweg ab. Durch den Wald geht es nun auf einer neu angelegten breiten Schotterstraße zunächst leicht bergauf und am Scheitelpunkt der Straße leicht nach links bergab zu einem Gatter. Hier wäre noch ein kurzer Abstecher nach rechts zur Burgruine möglich. Wir gehen geradeaus weiter und folgen dem Weg zurück zum Parkplatz.

Mit Kindern ab 14 Jahren kann man auch eine geführte Canyoning-Tour durch die Starzlachklamm buchen. Vom Treff am Parkplatz geht man mit den Guides durch die Klamm bis zum Abzweig zur Alpe Topfen und steigt im wahrsten Sinne des Wortes in die Starzlach hinab. Über mehrere Rutschen und Abseilstellen geht es dann gesichert mit Helm und Gurt durch den Wasserlauf wieder abwärts.

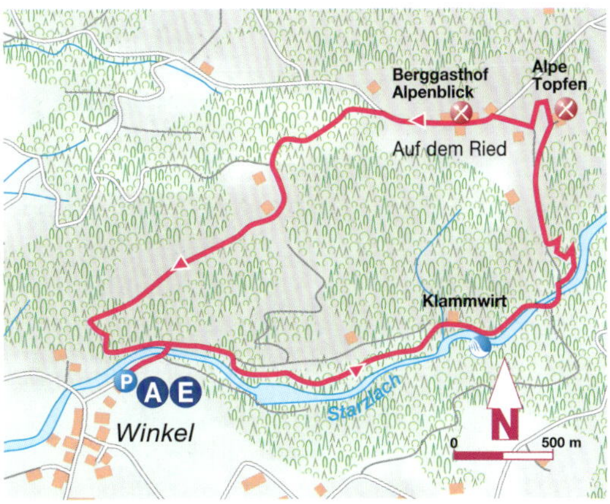

4 Wasseramselsteig

Mit der Wathose durch den Galetschbach unter dem Grünten

Leicht | 2,6 km | 60 Hm | 1.30 Std.

Alter
Ab 4 Jahren

Ausgangspunkt
Parkplatz am Freibad Rettenberg

Anfahrt
Über die B 19 bis Ausfahrt Rettenberg; weiter nach Reichenbach und gegen Ende des Ortes rechts in den Lärchenweg und wieder rechts in den Ahornweg

Tourencharakter
Breite Teer- und Forststraße; der Wasseramselsteig ist für Kinder ab 6 Jahren

Kinderwagen
Geeignet

Einkehr
Netter kleiner Kiosk beim Freibad; Gaststätten in Rettenberg

Informationen
Ausrüstung reservieren möglich unter 08327/93 03 39 17, rettenberg.de

Der Erlebnispfad am Galetschbach in Rettenberg bietet auf 13 Stationen ein abwechslungsreiches Paket an teilweise multimedialen Stationen. Highlight ist der Wasseramselsteig, bei dem die Kinder mit Wathosen und Audioguide direkt durch den Bach gehen.

Wir packen die gegen eine geringe Gebühr geliehene Ausrüstung mitsamt dem wasserdicht verpackten Audioguide in den Bollerwagen und folgen gegenüber dem Parkplatz der Beschilderung mit dem Wasseramsel-Symbol. Ein wenig müssen wir noch gemütlich durch Rettenberg spazieren, bevor es vorbei an der Brauerei bald bergab zum Galetschbach geht.
An zahlreichen Stationen können die Kinder spielen und Wissenswertes über die Natur erfahren. Mit dem Equipment aus dem Forscherrucksack erkunden die Kinder Kleinstlebewesen unter der Lupe oder lauschen Tierstimmen auf dem Audioguide. Nach dem ersten Drittel der Tour heißt es dann Wathosen über-

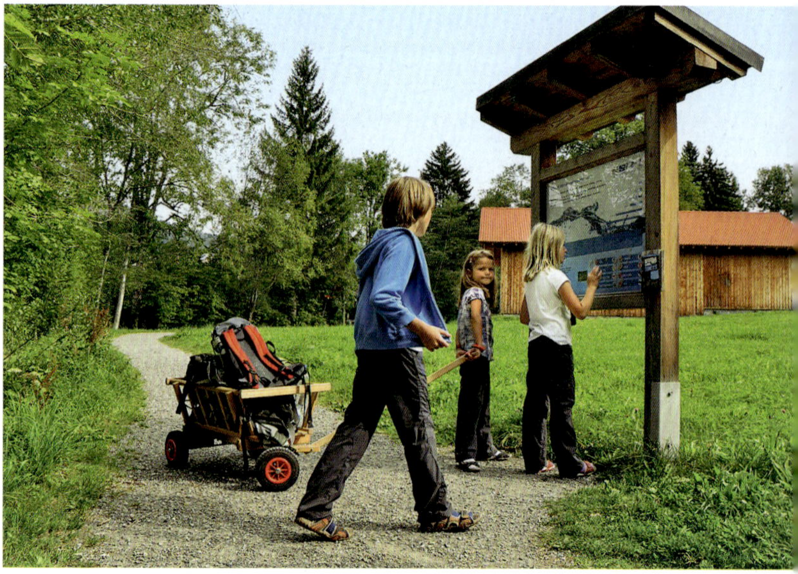

Mit dem Leih-Bollerwagen am Galetschbach entlang

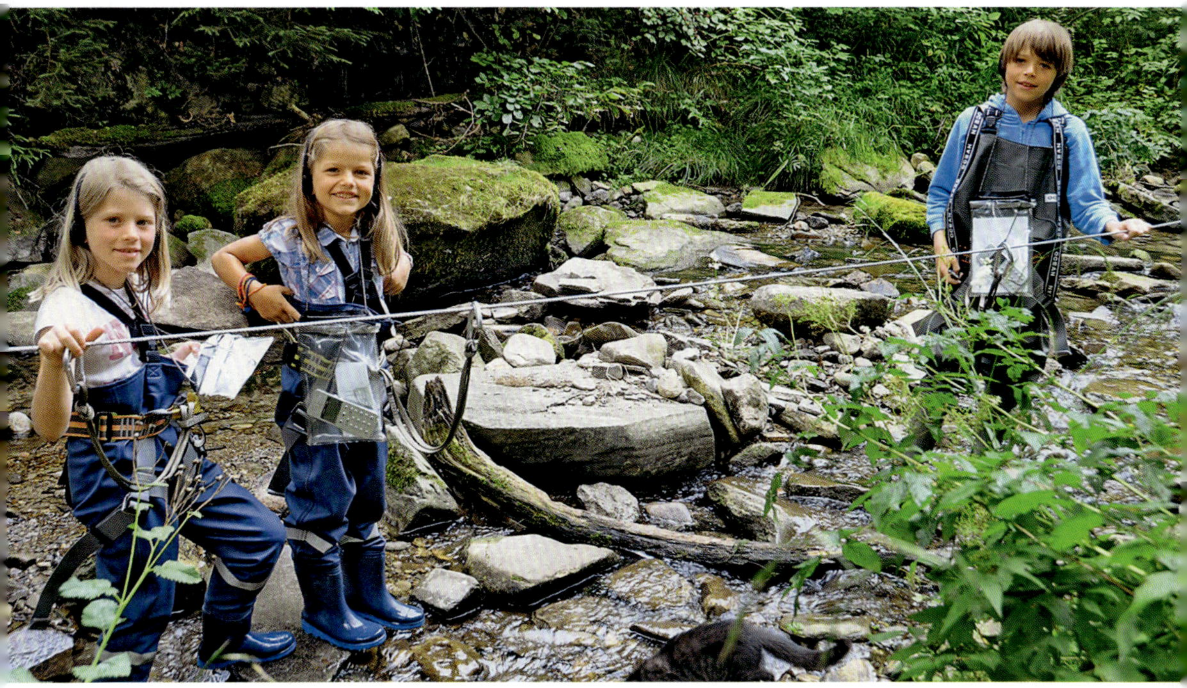

Vollausstattung mit Audioguide, Wathose, Klettergurt und Seilsicherung

ziehen und mit dem Karabiner ins Sicherungsseil einklinken, um mit dem Audioguide durch den Bach zu waten. Da der Galetschbach ein ruhiger, schmaler Bach und nicht eine reißende Klamm wie zum Beispiel die Starzlach (siehe Tour 3) ist, müssen sich die Eltern keine Sorgen um die Sicherheit machen; der Karabiner dient eigentlich mehr der Wegführung. Bei kleineren Kindern sollte allerdings ein Elternteil mit in den Bach steigen, falls doch mal ein Stolperer auf den nassen Steinen den aufrechten Gang bedroht.

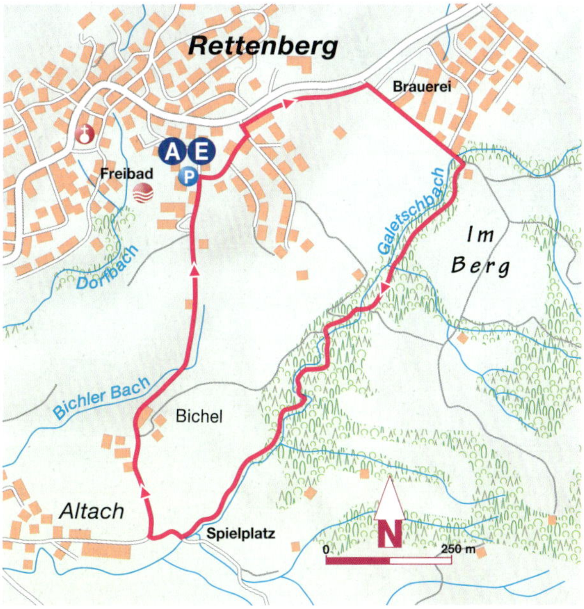

Nach der Etappe »durch« den Bach geht es wieder ohne Survivalausrüstung über den breiten Weg am Bach entlang bis zum schönen Naturspielplatz am Ende des Weges. Hier sollte man nochmals ordentlich Zeit einplanen.

Zurück geht es dann in knapp zehn Minuten rechts über die Teerstraße zum Ausgangspunkt.

5 Hausbachklamm

Die etwas ruhigere Klamm

Leicht | 3 km | 90 Hm | 1.15 Std.

Alter
Ab 3 Jahren

Ausgangspunkt
Parkplatz neben der Trogener Brücke

Anfahrt
Über die B308 bis Weiler im Allgäu; im Ort links nach Sulzberg; beim Altenheim Untertrogen links und auf der schmalen Teerstraße bergab zum Hausbach

Tourencharakter
Teilweise feuchter Pfad neben dem Hausbach

Öffnungszeiten
Ganzjährig

Kinderwagen
Nicht geeignet

Einkehr
Grillplatz beim Parkplatz

Informationen
westallgaeuer-wasserwege.de

Die Hausbachklamm ist sicherlich keine so beeindruckende Klamm wie die Starzlachklamm (Tour 3) oder die Breitachklamm (Tour 7), aber dennoch kann sie Groß und Klein begeistern.

Im Gegensatz zu den beiden genannten, weit über das Allgäu hinaus bekannten, Klammwegen wird die Hausbachklamm weit weniger besucht. Auch wenn man hier sicherlich nicht ganz allein unterwegs sein wird, nimmt man dennoch statt Trubel und Lärm eher die Natur und das Rauschen des Hausbaches war. Wem das nun nach zu wenig Abwechslung für die Kinder klingt,

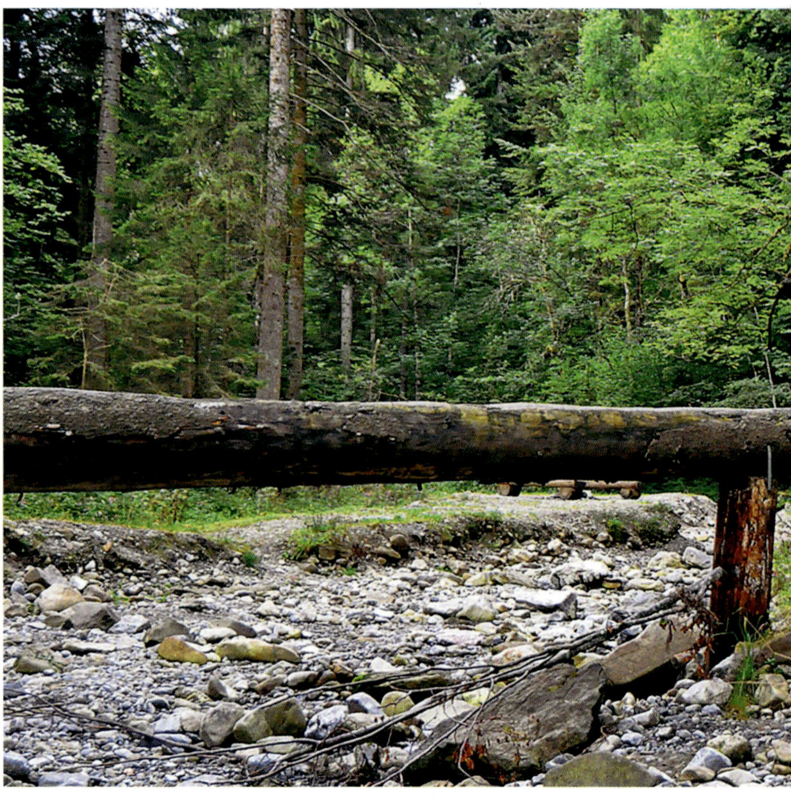

Rasante Fahrt mit der Seilrutsche quer über den Hausbach

der sei beruhigt, denn die Tour eignet sich für die ganze Familie. Folgt man dem an manchen Stellen durchaus breiten Weg entlang des Baches, wechselt dieser immer wieder mit schmaleren Passagen ab. Von der Grillstelle direkt beim Parkplatz geht es stets flussaufwärts. So erreicht man nach rund 30 Minuten den Erlebnisspielplatz. Als Highlight sausen die Kinder an der Seilrutsche quer über den Hausbach. Da wir denselben Weg wieder zurückgehen, kann man die Flusswanderung noch nach Belieben verlängern, um den individuell besten Punkt zur Umkehr selbst zu bestimmen.

Tipp

Als Tagestour kann man bis zum Ursprung des Hausbaches auf dem Sulzberg (1041 m) gehen.

Alternative Wer will, kann auch schon früher in die Hausbachklamm einsteigen und gleich im Ort Weiler gegenüber der Kirche starten. Von hier geht man an der Lourdeskapelle vorbei rund eine halbe Stunde bis zur eigentlichen, also tiefer eingeschnittenen Klamm, und dann nochmals rund 30 Minuten bis zum hier beschriebenen Start.

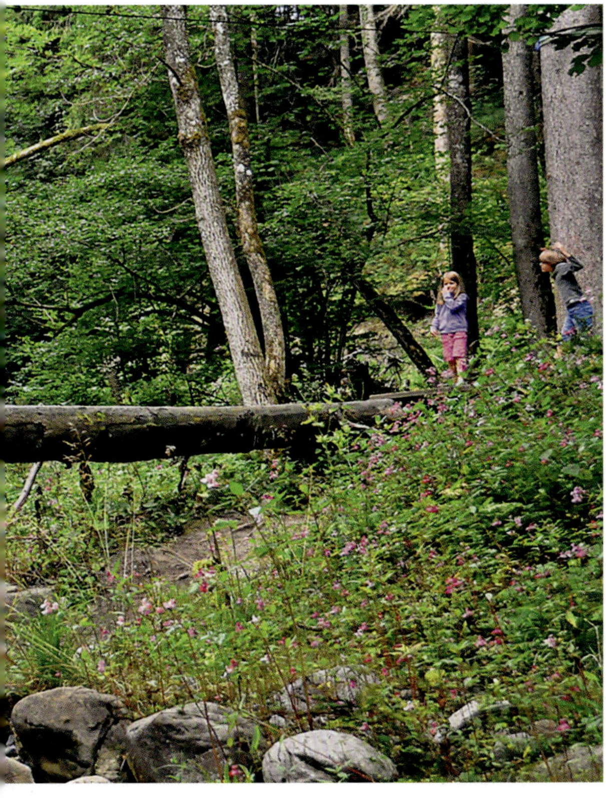

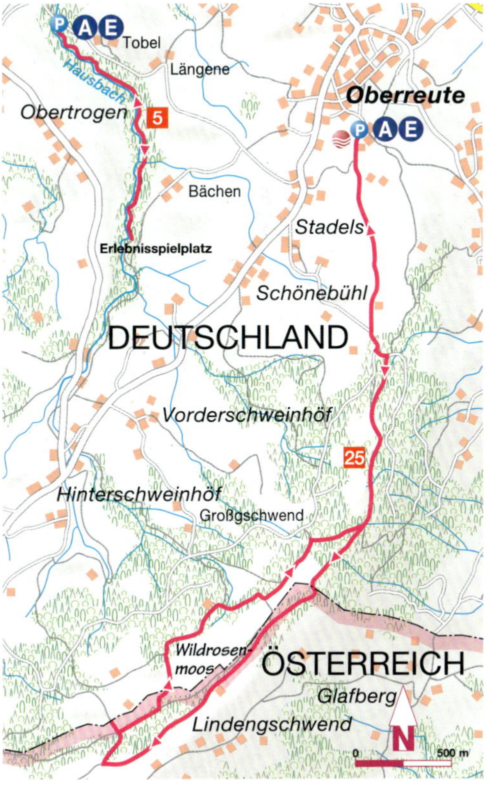

6 Gunzesrieder Tobel

Auf dem Tobelweg durch das Ostertal

Mittel	3,6 km	90 Hm	1 Std.

Alter
Ab 5 Jahren

Ausgangspunkt
Parkplatz Gunzesrieder Säge

Anfahrt
In Immenstadt bleiben wir westlich der Iller und fahren über Blaichach weiter in Richtung Sonthofen. Kurz vor Bihlerdorf folgen wir der Beschilderung nach rechts und fahren hinauf nach Gunzesried im Gunzesrieder Tal. Wir folgen der Straße weiter taleinwärts bis zum großen kostenpflichtigen Wanderparkplatz »Gunzesrieder Säge«.

Tourencharakter
Leichte und im Sommer angenehm schattige Tour auf dem Tobelweg durch das Ostertal.

Kinderwagen
Nicht geeignet

Einkehr
Buhl's Alpe, Kamin-Eck

Informationen
alpsee-gruenten.de

Angenehm schattig führt diese Tour über den Haldertobel-Tobelweg durch das Ostertal immer neben dem Wasser bergauf. Etwa in der Mitte muss man die Schuhe ausziehen, um durch den Bach zu waten, wenn man sich nicht an einem Stahlseil über den Bach hangeln will.

Wir gehen zunächst wieder zurück zur Anfahrtsstraße und links über den Ostertalbach. Bei der Bushaltestelle biegen wir links ab und nach 150 Metern wieder links. Hier startet der Tobelweg, der uns am Ostertalbach entlang in südlicher Richtung unschwer bergauf führt.

Etwa bei der Hälfte der Tour fehlt (Stand 2022) die Brücke über den Ostertalbach. Je nach Wanderlust und Laune der Kinder könnte man nun umdrehen und noch etwas Zeit spielend am oder auch im Bach verbringen. Abenteuerlustige Familien ziehen hier Schuhe und Socken aus und waten durch das ganzjährig eisig kalte Wasser zum anderen Ufer. Dort gehen wir auf dem Tobelweg weiter und erreichen kurz nach dem Unterstand dessen Ende. Wir folgen der breiten Straße nach rechts und über den Parkplatz und gelangen so zur bewirtschafteten Buhl's Alpe. Stets geradeaus erreichen wir wieder den Einstieg in den Tobelweg und den Parkplatz.

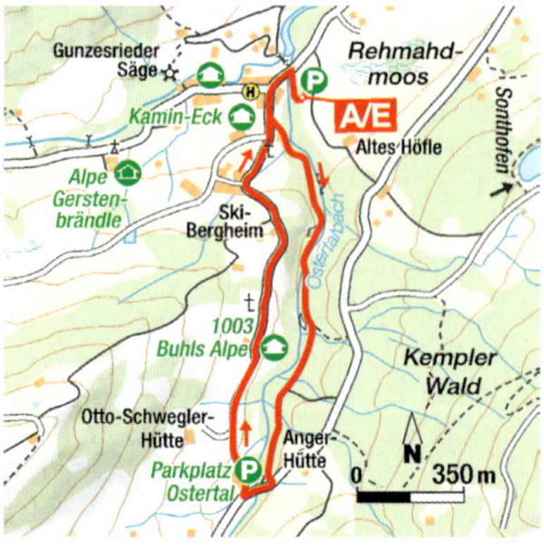

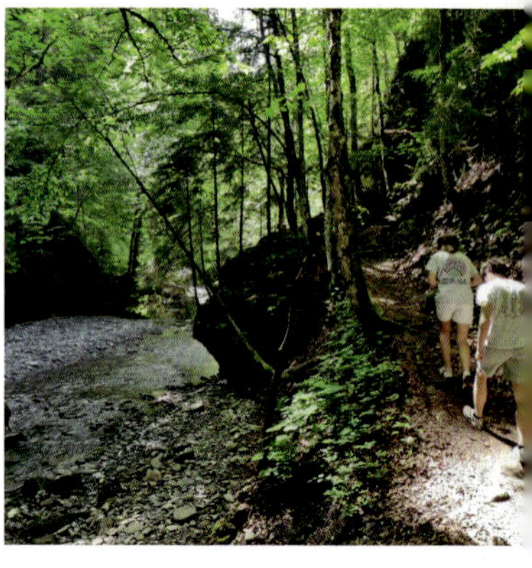

Ein schmaler Steig führt durch das Ostertal.

Breitachklamm

Durch die tiefste Felsenschlucht Mitteleuropas

7

Die Breitachklamm ist ein viel besuchter Touristenmagnet im Allgäu, den man frühmorgens noch weitgehend ruhig genießen kann.

Am südlichen Ende des Großparkplatzes erreichen wir die Kasse und folgen dem Weg, der uns von nun an stets an und über der Breitach entlang führt. Zunächst geht es durch einen Tunnel und dann durch die tiefe Klamm über teils schmale Steige. Beim Kassenhäuschen am südlichen/oberen Klammeingang geht es in vielen Stufen zum Zwingsteg, der in fast 100 Metern Höhe über die Klamm führt. Bald stoßen wir auf eine Teerstraße und gehen rechts bis zur Alpe Dornach mit dem kleinen Spielplatz. Nach der Rast geht es auf der Teerstraße ein wenig weiter und rechts über den Schotterweg zurück zum Parkplatz.

Mittel | 4 km | 200 Hm | 2 Std.

Alter
Ab 4 Jahren

Ausgangspunkt
Gebührenpflichtiger Breitachklamm-Parkplatz

Anfahrt
Über die B19 fast bis Oberstdorf; bei McDonald's rechts der Beschilderung folgen

Tourencharakter
Nicht durchgehend beidseitig gesicherter Klammweg

Öffnungszeiten
Einlass im Sommer 8–17 Uhr, im Winter 9–16 Uhr; während der Schneeschmelze im Frühjahr gesperrt

Kinderwagen
Nicht geeignet

Einkehr
Gasthaus Breitachklamm, gasthaus-breitachklamm.de; Gasthaus Alpe Dornach

Informationen
breitachklamm.com

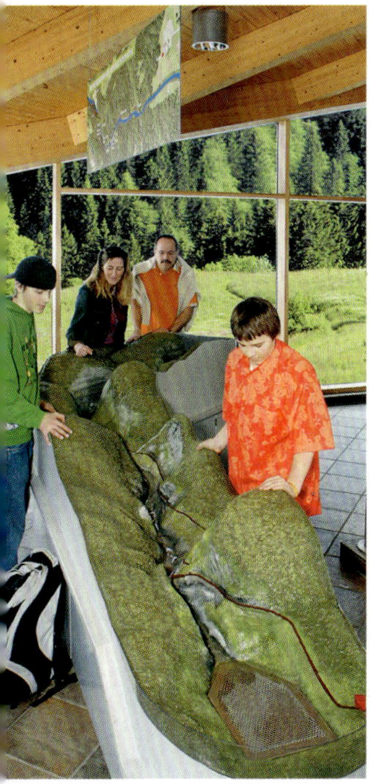

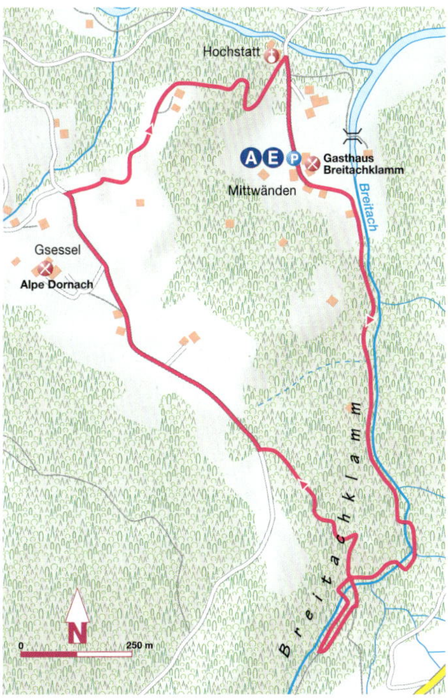

Die Breitachklamm bei Tiefenbach

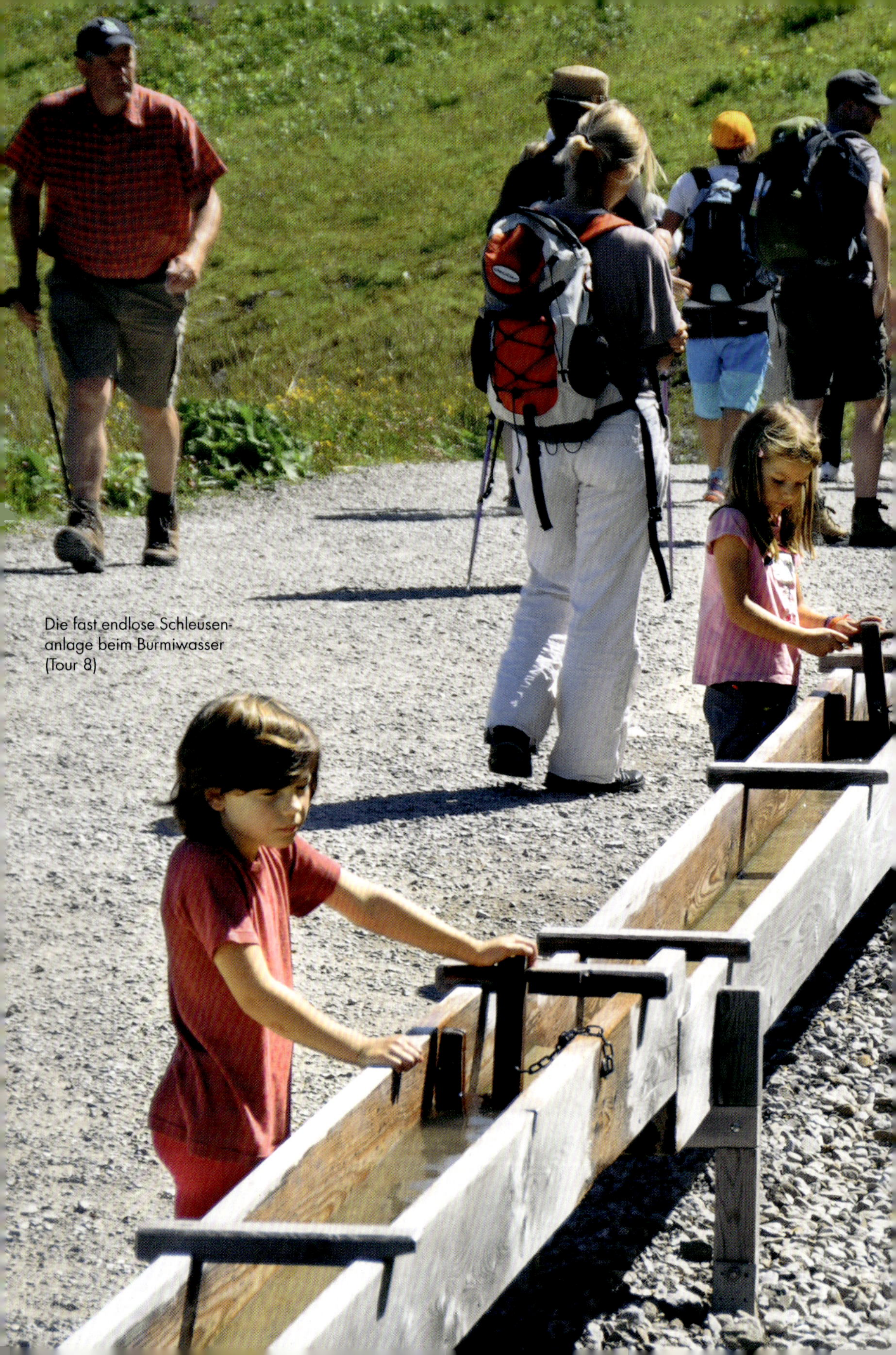

Die fast endlose Schleusenanlage beim Burmiwasser (Tour 8)

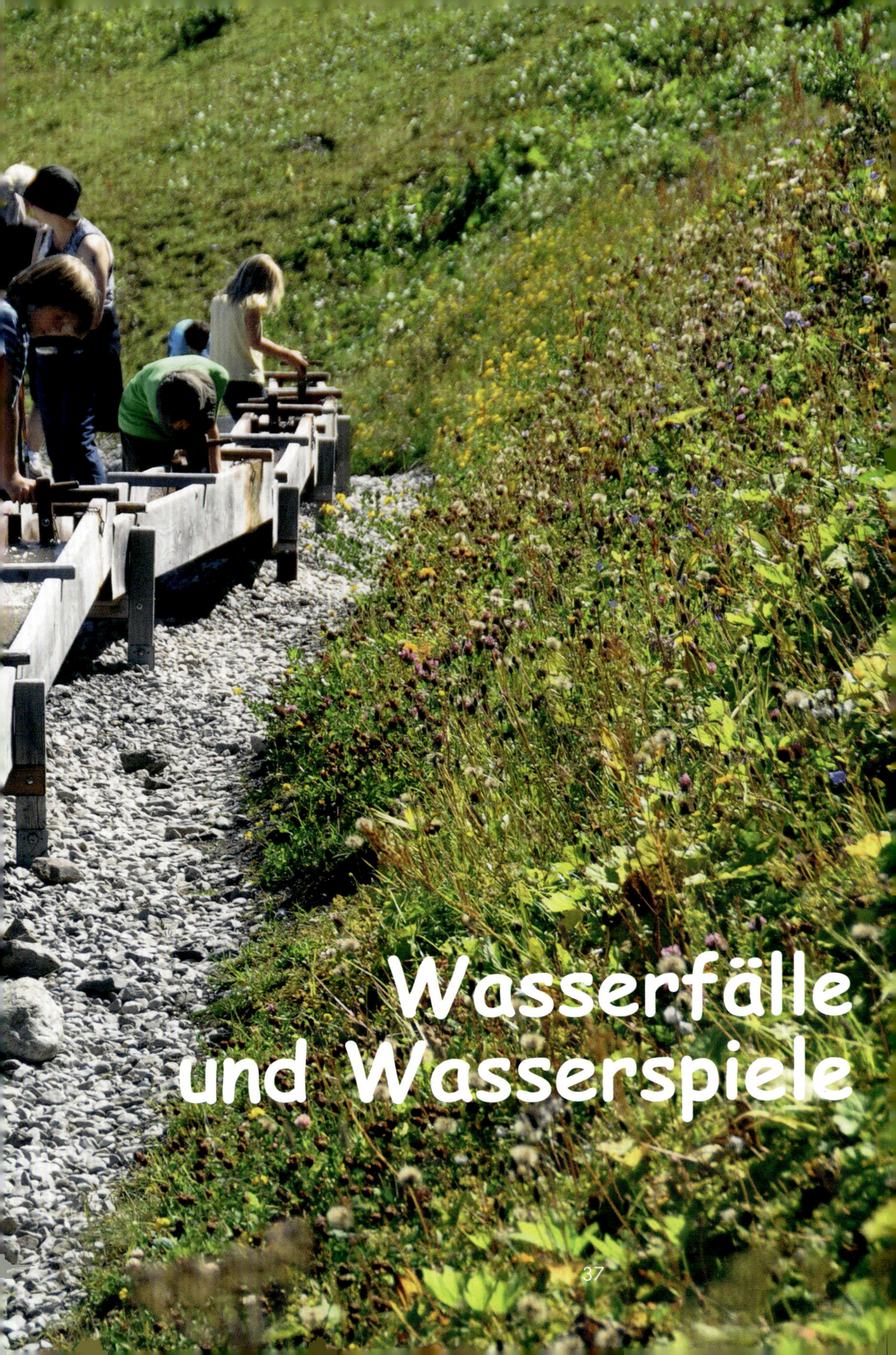

Wasserfälle und Wasserspiele

8 Kanzelwand

Erlebnispfad Burmiwasser unter dem Kanzelwandgipfel

Leicht | 1,7 km | 60 Hm | 1 Std.

Alter
Ab 3 Jahren

Ausgangspunkt
Gebührenpflichtige Parkplätze in Riezlern bei der Talstation der Kanzelwandbahn

Anfahrt
Über die B 19 fast bis Oberstdorf und der Beschilderung ins Kleinwalsertal nach Riezlern folgen

Tourencharakter
Ausgesetzter Abstecher zum Kanzelwandgipfel nur mit größeren Kindern; Burmiwasserweg auf breiter Schotterstraße; Rückweg über die Rote Wand auf schmalen Pfaden

Öffnungszeiten
Mitte Mai bis Mitte Oktober

Kinderwagen
Geeignet (nur Burmiwasser)

Einkehr
Bergstation Kanzelwandbahn, Mai bis Mitte Oktober geöffnet, kein Ruhetag; Bergrestaurant Adlerhorst, Ende Mai bis Mitte Oktober geöffnet, kein Ruhetag

Informationen
das-hoechste.de

Der Erlebnispfad Burmiwasser ist zwar nur 700 Meter lang. Aber mit seinen Strudeltöpfen, Wasserrädern und fast unzähligen Schleusen ist er für die Kinder ein echtes Highlight im Allgäu.

Direkt an der Bergstation, wo man zunächst noch einen Blick auf die frühere Technik der Kanzelwandbahn und 3D-Naturaufnahmen werfen kann, befindet sich das Panoramarestaurant, bei dem man auch kostenlos Tragekraxen ausleihen könnte. Verlassen wir das Haus, stehen wir auch schon am Start des Erlebnisweges. Zunächst plätschert da nur ein Bach in einem künstlichen

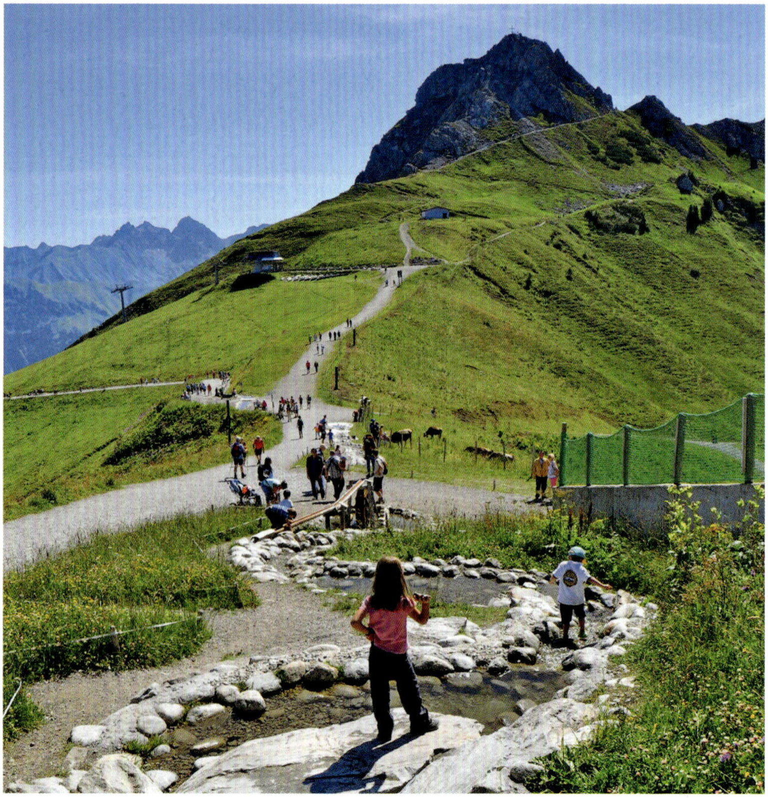

Blick von der Bergstation zur Kanzelwand

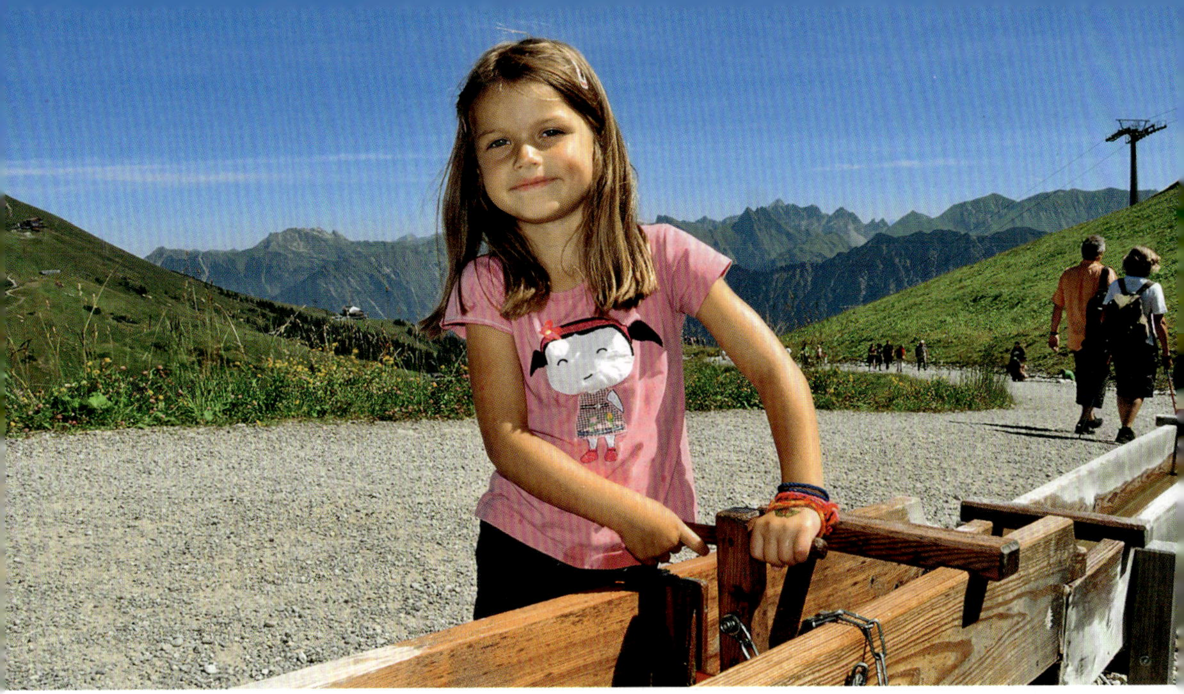

Auch nach einer Stunde noch gut gelaunt als Schleusenwärter

Bett und man sieht an schönen Tag mehr Spaziergänger, als man hier oben erwarten würde, auf den breiten Wegen zwischen Kanzelwand- und Fellhornbahn. Ein kleiner Spielplatz ist schnell passiert und wir erreichen einen Wegweiser. Rechts, etwas tiefer gelegen, sieht man das Bergrestaurant Adlerhorst. Für den Abstecher zum Gipfel folgen wir noch nicht links dem Wasserweg, sondern gehen geradeaus in Richtung Kanzelwand. Der Weg wird schon bald felsig, steil und ausgesetzt. Ein Drahtseil und auch die Hand der Eltern sichern den Aufstieg zum Gipfel, der auf allen Seiten steil abfällt. Nachdem wir die Aussicht genossen und die umliegenden Gipfel auf der Tafel benannt haben, geht es zurück zum Burmiwasser. Es folgt ein langer Holztrog mit fast unzähligen Schleusen, die wieder und wieder synchronisiert von den zu kleinen Schleusenwärtern gewandelten Kindern geöffnet und geschlossen werden. Wir passieren den sich mit Wasserkraft drehenden Burmi und gehen an weiteren Schleusen entlang zum künstlich angelegten Riezler Alpsee mit dem Aussichtspodest und den Holzfernrohren.

Am anderen Ende des Sees steigen wir über den Pfad zur Roten Wand auf und gehen dem schmalen Weg folgend zurück zur Bergstation.

Tipp

Im Freibad gegenüber der Talstation gibt es eine Wasserrutsche mit Geschwindigkeitsmessanlage.

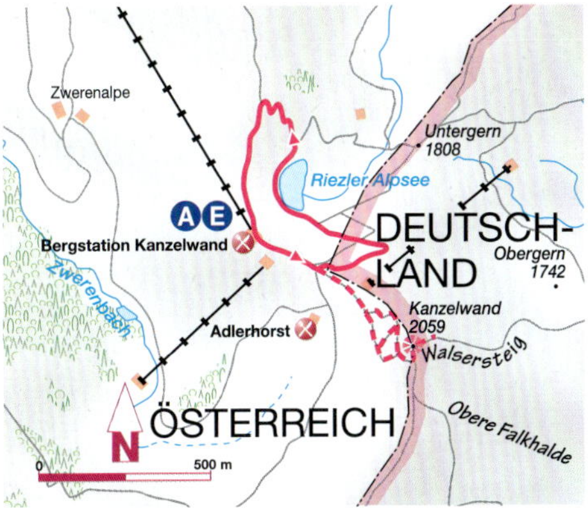

9 Duracher Wasserweg

Von Durach zum Gasthof Waldschenke

Leicht | 3,1 km | 70 Hm | 1.25 Std.

Alter
Ab 3 Jahren

Ausgangspunkt
Parkplatz am Ende des Bachtelweges

Anfahrt
Über die B 309 nach Durach; bei der Kirche in die Vorwaldstraße und rechts in die Oberhofer Straße; wieder rechts in den Bachtelweg

Tourencharakter
Breite Schotterstraße an der Durach, unter der A7 hindurch, Pfad zur Ruine

Kinderwagen
Geeignet (ohne Abstecher zur Ruine)

Einkehr
Gasthof Waldschenke, Montag und Dienstag, waldschenke-durach.de

Informationen
Gemeindeverwaltung Durach, Tel. 0831/561 19-0, durach-allgaeu.de

Der Wasserweg von Durach entlang des gleichnamigen Flusses führt uns angenehm schattig auf einem breiten Weg an zahlreichen Spielstationen und der Ruine der Neuenburg vorbei zum Gasthof Waldschenke.

Vom Parkplatz gehen wir geradeaus weiter zum Ende des Bachtelweges und folgen von nun an der breiten Schotterstraße. Nach wenigen Metern erreichen wir die Durach und stehen vor der ersten Station des Erlebnisweges. Eine stabile Hängebrücke führt uns hier »einfach nur so, zum Spaß« über die Durach. Der Abstecher entpuppt sich zwar als Sackgasse, aber gerne passieren wir auch nochmals oder immer wieder die schaukelnde Brücke. Gehen wir auf der Schotterstraße weiter an der Durach entlang, folgen in kurzen Abständen die Stationen »Wasserschöpfen«, »Bohlenbauplatz« und »Floriansbrücke«. Bei der nächsten Station mit der Schaukel und Rutsche zweigen wir kurz links ab und besuchen noch schnell die Ruine der Neuenburg. Zurück

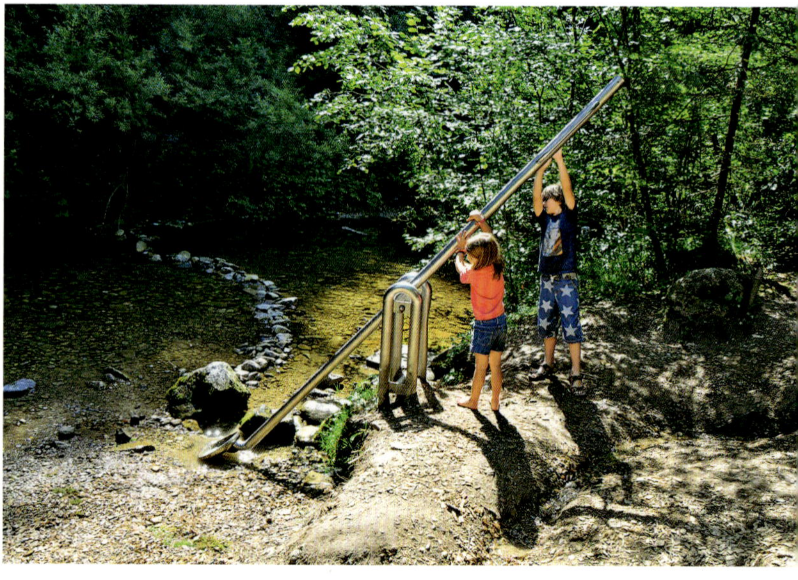

Wasserschöpfen einmal anders

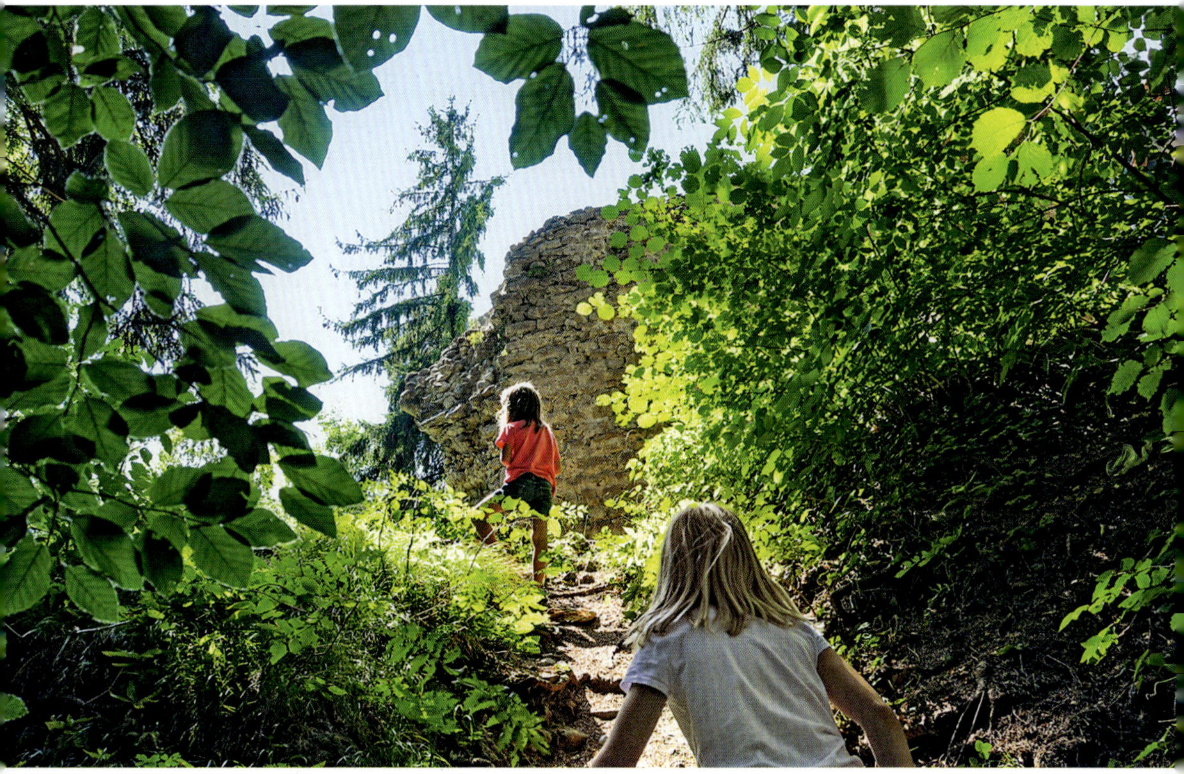

auf dem Wasserweg geht es an den Stationen »Schwingschaukel«, »Riesennetz« und »Riesenrutsche« vorbei, ehe wir das östliche Ende der Tour beim Gasthof Waldschenke erreichen. Zurück geht es auf demselben Weg.

Den kurzen Abstecher zur Ruine sollte man nicht verpassen.

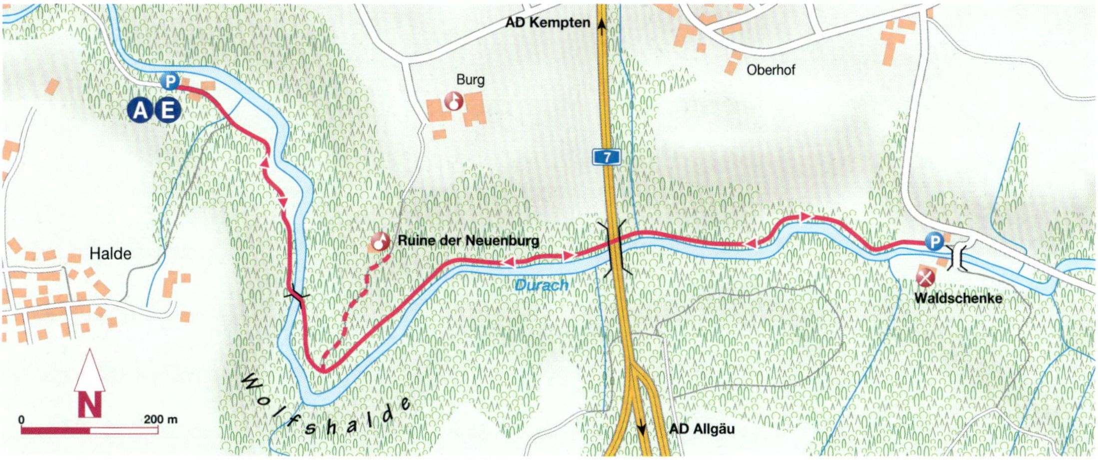

10 Wasserfall Nesselwang

Über die Ruine der Nesselburg zur Alpspitz

Schwer | 9,5 km | 660 Hm | 4.20 Std.

Alter
Ab 7 Jahren

Ausgangspunkt
Parkplatz an der Talstation der Alpspitzbahn

Anfahrt
Über die B 309 bis Nesselwang und in der Ortsmitte der Beschilderung zur Alpspitzbahn folgen

Tourencharakter
Leichte Wanderungen über Bergpfade; wem die Tour zu umfangreich bzw. die 755 Höhenmeter zu viel sind, kann zwei Drittel des Weges abkürzen

Öffnungszeiten
Sommerrodelbahn Anfang Mai bis Ende Oktober

Kinderwagen
Nicht geeignet

Einkehr
Berggaststätte Kronenhütte, Montag Ruhetag, kronenhuette.de; Sportheim Böck, Donnerstag Ruhetag, sportheimboeck.de; Enzianstube

Informationen
alpspitzbahn.de

Rechte Seite: Leichter Steig direkt neben den Wasserfällen

Traumblick vom Alpspitz-Gipfel (1575 m)

Der Ausflug in Nesselwang hat allerlei zu bieten. Neben dem nicht ganz kleinen Wasserfall kann man den Überresten der Nesselburg (leider nicht begehbar) einen Besuch abstatten, bevor man zum Alpspitz-Gipfel aufsteigt. Auf dem letzten Teil des Abstieges gibt es zur Krönung noch eine Sommerrodelbahn.

Wir folgen der Teerstraße weiter über den Parkplatz am Explorer Hotel vorbei und gehen am Ende nach rechts Richtung Wasserfall. Es geht über das Schlossbächel und rechts im Wald weiter. Kurz darauf sehen wir bereits den Steig direkt am Wasserfall.

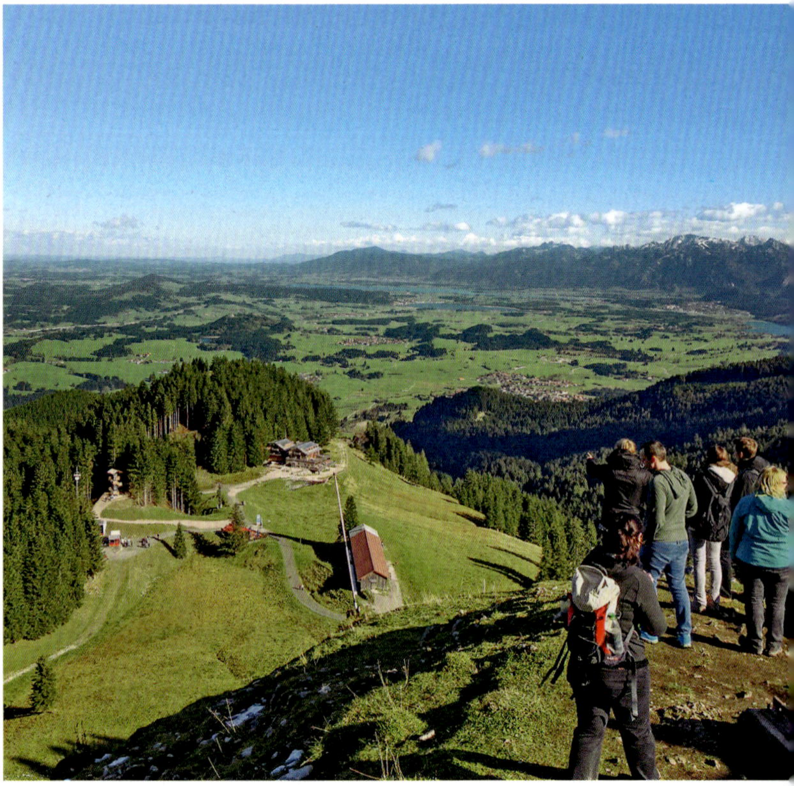

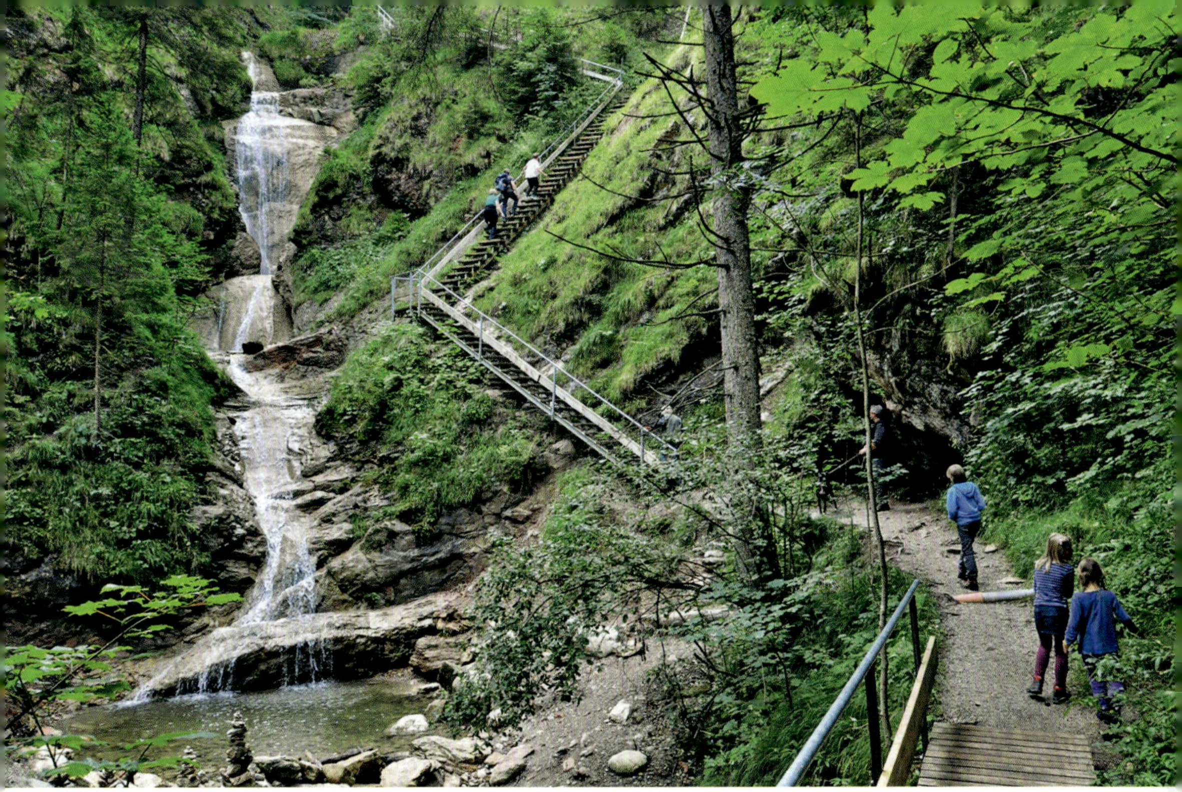

Nach dem Wasserfall gelangen wir zu einem Wegweiser, wo wir links einen kurzen Abstecher zu den Resten der Nesselburg machen können. Es stehen zwar noch erstaunlich viele Mauern, aber leider ist die Anlage abgesperrt. Zurück auf dem Wanderweg gehen wir nun weiter bergauf und erreichen einen weiteren Wegweiser. Hier könnten wir die Tour abkürzen und zur Kronenhütte rechts aufsteigen, um von dort direkt zur Sommerrodelbahn zu gelangen. Wir gehen aber geradeaus weiter und folgen auf schmalen Pfaden stets der Beschilderung zum Sportheim Böck und zum Alpspitz-Gipfel. Auf der anderen Seite des Gipfelkreuzes gehen wir in westlicher Richtung auf dem etwas steilen Pfad bergab zur großen Wiese und dort rechts Richtung Nesselwang. Nach einer halben Stunde erreichen wir eine weitere Wiese und gehen hier gleich rechts zur Mittelstation. Bei dieser geht es nun auf der Teerstraße talwärts zur Sommerrodelbahn.

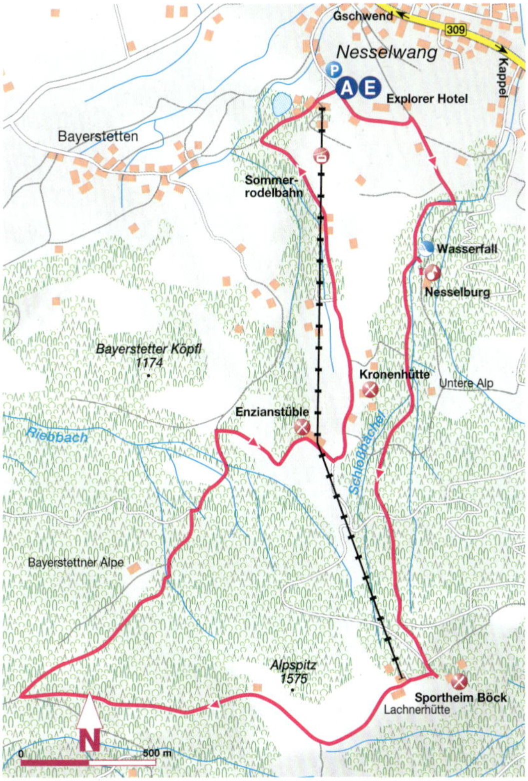

11 Wasserfall Niedersonthofen

Erst duschen, dann baden

Leicht	4,5 km	170 Hm	2 Std.

Alter
Ab 4 Jahren

Ausgangspunkt
Parkplatz in Niedersonthofen am Ende der Mühlenbergstraße

Anfahrt
Über die B 19 bis Niedersonthofen; weiter in den Ort Niedersonthofen und in der Ortsmitte in die Mühlenbergstraße

Tourencharakter
Leichte Wanderung

Öffnungszeiten
Ganzjährig

Kinderwagen
Nicht geeignet

Einkehr
In Niedersonthofen

Informationen
niedersonthofen-see.de

Der Niedersonthofener Wasserfall, bei dem der Schrattenbach rund 10 Meter in die Tiefe stürzt, ist durchaus beeindruckend und schön anzusehen. An heißen Tagen könnte man hier eiskalt duschen, bevor man nach der Wanderung im Niedersonthofener See ein kühlendes Bad nimmt.

Wir folgen dem ausgeschilderten Wanderweg zum Wasserfall am Ende des Parkplatzes. Auf und ab folgen wir ihm immer in westlicher Richtung durch den Wald. Nach rund 40 Minuten geht es links zu dem toll in die Tiefe stürzenden Wasserfall. Anschließend gehen wir wieder ein paar Meter zurück und folgen nun nicht dem Anstiegsweg, sondern nehmen links die Stufen steil bergauf. Bei der Gabelung nach der Brücke geht es nach links und abermals über eine Brücke. Der Weg stößt auf einen breiteren Weg, dem wir wiederum nach links folgen. Kurz darauf am Waldrand gehen wir auf dem kleinen linken Weg weiter über die Wiese und erreichen so schon bald eine Teerstraße, weiter geradeaus und bei der Kreuzung laufen wir links zurück zur Mühlenbergstraße. Die kostenlose Liegewiese direkt am See hat einen kleinen Kiesstrand und vier künstliche Holzinseln in verschiedenen Abständen zum Ufer.

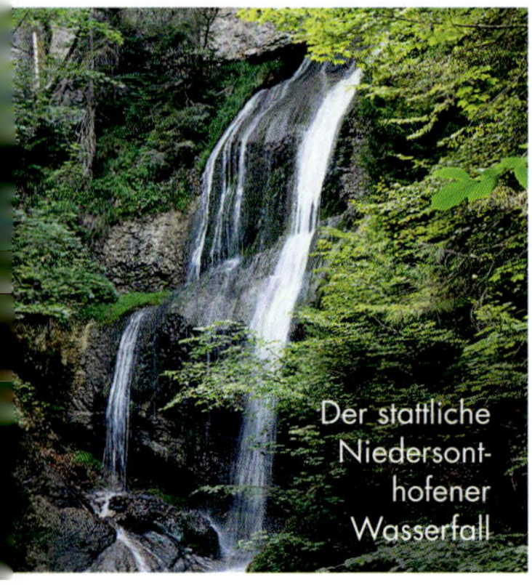
Der stattliche Niedersonthofener Wasserfall

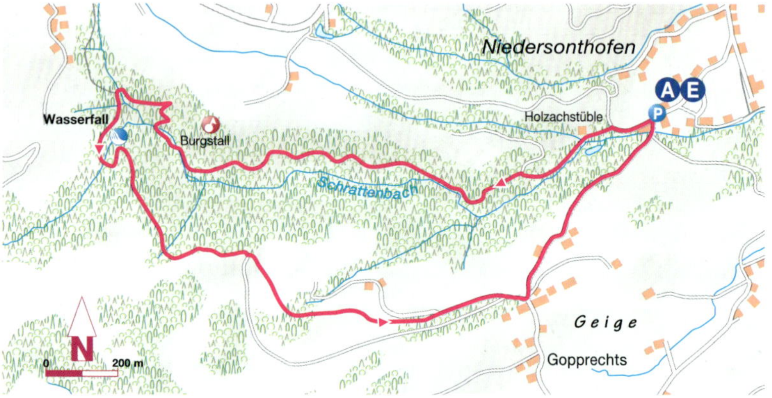

Buchenegger Wasserfall

12

Kurze Runde zum Oberen und Unteren Wasserfall

Die Weißach stürzt südlich von Buchenegg über zwei große Stufen talwärts und bildet so die Buchenegger Wasserfälle, unterteilt in die Oberen und Unteren Fälle.

Wir gehen ein paar Schritte nach Süden und gleich wieder scharf links zurück zur Anfahrtsstraße. Diese überqueren wir und wandern gleich darauf nicht links über die Brücke des Stegenbaches zum Barfußpfad, sondern auf dem breiten Weg geradeaus weiter. Wenn wir das zweite Mal den Wald verlassen, geht es leicht bergauf zu einem etwas breiteren Weg. Diesem folgen wir nach links zur Alpe Neu Gschwendt. Kurz darauf sehen wir einen Pfad, der nach links abzweigt. Auf diesem wandern wir später zurück zum Parkplatz.

Dem Weg folgend passieren wir schon bald die Alpe Neugreuth und erreichen den Oberen und Unteren Buchenegger Wasserfall. Beim Rückweg zweigen wir auf den bereits erwähnten Pfad nach rechts zwischen den zwei Alpen Richtung Steibis ab. Wir erreichen einen breiteren Weg und gehen nach links wieder durch den Wald. Sobald wir aus dem Wald treten, biegen wir scharf links auf den Waldlehrpfad, der uns an einer Weitsprunganlage und einem Holzxylophon vorbei zum Barfußpfad zurück zum Parkplatz führt.

Mittel	4 km	180 Hm	2 Std.

Alter
Ab 5 Jahren

Ausgangspunkt
Parkplatz bei Sägmühle 24

Anfahrt
Über die B 308 nach Oberstaufen, abbiegen nach Steibis, dort in einer Kurve, die fast 90 Grad nach links führt, direkt nach der Brücke rechts

Tourencharakter
Leicht, nur am Oberen Wasserfall kurz etwas ausgesetzt

Kinderwagen
Nicht geeignet

Einkehr
Alpe Neu Gschwendt und Alpe Neugreuth, Montag Ruhetag, Mitte Mai bis Mitte Oktober

Informationen
steibis.de

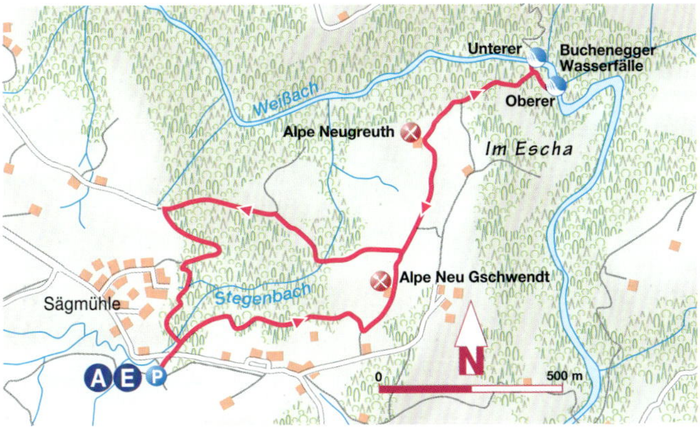

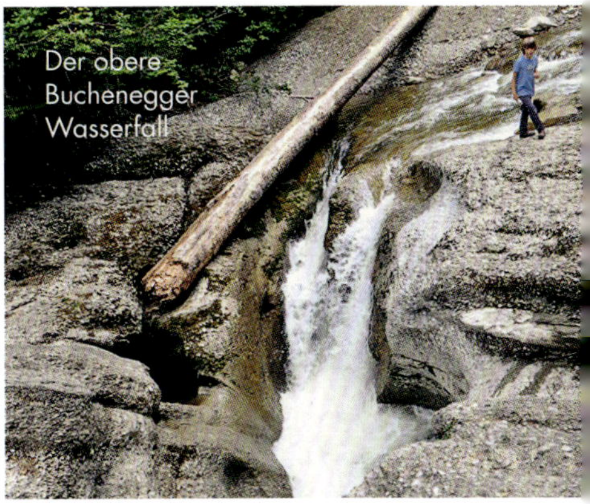
Der obere Buchenegger Wasserfall

13 Hintersteiner Wasserfall

Zu den wilden Fräulein von Hinterstein

Mittel | 7 km | 400 Hm | 4.20 Std.

Alter
Ab 6 Jahren

Ausgangspunkt
Gebührenpflichtiger Wanderparkplatz am Ortsende von Hinterstein

Anfahrt
Über die B 19 bis Sonthofen und weiter nach Bad Hindelang; am Ortsanfang rechts nach Hinterstein

Tourencharakter
Etwas längere Wanderung auf schmalen Pfaden, nur am Wasserfall etwas feucht

Kinderwagen
Nicht geeignet

Einkehr
In Hinterstein oder Verlängerung der Tour zur Willersalpe (Mai bis Oktober geöffnet)

Informationen
hinterstein.de

Das einsam am Ende der Fahrstraße gelegene Hinterstein hat nicht nur ein abgefahrenes Kutschenmuseum zu bieten. Neben den beiden Zipfelbach-Wasserfällen gibt es noch den schönen Aussichtspunkt Köpfle und den Wildfräuleinstein – Höhlen, in denen früher die wilden Fräulein hausten.

Wir starten am Parkplatz und gehen zunächst zurück in den Ort bis zur Bushaltestelle und hier nach rechts. Von nun an folgen wir stets der Beschilderung zu den Wasserfällen. So erreichen wir nach offiziell 40 Minuten den oberen Wasserfall, was bedeutet, dass es auch noch einen unteren gibt, zu dem wir ebenfalls absteigen, indem wir der Beschilderung Richtung Kirche Hinterstein folgen. Der Weg verzweigt sich und wir gehen nach links. So erreichen wir bald den unteren Wasserfall. Es geht noch ein wenig weiter bergab und links, dann abermals über eine Brücke. Wir erreichen ein paar Meter höher das Naturbad Prinze Gumpe, das nach Prinzregent Luitpold von Bayern benannt ist. Wir sto-

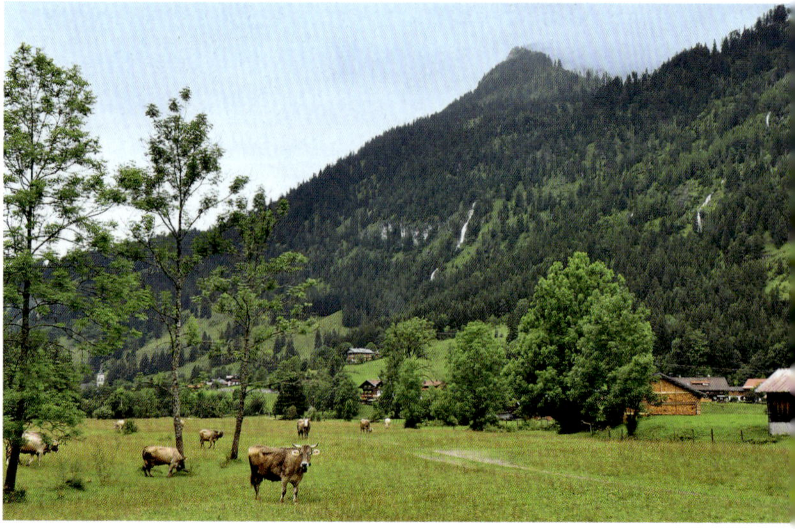

Blick über das Hintersteiner Tal auf die Wasserfälle

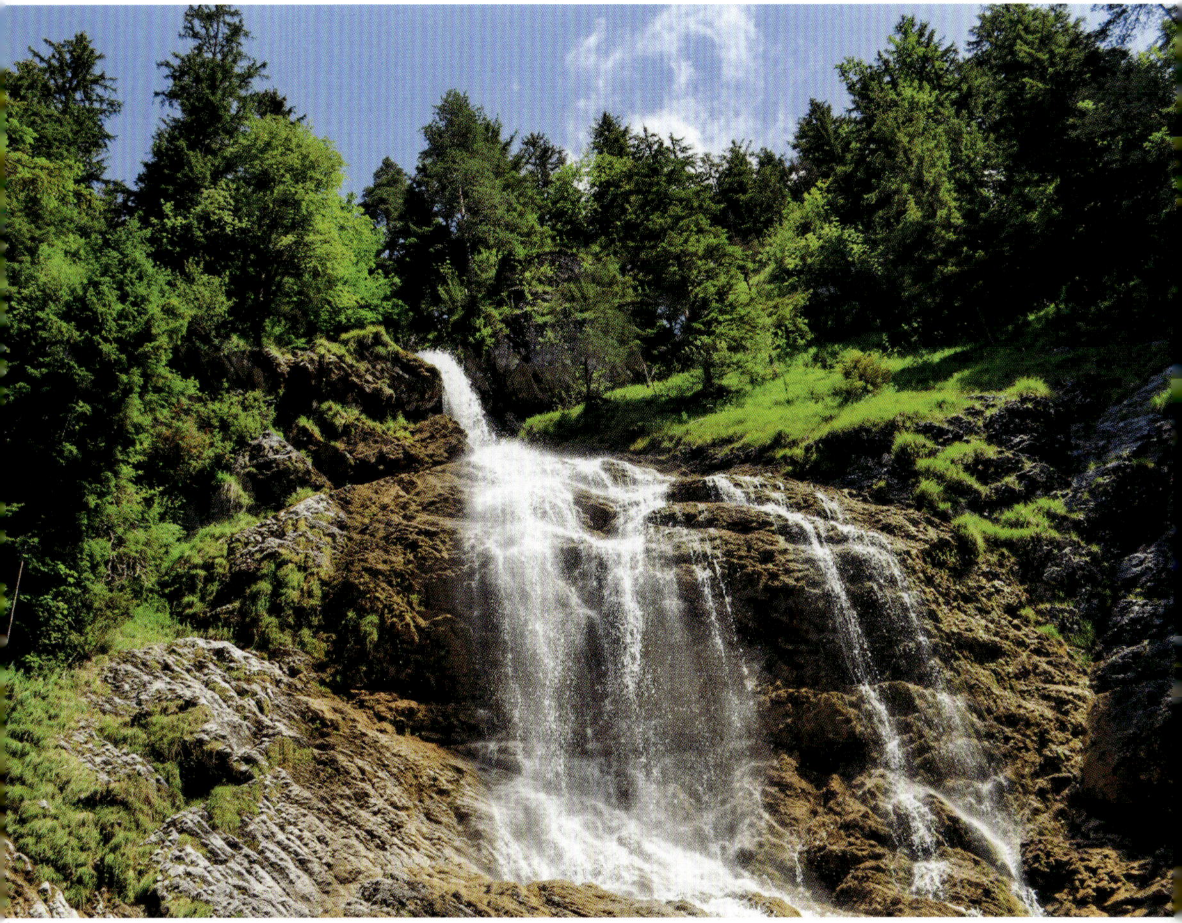

ßen wieder auf den Anstiegsweg und folgen nun der Beschilderung Richtung Köpfle und Wildfräuleinstein. Beide Punkte erreichen wir problemlos über den Pfad. Beim Wildfräuleinstein können wir die Sage auf einer Infotafel nachlesen. Wir folgen dem Weg weiter noch rund 60 Höhenmeter bergauf bis zu einer Kreuzung. Wer noch nicht genug vom Wasser hat, geht noch geradeaus ein paar Meter weiter bis zum Willersbach. Und wer noch nicht genug vom Wandern hat, wandert weiter bis zur Willersalpe. Ansonsten geht es hier über einen der beiden Wege bergab und zurück zum Parkplatz.

Die Wasserfälle aus der Nähe

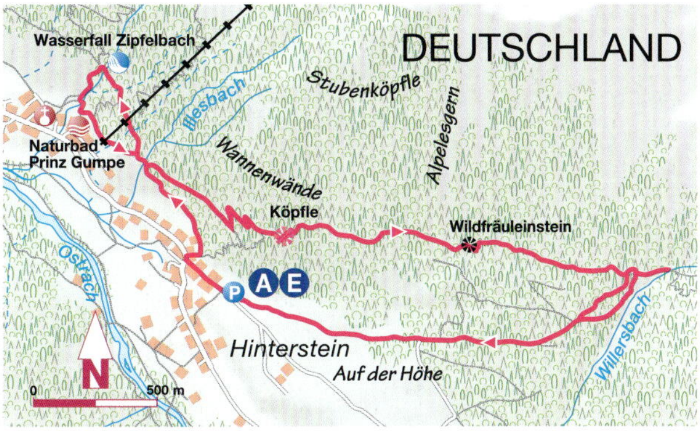

14 Hinanger Wasserfall

Toller Tobelweg zum 12-Meter-Wasserfall

Mittel | 5,1 km | 200 Hm | 2 Std.

Alter
Ab 5 Jahren

Ausgangspunkt
Parkplätze an der Straße nach der Unterführung hinter Hinang

Anfahrt
Über die B 19 bis Sonthofen und über Altstätten nach Hinang; vor der Kirche links Richtung Hochweiler und durch die Unterführung

Tourencharakter
Leichte Wanderung

Öffnungszeiten
Ganzjährig

Kinderwagen
Nicht geeignet

Einkehr
Berghotel Sonnenklause, Mittwoch Ruhetag, sonnenklause.de

Hinang ist ein Ort, den man im Allgäu nicht unbedingt auf der Liste hat. Mit Kindern sollte man aber unbedingt einen Abstecher hierher machen, um den schönen und leicht zu erreichenden Hinanger Wasserfall zu besuchen.

Wir starten am oberen Ende der Parkmöglichkeiten bei den Infotafeln rechts in den Wald. Kurz darauf geht es rechts über ein Brücklein und nun auf schmaleren Pfaden bis zum Wasserfall. Anschließend folgen wir dem Weg weiter unter den Felswänden entlang, bis wir über ein paar Stufen die obere Felskante erreichen. Der Pfad führt nun wieder zurück zum oberen Ende des Wasserfalls, den man aber leider nicht einsehen kann. Stets am Bach entlang, der hier ganz friedlich dahinplätschert, gelangen wir bald an eine Brücke, die uns nach rechts und hoch zur Teerstraße führen würde. Wir gehen geradeaus weiter und erreichen eine Kreuzung. Links könnten wir nach Hochweiler abkürzen. Wir gehen hier aber rechts und erreichen so schon bald die Teerstraße. Nach rund 10 Metern gehen wir wieder links und stehen kurz darauf vor dem Berghotel Sonnenklause. Nach der Rast gehen wir direkt beim Hotel zur Teerstraße und hier nach links Richtung Hochweiler über einen schmalen Pfad. Ab Hochweiler folgen wir der Teerstraße zurück zum Parkplatz.

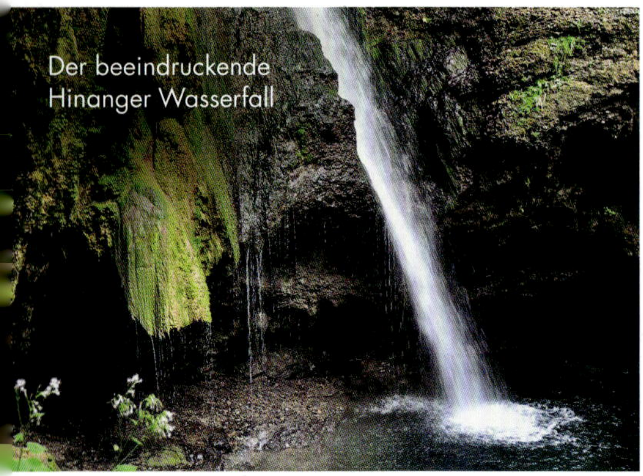
Der beeindruckende Hinanger Wasserfall

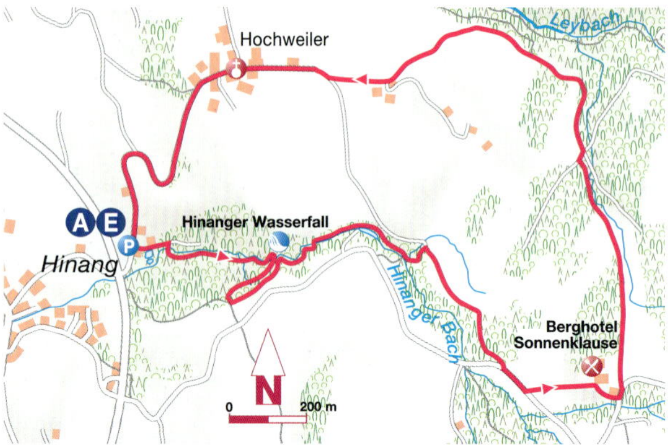

Scheidegger Wasserfälle

15

Kurztour zu zwei Wasserfällen

Viele Spielmöglichkeiten rund um das Thema Wasser warten bei den Scheidegger Wasserfällen, welche 2004 in die Liste »Bayerns schönste Geotope« aufgenommen wurden, auf die ganze Familie. Durch die unterschiedlichen Schichten von Sandstein und Nagelfluh bildeten sich hier interessante Wasserfallstufen.

Leicht	1,4 km	35 Hm	1 Std.

Alter
Ab 3 Jahren

Ausgangspunkt
Parkplätze am Straßenrand in Rickenbach

Anfahrt
Über die B 308 nach Lindenberg und Scheidegg; der Beschilderung zum Reptilienzoo folgen und 200 m nach dem Reptilienzoo links

Tourencharakter
Leichte Wanderung

Öffnungszeiten
Ganzjährig

Kinderwagen
Nicht geeignet

Informationen
scheidegg.de

Wikipedia erklärt Geotope mit den Worten: »Geotope sind erdgeschichtliche Gebilde der unbelebten Natur, die Erkenntnisse über die Entwicklung der Erde und der Entstehung des Lebens vermitteln.« Ein Gebilde unbelebter Natur sind auch die Wasserfallstufen der Scheidegger Wasserfälle.

Schon am Eingangsbereich der Erlebniswelt Scheidegger Wasserfälle informieren Tafeln über Wasserfälle und Sehenswertes wie den Hydraulischen Widder (eine Pumpe ohne Strom). Dass sich die Kinder hier auf dem Kinderspielplatz ebenfalls liebend gerne und ausgiebig mit Wasser beschäftigen, versteht sich fast schon von selbst.

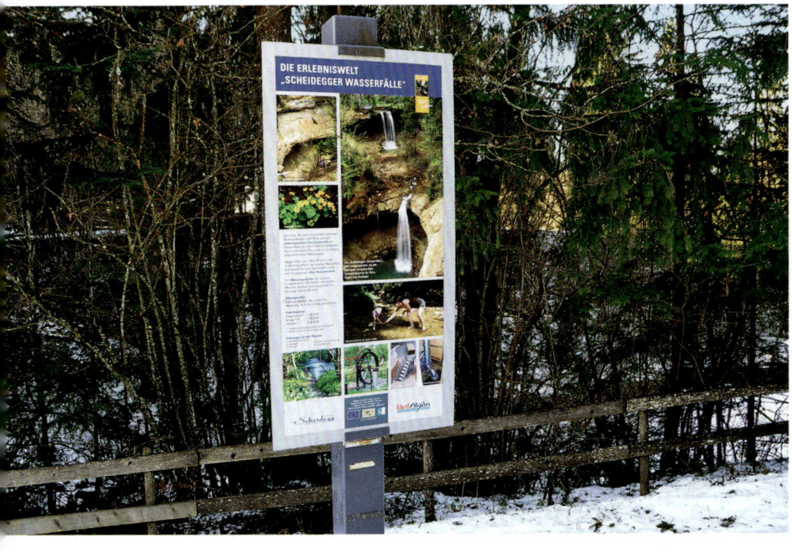

Die Scheidegger Wasserfälle

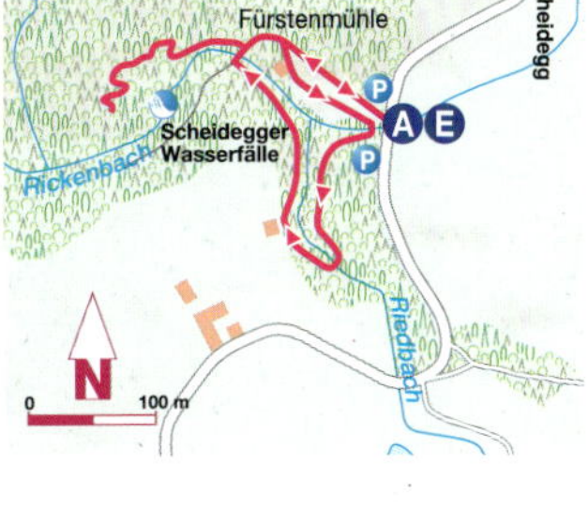

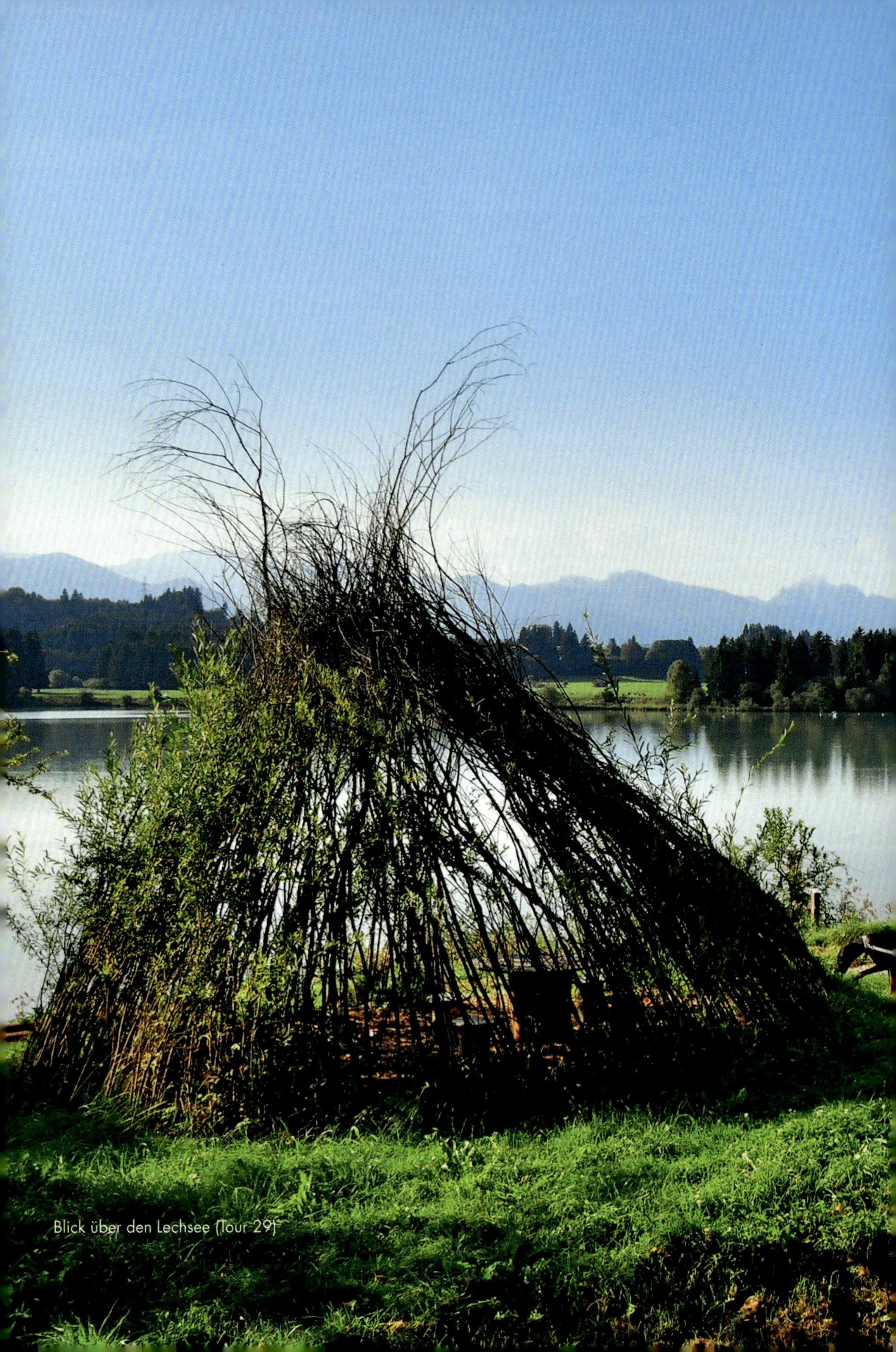

Blick über den Lechsee (Tour 29)

Erlebniswege und Themenwege

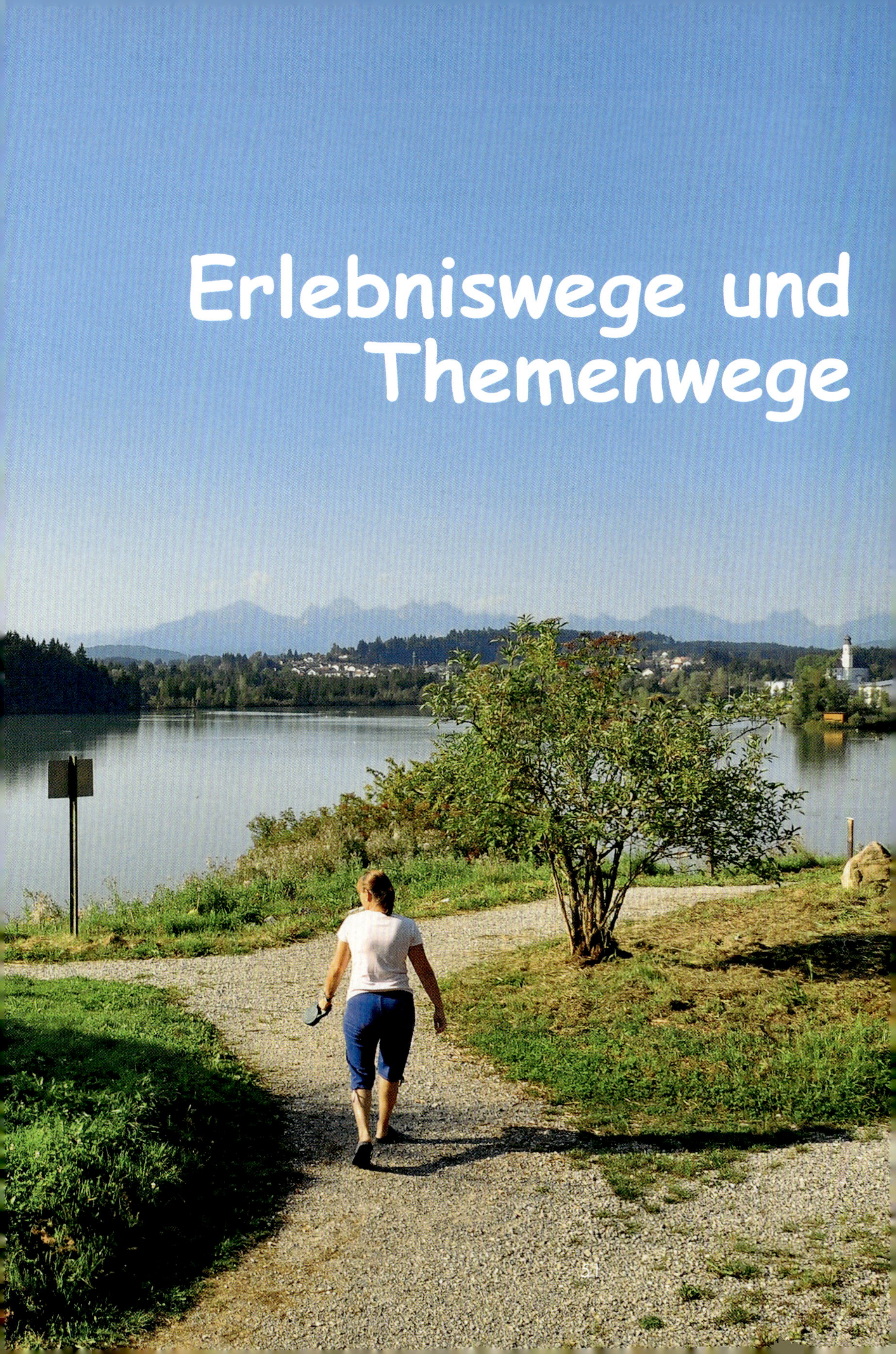

16 Wald- und Auwalderlebniszentrum Ziegelwies

Über Berg und Wasser

Leicht | 5 km | 160 Hm | 2.40 Std.

Alter
Ab 6 Jahren

Ausgangspunkt
Füssen, Parkplatz beim Walderlebniszentrum

Anfahrt
Über die A 95 und Murnau weiter nach Bad Kohlgrub und Füssen; im Ort Richtung Reutte bis zum Parkplatz beim Walderlebniszentrum (Tiroler Straße)

Tourencharakter
Kinderwagentauglicher breiter Weg durch den Auwald und den Bergwald

Kinderwagen
Geeignet

Einkehr
In Pfronten

Informationen
walderlebniszentrum.eu

Unter dem Slogan »Grenzenloses Naturerlebnis, wo einst der Schlagbaum trennte« entstand südlich von Füssen das Walderlebniszentrum Ziegelwies mit zwei wunderbar kindgerechten Pfaden, dem Auwaldpfad und dem Bergwaldpfad.

Einst – jetzt ist schon die Zeit gekommen, in der man sagen kann: »Die Älteren unter uns werden sich noch daran erinnern« – verlief hier die Grenze zwischen Österreich und Deutschland.

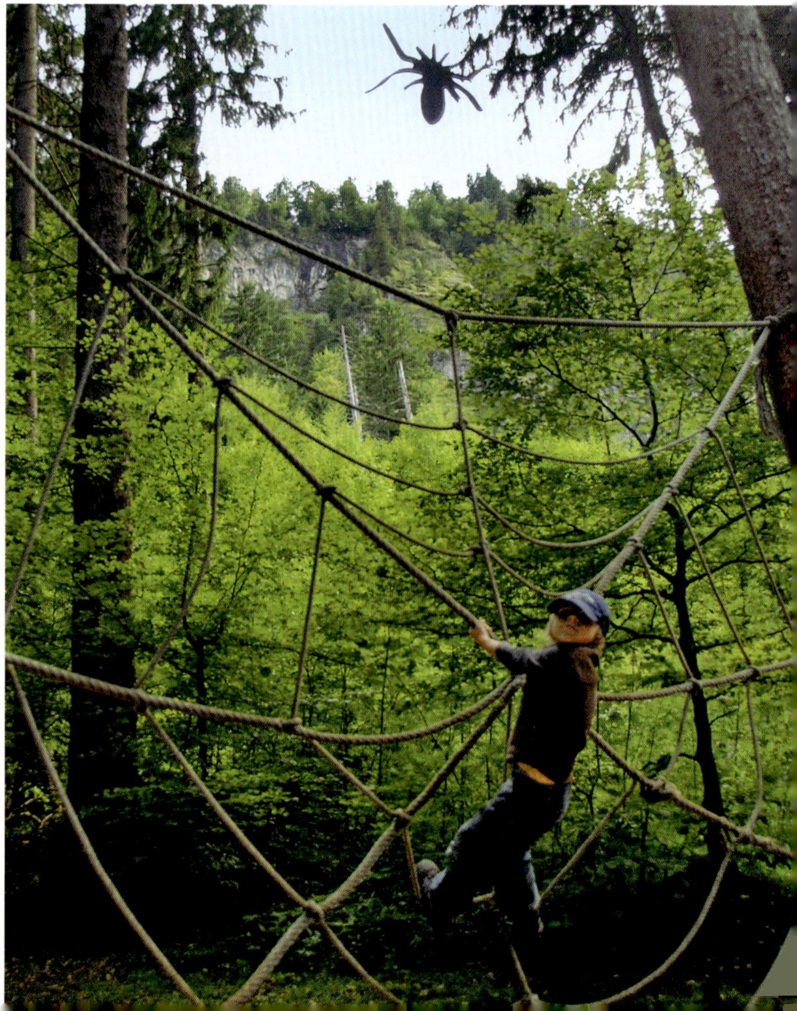

Das große Kletter-Spinnennetz auf dem Bergwaldpfad Ziegelwies

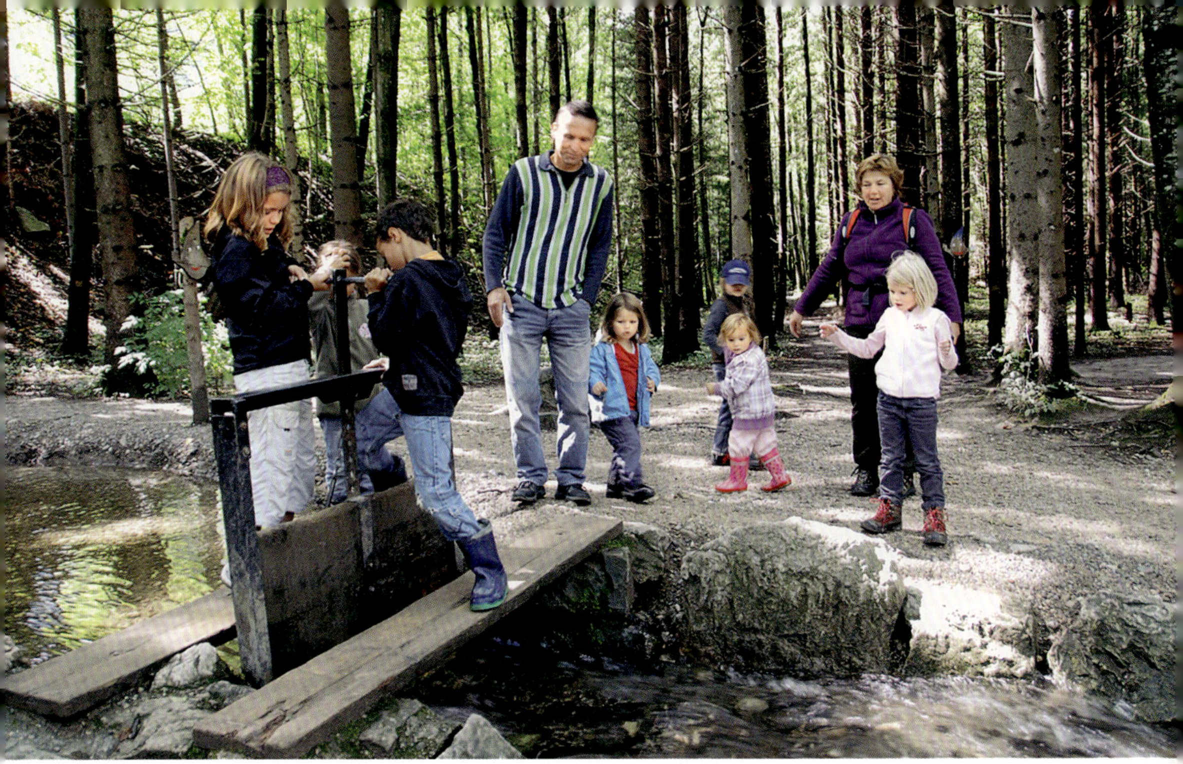

Eine Schleuse, die von früh bis spät in Betrieb gehalten wird

Der Auwaldpfad Der kürzere und flachere der beiden Walderlebnispfade ist der in den Auen des Lechs gelegene Auwaldpfad. Gleich links vom Walderlebniszentrum ist der komplett auf Kinder zugeschnittene Einstieg in den Pfad. Eine lange Rutsche führt von dem etwas erhöht gelegenen Informationszentrum hinab in den Auwald. Auf den ersten Blick erscheint die Rutsche viel zu steil und die Kinder zögern noch etwas, lassen sich dann aber von den juchzenden Mitstreitern anstecken und stürzen sich auch in das, wie sich herausstellt »babylahme« (Zitat), Vergnügen. Im Auwald angekommen geht es dem wegweisenden Wassertropfen folgend nach links. In kurzen Abständen folgt auf dem kleinen Rundweg nun eine Station der nächsten und man kann von einer Anti-Langeweile-Garantie ausgehen. Nach der Hälfte der Runde bietet sich ein Abstecher zu dem bis zum Auwaldpfad tosenden Lechfall an. Kurz nach diesem Abzweig steht das geheime Highlight des Pfades an. Das in den Lech mündende Bächlein kann auf sechs Arten überquert werden, wobei die erste »auf Seilen« und die dritte »auf einem Floß« sicherlich einen bleibenden Eindruck hinterlassen werden. Die kurz darauf folgende Schleusenstation ist nicht minder spannend. Über einen Spielplatz mit

Tipp

Ab 130 cm Größe können die Kleinen im Hallenhochseilgarten in Füssen klettern, während die Eltern im Laden den Lagerverkauf nutzen.

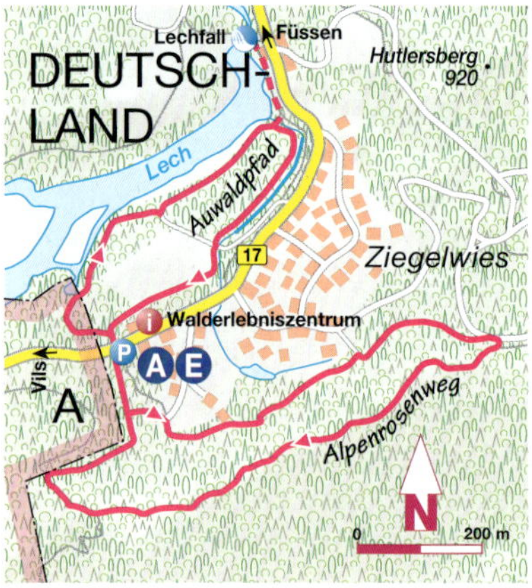

Piratenboot geht es zurück zur Rutsche. Nachdem die Auwaldrunde sehr schnell bewältigt ist, bietet sich noch der nahtlose Übergang in den Bergwaldpfad an. Dazu kann man – höchst abenteuerlich – durch einen Bachtunnel unter der Straße hindurch trockenen Fußes zum Start desselben gehen.

Der Bergwaldpfad Rechts neben dem kleinen Weiher auf der dem Walderlebniszentrum gegenüberliegenden Straßenseite beginnt unübersehbar der Bergwaldpfad. Der im Vergleich zum Auwaldpfad leider deutlich schlechter ausgeschilderte Weg führt im Wald gleich links auf den Rindenmulchweg und rechts bergan in den Wald zum Abenteuerspielplatz mit Weitsprung und Riesenschaukel. Der Rundweg führt uns nun ebenfalls an zahlreichen Stationen entlang. Die erste, die Kegelbahn, vermittelt gleich zu Beginn, dass man auch mit ganz einfachen Mitteln, nämlich Steinen, viel Spaß haben kann. Vorbei an Wasserpumpen, begehbaren Spinnennetzen und vielen Ratestationen geht es auf zwei Ebenen durch den Bergwald oberhalb des Walderlebniszentrums.

Das Highlight des Auwaldpfades: Übersetzen mit dem Floß

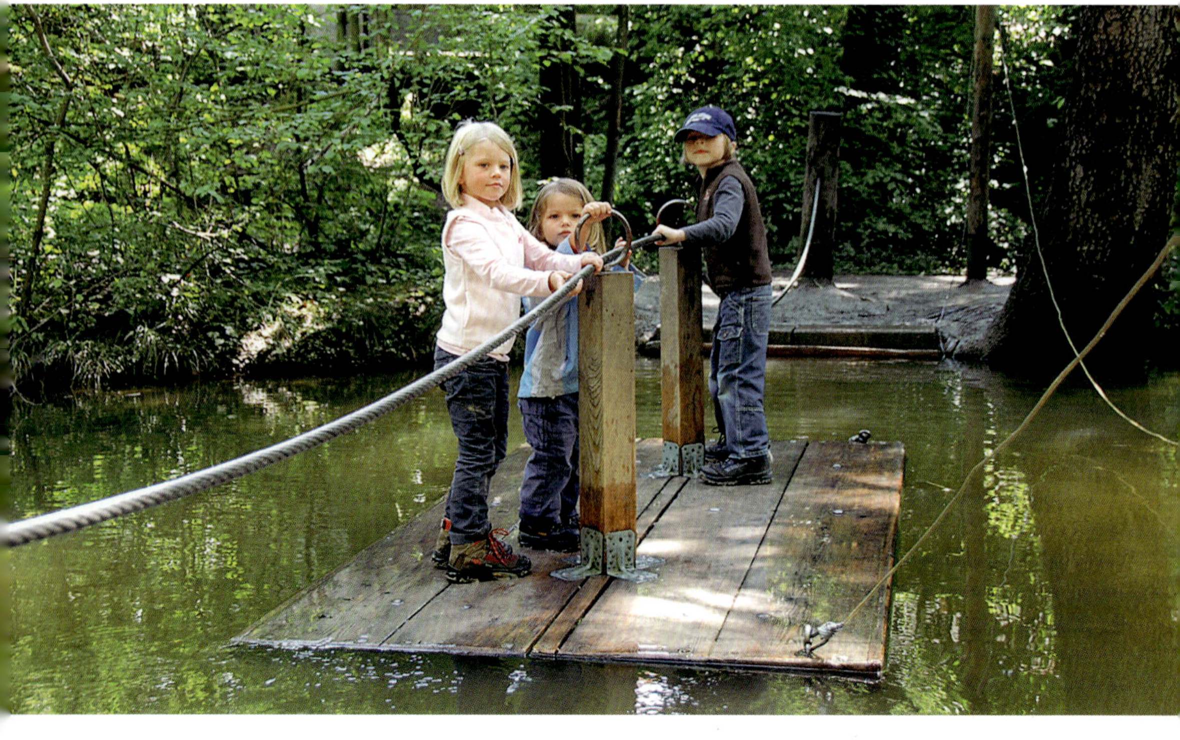

Kuhnigundenweg Diepolz 17

Panorama-Hollywoodschaukel und Matsch bis zum Knie

Das gelbe Museumsmaskottchen Kuhnigunde führt die Kinder über einen etwa 5 Kilometer langen Erlebnisweg rund um Diepolz. An sechzehn Infostationen erfährt oder erfühlt man die Allgäuer Natur auf spielerische Art und Weise.

Leicht	4,4 km	140 Hm	2 Std.

Alter
Ab 4 Jahren

Ausgangspunkt
Parkplatz kurz vor dem Bauernhofmuseum

Anfahrt
Über die B 19 bis Immenstadt, dann der Beschilderung zum Bergbauernmuseum folgen; kurz vor Diepolz befindet sich ein großer Parkplatz

Tourencharakter
Leichter Rundweg

Kinderwagen
Geeignet

Einkehr
Höfle-Alpe (im Museumsgelände, aber frei zugänglich, Öffnungszeiten wie das Museum)

Informationen
bergbauernmuseum.de

Wir starten am oberen Ende des Parkplatzes auf dem breiten Fußweg, der uns nach Diepolz und zum Bergbauernmuseum führt. Auf diesem ersten kurzen Teilstück geht es gleich an der

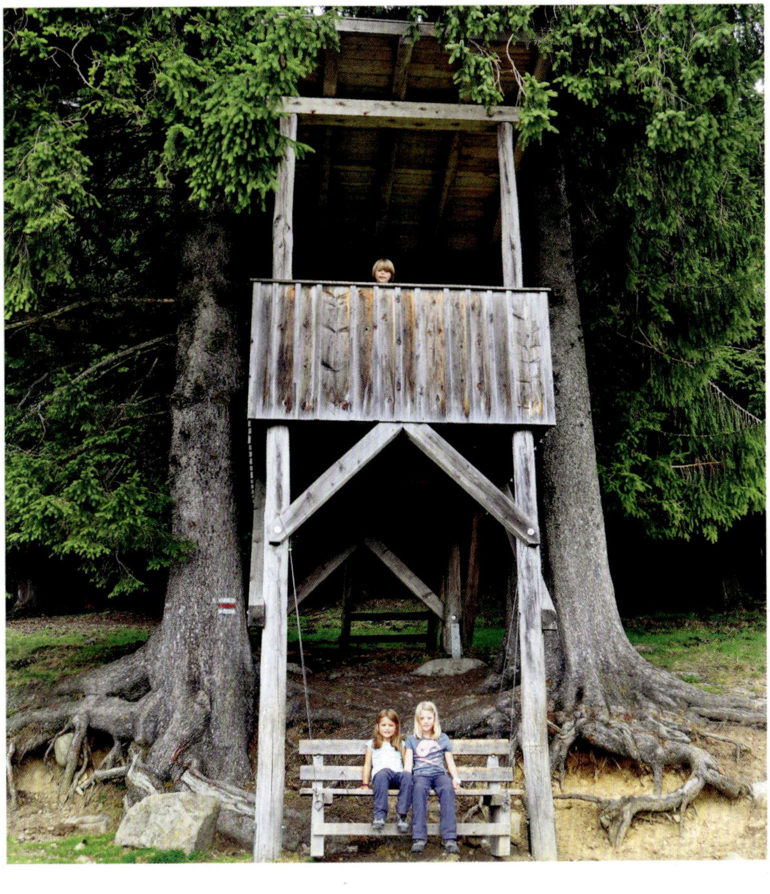

Hollywoodschaukel im XXL-Format

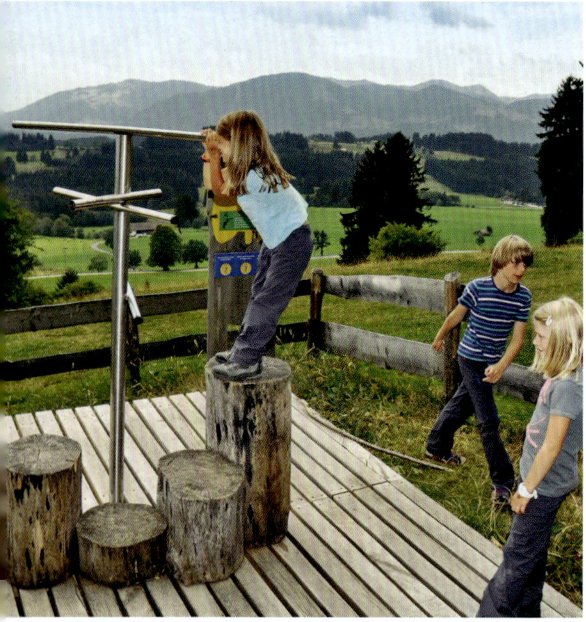

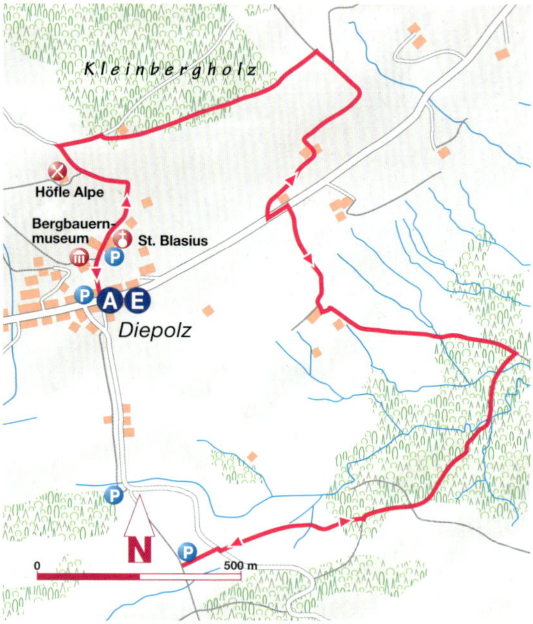

Fernblicke an einer Station des Kuhnigundenweges

Rechte Seite: »Knietief im Dreck« versinken die Kinder auf dem Rundweg.

Hälfte der insgesamt sechzehn Stationen vorbei. Steht man vor dem Bergbauernmuseum, kann man nun entweder diesem einen Besuch abstatten (Tour 34) oder dem Kuhnigundenweg weiter folgen. Dazu gehen wir nach rechts und dann gleich wieder links zur Kirche St. Blasius. Es geht weiter bergauf immer am Rand des Bergbauernmuseums entlang bis zur Höfle-Alpe. Die Alpe befindet sich im Gelände des Bergbauernmuseums, aber ohne Eintritt kann man hier eine aussichtsreiche Pause bei leckerem Kuchen einlegen, schließlich sind nun fast alle Höhenmeter erklommen. Wir müssen noch ein paar Meter weiter bergauf und nun rechts vorbei an weiteren Stationen. Nach dem Wald geht es bald rechts bergab, dann wieder rechts zu einem Hof und durch diesen hindurch weiter bis zur Teerstraße. Scharf links gehen wir ein paar Meter auf dieser und dann rechts weiter bergab zu einem erneuten Hof. Hier führt der Weg schräg links über die Wiesen und in den Wald. Nach dem Schlängelpfad und vor dem Barfußpfad lohnt an heißen Tagen ein kurzer Abstecher zum Kneippbecken. Anschließend geht es auf dem Kuhnigundenweg zurück bis zur Anfahrtsstraße und über den ersten Parkplatz. Hier stapfen wir rechts bergauf zu unserem Parkplatz.

Tipp

Wenn mehr Zeit ist, lässt sich der Ausflug mit einem Besuch des Bergbauernmuseums verbinden.

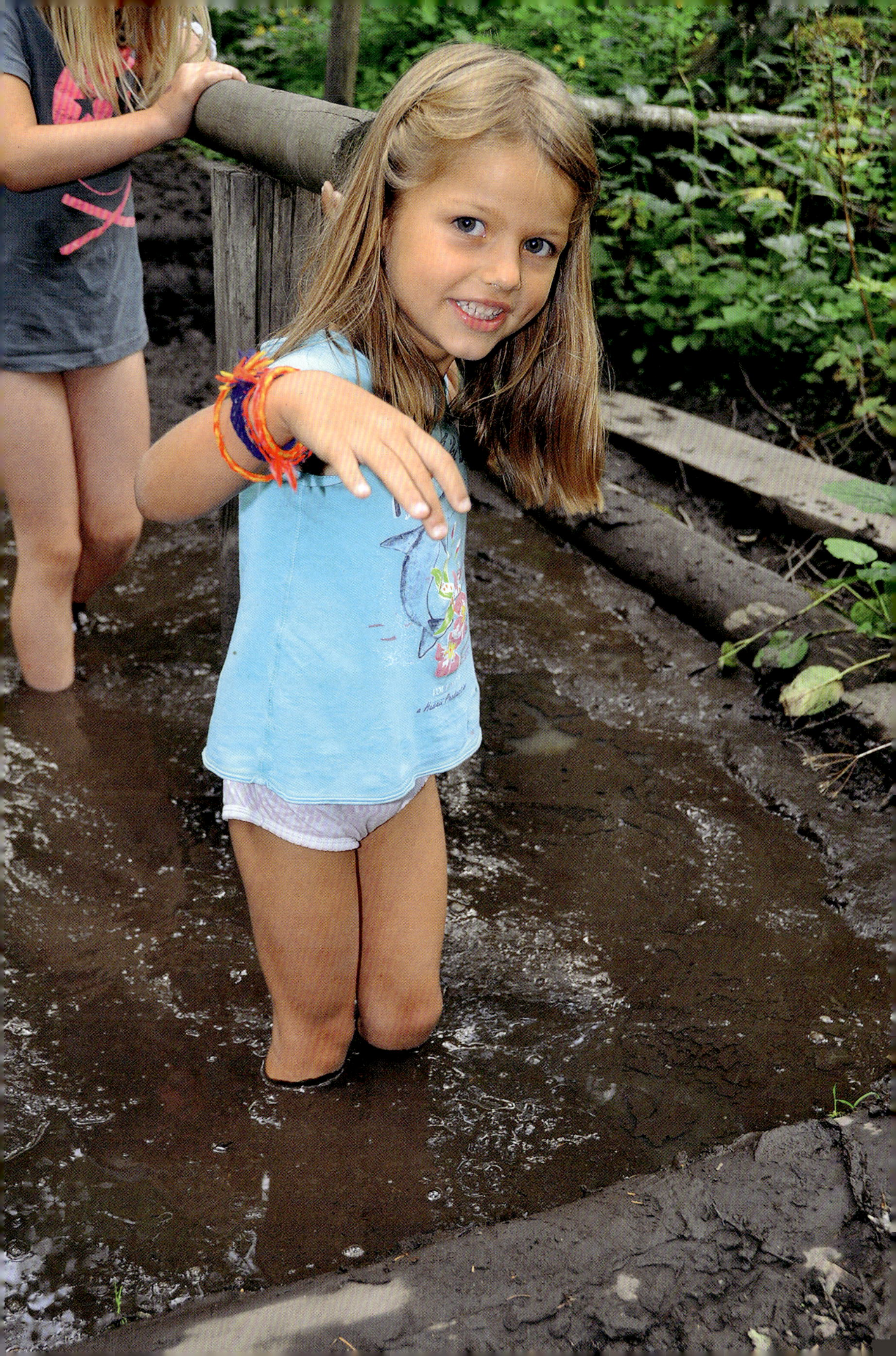

18 Alperlebnisweg bei der Imbergbahn

Lehrreiche Höhenrunde

Mittel	6,3 km	220 Hm	3.15 Std.

Alter
Ab 5 Jahren

Ausgangspunkt
Parkplatz an der Imbergbahn

Anfahrt
Über die B 308 nach Oberstaufen, dort abbiegen nach Steibis; in Steibis zur Imbergbahn

Tourencharakter
Etwas längere Tour auf breiten Wanderwegen, die zweimal abgekürzt werden können

Kinderwagen
Geeignet

Einkehr
Alpe Häusslers Gschwend, Alpe Glutschwanden, Alpe Hochwies, Hochbühl-Alpe

Informationen
imbergbahn.de

Tipp
Im ersten Teilstück kann man Blaubeeren sammeln.

Auf dem Alperlebnisweg warten sage und schreibe 47 Stationen auf die Kinder und verkürzen so gefühlt die 6,3 Kilometer lange Rundtour. Wem die Runde dennoch zu lang ist, der kann auf 5,3 oder gar 2,3 Kilometer abkürzen.

Wir starten an der Talstation der Imbergbahn und können nun entweder mit der Gondel oder zu Fuß die Bergstation erreichen. Da die Runde oben nicht die kürzeste ist und mit den Stationen auch einige Zeit in Anspruch nehmen wird, spricht nicht allzu viel gegen eine Auffahrt mit der Bahn. Zu Fuß folgt man der Anfahrtsstraße zwischen Parkplatz und Talstation zum oberen Ende des Parkplatzes und geht nun entweder auf dem Weg, der hier geradeaus oder auf dem Weg, der nach rechts ausgeschildert zur Bergstation führt.

Egal wie wir es auf die 1217 Meter hoch gelegene Bergstation geschafft haben – nun geht es gut beschildert nach Südwesten in den Wald hinein. Der Weg verläuft durch zahlreiche Blaubeerbüsche und führt an eine Teerstraße. Diese überqueren wir und nehmen nicht den steilen Weg zum Fluhgipfel, sondern halten uns hier links, wo es nur leicht bergauf geht. Die spannenden Stationen »Meißeln« und »Klettern« folgen kurz darauf. Nach der ersten Einkehrmöglichkeit in der Alpe Häusslers Gschwend folgen die Stationen »Kuhmelken« und »Baumstammsägen«, bevor man die zweite Einkehrmöglich-

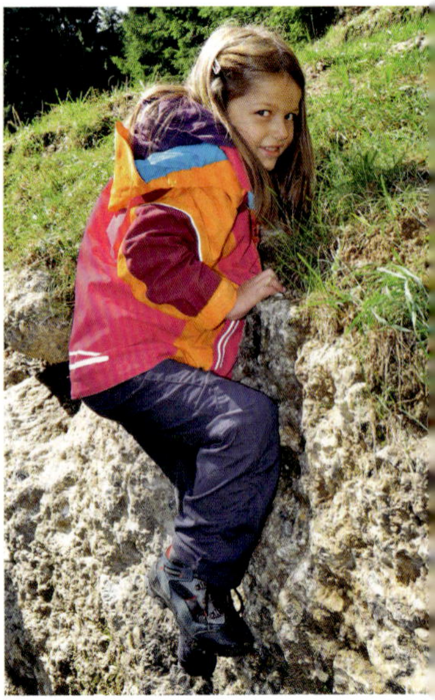

Kletterexperimente an der Nagelfluhwand wenige Zentimeter über dem Boden

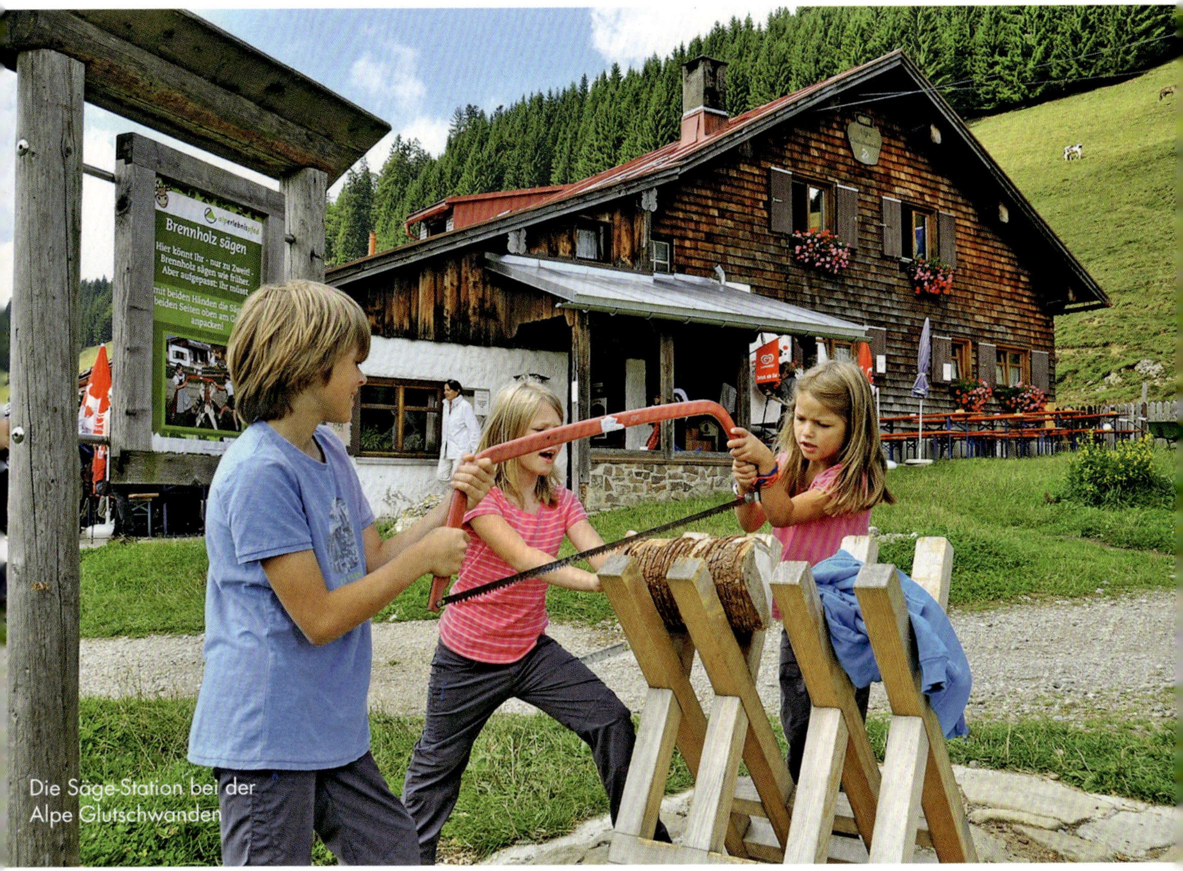

Die Säge-Station bei der Alpe Glutschwanden

keit bei der Alpe Glutschwanden erreicht. Über eine nicht allzu spannende Hängebrücke geht es weiter zum Moorgebiet, das wir auch barfuß fühlen können. Nach der nächsten Einkehrmöglichkeit, der Alpe Hochwies, müssen wir links bergab zum Lanzenbach und wieder steil bergauf zur Hochbühl-Alpe mit Tiergehegen und Spielplatz gehen. Es geht nun auf der Teerstraße noch ein wenig bergauf, bevor wir wieder rechts an den Blaubeeren entlang zurück zur Bergstation gelangen.

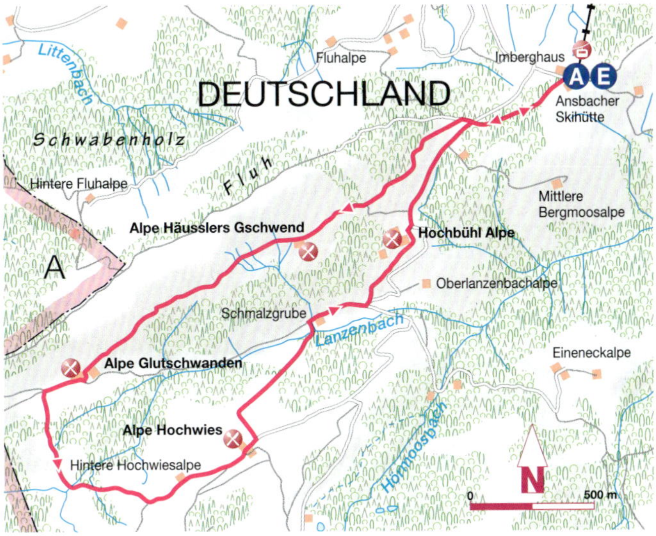

19 Walderlebnispfad Isny-Beuren

Spannende Runde für die Kleinen

Leicht	2,2 km	40 Hm	1 Std.

Alter
Ab 6 Jahren

Ausgangspunkt
Wanderparkplatz Allmisried

Anfahrt
Über die B 12 nach Isny im Allgäu und durch Isny nach Norden; weiter nach Beuren und dort Richtung Camping am Badsee, nach der Überquerung der kleinen Brücke rechts auf den Wanderparkplatz

Tourencharakter
Leichter Rundweg

Öffnungszeiten
Ganzjährig

Kinderwagen
Geeignet

Informationen
isny.de

Für Kinder bis etwa 10 Jahren lohnt ein Besuch des 2,1 Kilometer langen Walderlebnispfades von Beuren mit seinen 10 Stationen. Angenehm kurz und ohne allzu viele Höhenmeter ist die Strecke auch für Kleinere gut zu bewältigen.

Wir folgen dem hölzernen Wegweiser „Zum Waldlehrpfad", der uns leicht bergauf über eine Fahrspur zu dem Hof auf der Anhöhe weist. Wir erreichen den Hof und eine breitere Straße, der wir nach rechts an den renovierten Gebäuden des Hofes entlang

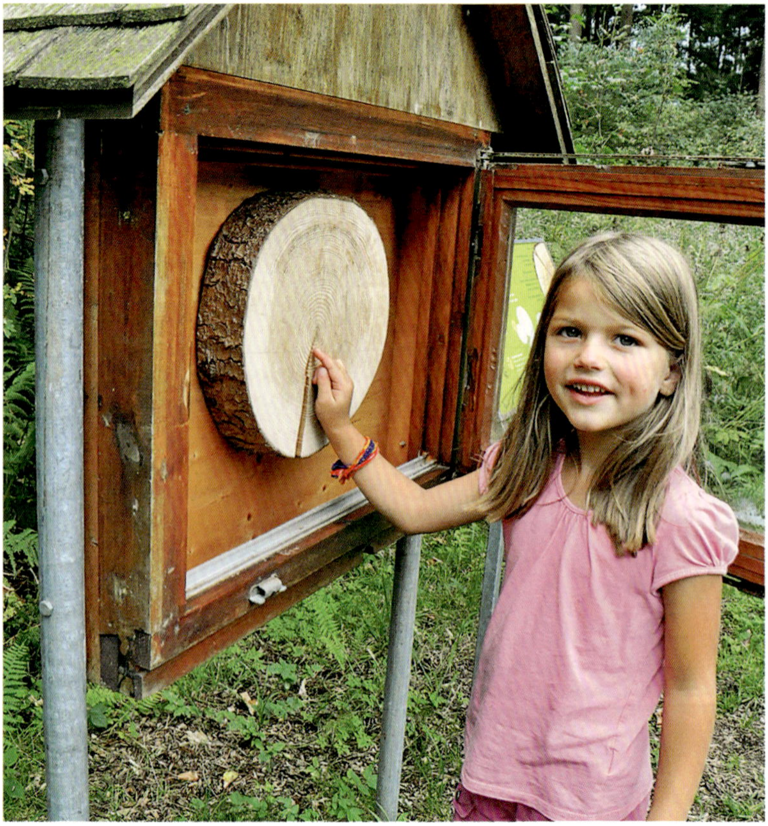

Rechte Seite: Auf dem Pfad durch den Wald

Jahresringe-Zählen auf dem Walderlebnispfad

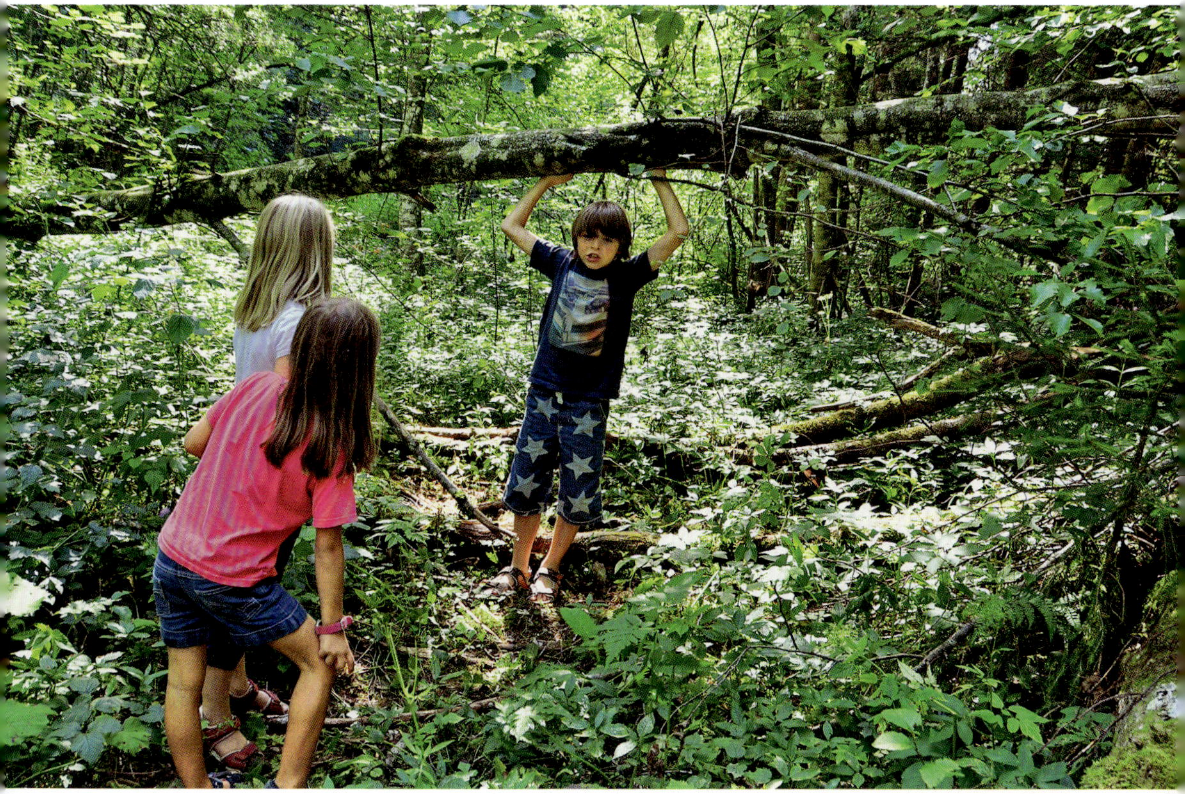

und auf einen Wald zu folgen. Hier am Waldrand werden wir in etwa einer Dreiviertelstunde wieder die Fahrstraße erreichen. Wir gehen noch ein kurzes Stück weiter bis zum nächsten Wegweiser, der uns nach rechts auf den Waldlehrpfad führt. An zehn Stationen entlang queren wir nun zweimal den Rötelbach, bevor wir auf dem oben erwähnten Pfad wieder aus dem Wald kommen und die Fahrstraße erreichen. Unterwegs haben wir nicht nur einen Topf auf einem Baum entdeckt und Baumringe gezählt, sondern sind auch auf dem Pirschpfad leise durch den Wald geschlichen, um die sechs versteckten Waldtiere im Unterholz (Tipp: und auch etwas weiter oben) zu entdecken.

Auf dem bekannten Weg geht es zurück zum Parkplatz und dann vielleicht noch zur Abkühlung in den See.

Tipp

Beim Badsee neben dem Wanderparkplatz gibt es ein Naturbad.

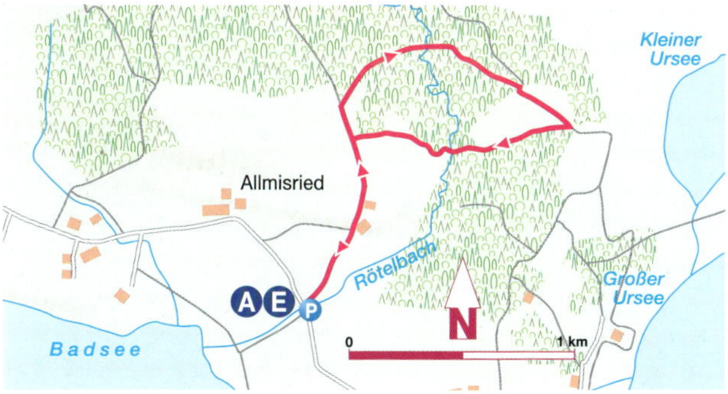

20 Erlebnisweg Uff d'r Alp am Nebelhorn

Alpwirtschaftlicher Erlebnispfad auf der Seealpe

Leicht | 2,2 km | 90 Hm | 1.10 Std.

Alter
Ab 4 Jahren

Ausgangspunkt
Talstation der Nebelhornbahn

Anfahrt
Über die B 19 nach Oberstdorf und zum ausgeschilderten Parkplatz an der Nebelhornbahn

Tourencharakter
Leichter Rundweg

Kinderwagen
Geeignet

Einkehr
Gasthof Seealpe; Hintere Seealpe

Informationen
das-hoechste.de

Um die 2224 Meter hoch gelegene Bergstation auf dem Nebelhorn zu erreichen, muss man entweder zweimal die Gondel wechseln oder ziemlich lange aufsteigen. Wir wollen daher lediglich bis zur Bergstation der ersten Sektion (Station Seealpe), um den Alpwirtschaftlichen Erlebnispfad Uff d'r Alp zu erkunden.

Von der Talstation der Nebelhornbahn müssen wir zunächst zur Station Seealpe der Nebelhornbahn. Diese 440 Höhenmeter werden die meisten Familien vermutlich mit einer durchaus spannenden Gondelfahrt überwinden. Soll zu Fuß aufgestiegen

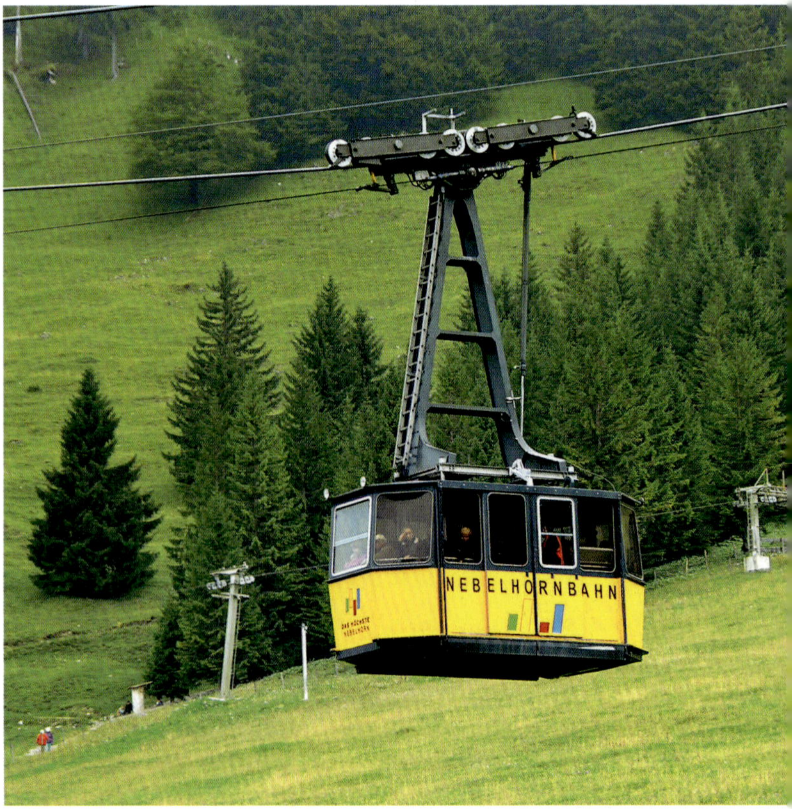

Rechte Seite: Spielerisch und laut erkunden wir den Unterschied von Glocke und Schelle.

Die mittlere der drei Nebelhorn-Gondelbahnen

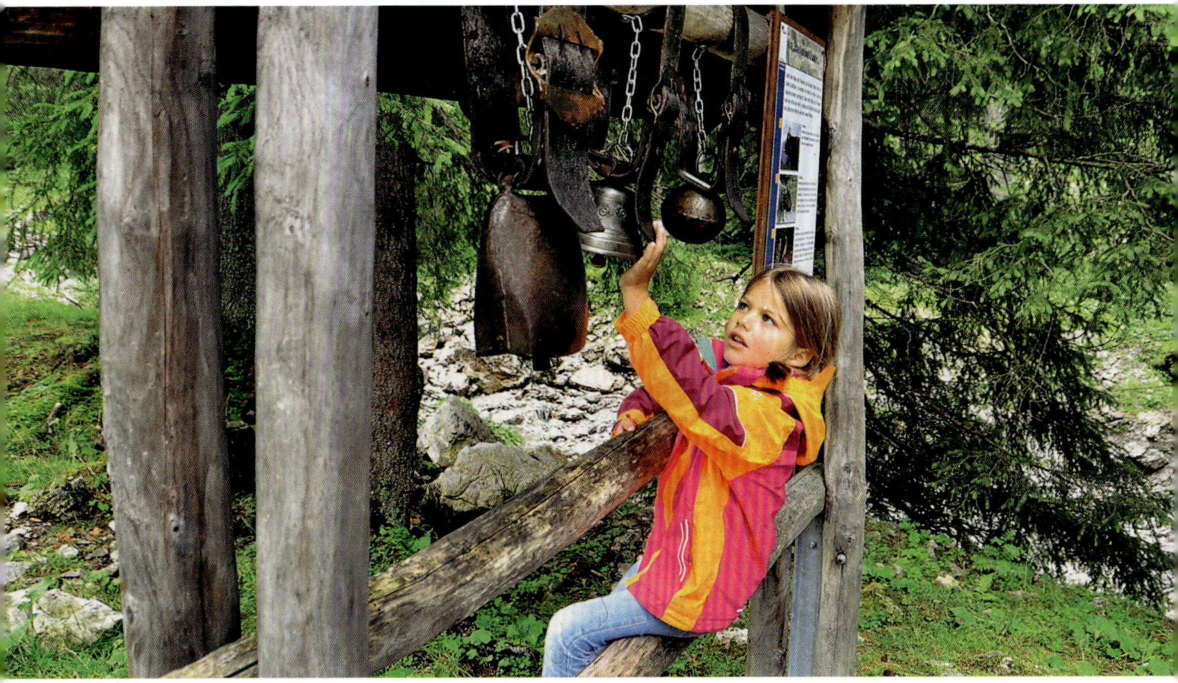

werden, geht man zunächst unter der Gondeltrasse über die Trettachbrücke, dann nach links und überquert die Brücke des Faltenbaches. Hier geht es sofort wieder rechts zum Skisprungstadion und dann links an diesem vorbei auf den geteerten Fahrweg zur Seealpe. Gleich in der ersten scharfen Linkskurve im Wald gehen wir rechts auf den schmalen Pfad. Eine Gabelung führt uns nach rechts wieder über den Faltenbach und nun geht es nach links bergauf. Über den Faltenbachtobelweg erreichen wir den Gasthof Seealpe direkt neben der Station Seealpe der Gondel. Am Gasthof beginnt auch für die Gondelfahrer der Rundweg auf der geteerten Fahrstraße, die etwas südlich der zweiten Sektion der Gondeltrasse leicht bergauf führt. Der Weg verläuft bis zur bewirtschafteten Hinteren Seealpe hinauf und dann unter der Gondelbahn hindurch und nördlich von dieser wieder bergab zum Ausgangspunkt. Unterwegs erfährt man allerlei Interessantes über die Alpwirtschaft.

Tipp

Mit selbst mitgebrachter Klettersteigsicherung kann man an der Außenwand der Station Höfatsblick (zweite Sektion) klettern.

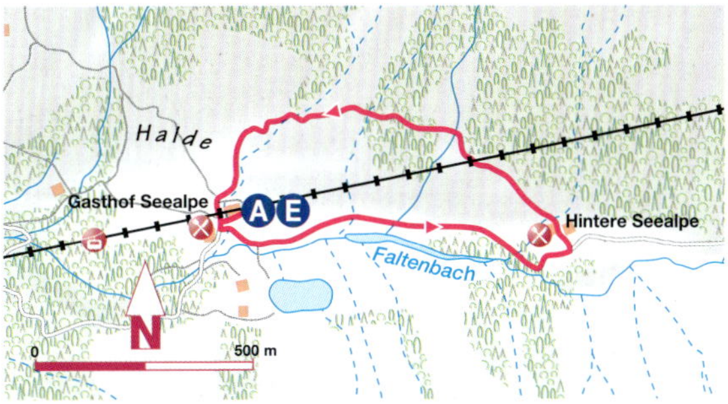

21 Naturerlebnisweg Söllereck und Freibergsee

Erlebnisweg mit Badesee und Bootsverleih

Schwer	8,1 km	270 Hm	2.40 Std.

Alter
Ab 6 Jahren

Ausgangspunkt
Parkplatz der Söllereckbahn

Anfahrt
Über die B 19 nach Sonthofen und weiter Richtung Oberstdorf ins Kleinwalsertal

Tourencharakter
Bergabwanderung mit steilerem Abstieg von Gasthaus Hochleite zum Freibergsee

Kinderwagen
Nicht geeignet

Einkehr
Gasthaus Hochleite, Dienstag Ruhetag, hochleite.de; Strandcafé Freibergsee, naturbad-freibergsee.de; Berg- und Talstation der Söllereckbahn

Informationen
das-hoechste.de

Der inmitten des Waldes auf 931 Metern Höhe gelegene Freibergsee ist der größte Allgäuer Hochgebirgssee. Der Wasserstand wird nur durch unterirdische Zu- und Abflüsse reguliert, da kein Gebirgsbach in ihn mündet.

Die abwechslungsreiche Rundtour beginnt an der Bergstation der Söllereckbahn, was bedeutet, dass wir uns ein Ticket für eine einfache Fahrt (Kinder fahren gratis) geleistet und die Sommerrodelbahn an der Talstation den Kindern für später versprochen haben.

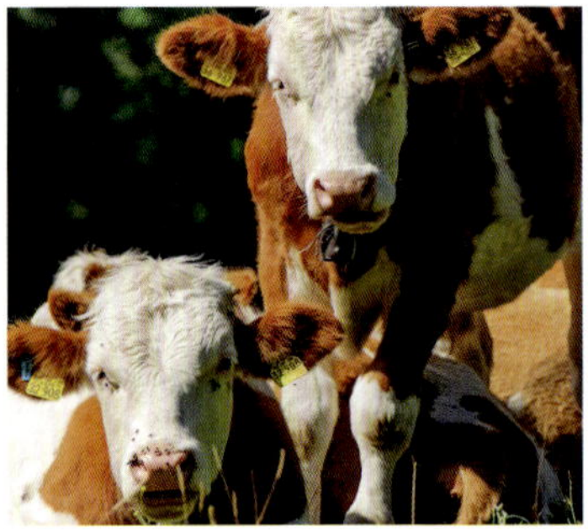

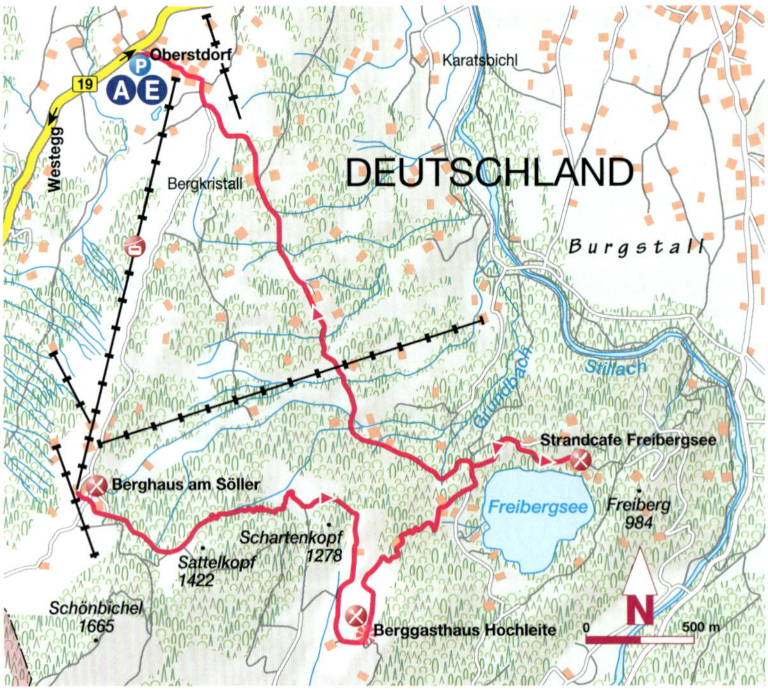

Oben: Im Allgäu allgegenwärtig: Kühe!

Rechte Seite: Ebenfalls im Allgäu allgegenwärtig: Blumenpracht am Fensterbankerl

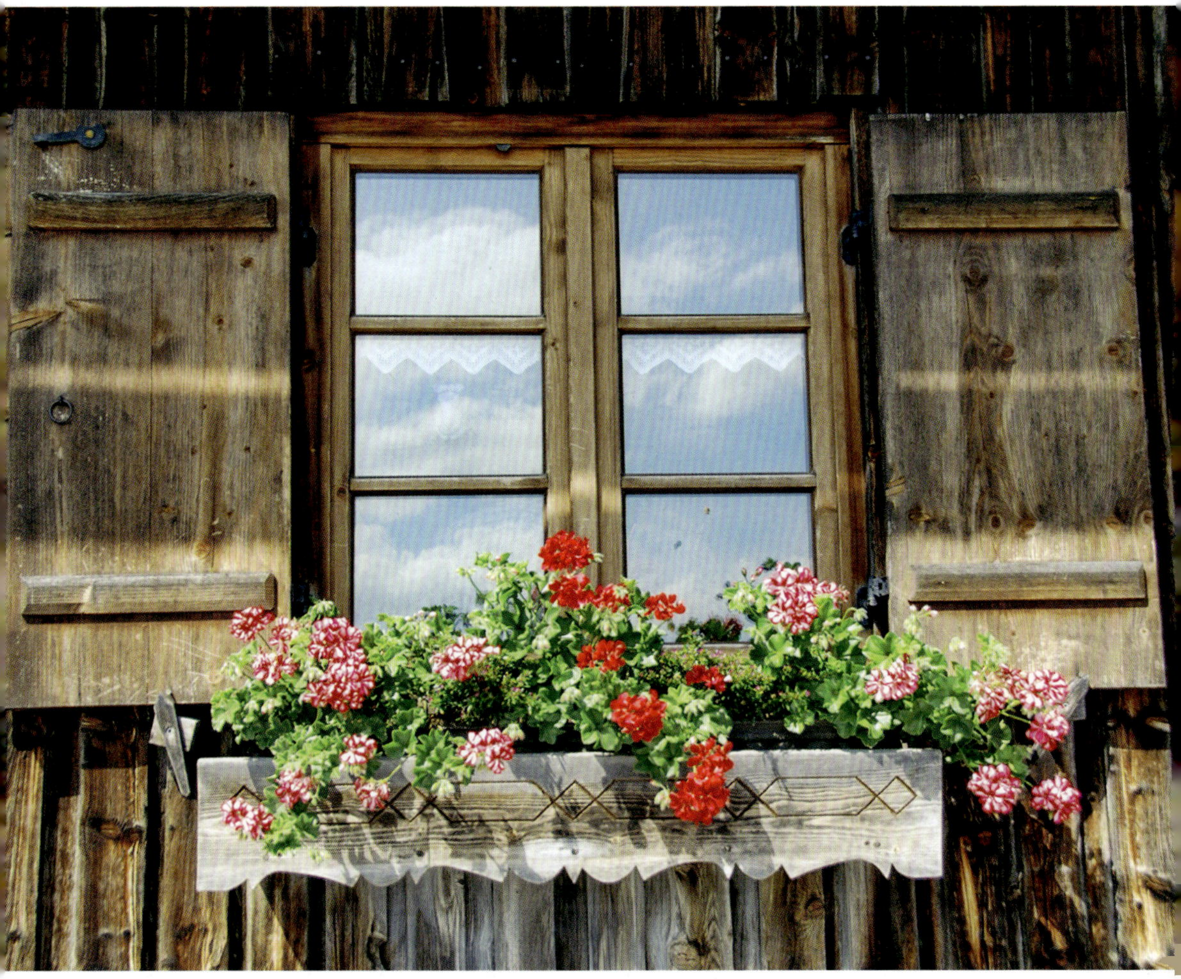

Vom Berghaus am Söller folgen wir der Beschilderung Richtung Hochleite dem Weg durch das Hühnermoos mit seinen 12 Mitmachstationen des Naturerlebnispfades bis zum Berggasthaus Hochleite. Hier kann man ein grandioses Panorama genießen. Wer sich von dem Ausblick nicht trennen will und ausreichend freie Zeit zur Verfügung hat, kann hier auch übernachten. Hinter dem Haus folgen wir der Beschilderung zum Freibergsee nach links und erreichen den See über etwas steilere Stufen. Nach einem Bad oder einer Bootstour geht es auf dem Edmund-Probst-Weg am Naturfreundehaus vorbei zurück zur Talstation der Söllereckbahn.

Tipp

An der Bergstation der Söllereckbahn gibt es einen Kletterwald, an der Talstation einen Spielplatz und die Sommerrodelbahn.

22 Waldspielplatz im Großen Wald

Auf der Fährte des schlauen Fuchses

Leicht	1,7 km	30 Hm	1 Std.

Alter
Ab 3 Jahren

Ausgangspunkt
Parkplatz im Großen Wald

Anfahrt
Über die B 19 nach Immenstadt und über Rettenberg weiter Richtung Wertach; auf halbem Weg zwischen Kranzegg und Wertach weist rechts ein Schild zum Waldspielplatz

Tourencharakter
Leichter Spaziergang auf der Teerstraße

Kinderwagen
Geeignet

Einkehr
Alpe Vordere Kölle, Anfang August bis Anfang Oktober geöffnet; Alpe Burgerschläg, Mai bis Oktober geöffnet; Alpe Metzeberg, Mitte Mai bis September geöffnet

Informationen
wertach.de

Der Prospekt beschreibt uns einen »wundervollen, großen Spielplatz mitten im Wald, der alles zu bieten hat« – und genau das haben wir vorgefunden.

Umgeben von einem Wald, der den Namen Großer Wald wahrhaft verdient hat, liegt versteckt an einem hoch oben unweit des Grüntengipfels entspringenden Zufluss der Wertacher Starzlach der auf zwei Ebenen angelegte Waldspielplatz.

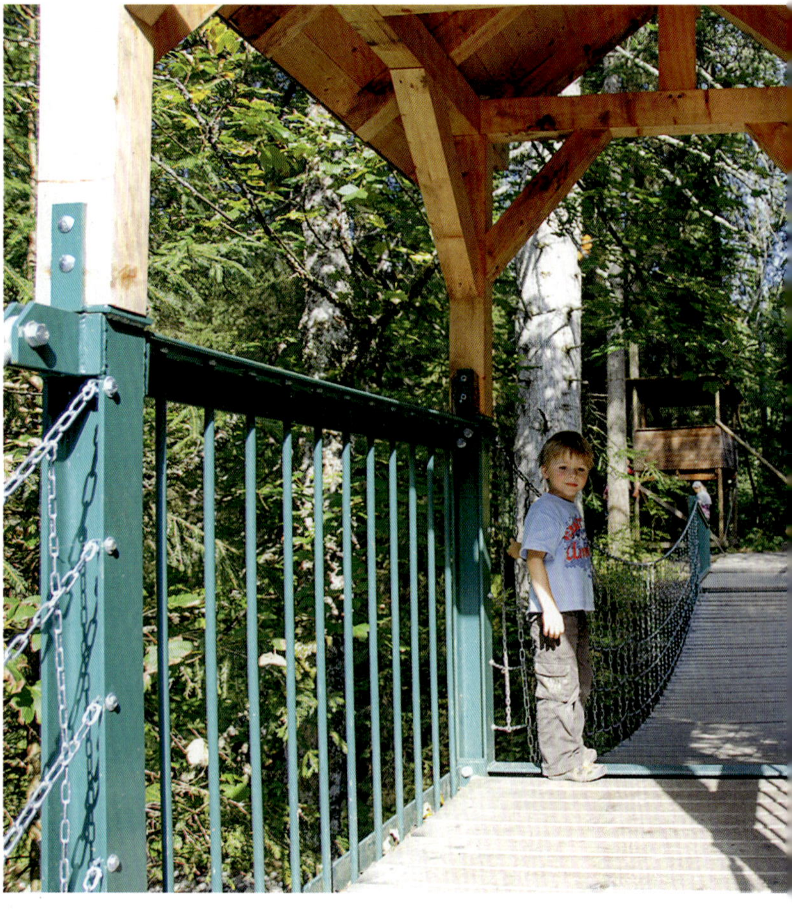

Die Hängebrücke am Waldspielplatz

Wir parken neben zwei verdutzten Eltern, die den Spielplatz neben dem Parkplatz vermuten, jedoch nicht finden können. Für Aufklärung sorgen die Schilder, die uns auf die nach Süden führende Teerstraße weisen. Zweieinhalb Kilometer sind zurückzulegen, um den Spielplatz zu erreichen. Dank der vier Infostationen des schlauen Fuchses fühlen sich diese jedoch eigentlich nur halb so lange an. Felix, der schlaue Fuchs, und seine Freunde Liesel, die Kuh, Schorsch, der Frosch, und Sepp, der Forstwirt, erzählen auf Infotafeln vom Leben im Wald. Vorbei an Allgäuer Kühen folgen wir dem Weg stets geradeaus. Es geht weiter bergauf zu einer Kuppe, bei der von rechts unser Rückweg einmündet. Will man nicht zunächst zum Spielplatz und dann erst zu den Alpen mit Brotzeit und Getränkeausschank, könnte man auch hier nach rechts abzweigen und die Rundtour in umgekehrter Richtung angehen. Wir laufen also geradeaus weiter – nun wieder bergab – und erreichen schon bald Schorsch, den Frosch, an der Quelle neben der Abzweigung, wo wir der Beschilderung nach rechts zum Waldspielplatz folgen. Nach wenigen weiteren Metern hört man schon die Kinder, die vom links der Straße gelegenen Spielplatz lärmen.

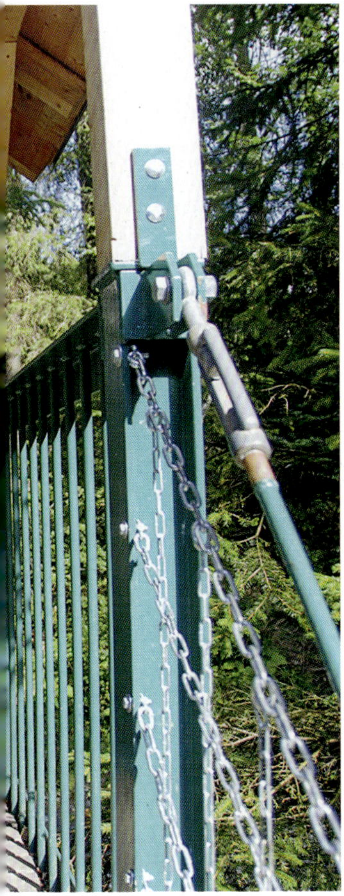

Ist alles erkundet, lassen wir die Hängebrücke und die Riesenrutsche hinter uns, gehen auf der Straße noch ein wenig weiter bergauf zur Alpe Vordere Kölle (Willers-Alp), wo wir nach rechts auf der Teerstraße weitergehen, um bei der Vorderburger Alpe (Alpe Burgerschläg) eine Rast einzulegen. Anschließend folgen wir der Teerstraße weiter, erreichen im Wald eine Abzweigung und gehen nach rechts zur Alpe Metzeberg, von der aus es nur noch wenige Meter bis zur oben erwähnten Kuppe sind. Hier geht es links wieder zurück zum Parkplatz.

23 Kulturpfad Schutzengelweg

Zum Kinderspielparadies über dem Forggensee

Schwer | 7,8 km | 500 Hm | 3.30 Std.

Alter
Ab 6 Jahren

Ausgangspunkt
Parkplatz Drehhütte

Anfahrt
Über die A 95 bis zur Ausfahrt Murnau weiter nach Bad Kohlgrub und Richtung Füssen; einen Kilometer nach dem Campingplatz Bannwaldsee links abbiegen und dem braunen Wegweiser Richtung Drehhütte – Rohrkopfhütte bis zum Parkplatz folgen

Tourencharakter
Einige Höhenmeter zu überwinden, ansonsten unschwer

Kinderwagen
Geeignet (nur auf dem Abstiegsweg)

Einkehr
Drehhütte, drehhuette.de

Über den Schutzengelweg gelangen wir zur Rohrkopfhütte und weiter zur Drehhütte, einer alten Unterkunft für Holzfäller, die sich zu einer stattlichen Berggaststätte entwickelt hat. Für die Kleinen wird hier eine große Auswahl an Spielmöglichkeiten geboten.

Vom Parkplatz Berghausstraße, früher bekannt unter dem Namen Adlerhorst und heute Bildungszentrum Outwardbound, folgen wir der Beschilderung nach rechts zur Talstation der Tegelbergbahn. Hier geht es auf dem für Kinder abwechslungsreichen Naturlehrpfad Schutzengelweg weiter, der einen Bogen von den Jägern aus der Steinzeit bis in die heutige Zeit spannt. Um nicht alle Höhenmeter bis zur Bergstation der Tegelbergbahn zu Fuß überwinden zu müssen, biegen wir kurz nach der bewirtschafteten Rohrkopfhütte nach links ab und folgen der Beschilderung zur Drehhütte. Wir stoßen etwas unterhalb unseres Ziels auf die geteerte Anfahrtsstraße und folgen dieser nach rechts. Die Hütte kurz vor dem Ende der Straße auf der linken Seite kann man nicht verfehlen. Das Schloss Neuschwanstein, das wir schon beim Abbiegen von der Romantischen Straße in die Zu-

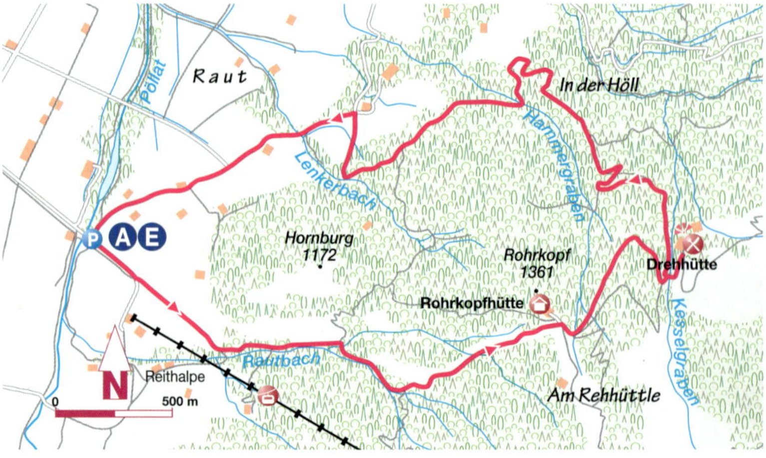

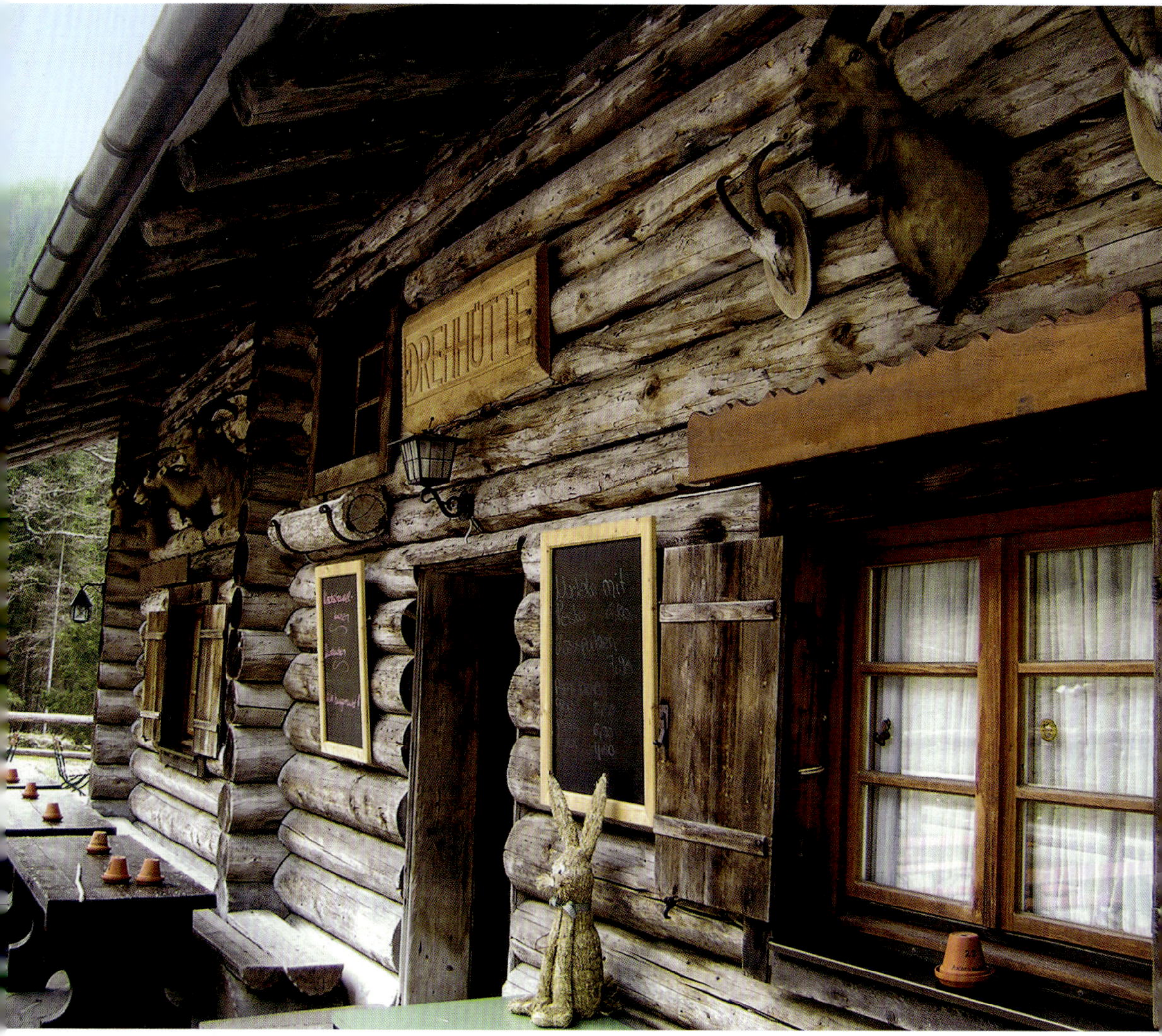

fahrt zum Parkplatz zu Füßen des Tegelberges und vom Schutzengelweg aus gesehen haben, kann man zwar von der Hütte aus nicht mehr erspähen, aber der herrliche Blick auf den Bannwaldsee und den noch größeren Forggensee im Hintergrund entschädigt ein wenig.

Der Eingang zur Drehhütte

Die Einkehr wird für Eltern mit Kleinkindern durchaus entspannt, da für die Kleinen neben einem Sandkasten und einem Trampolin auch ein Kletterhaus und eine Wippe bereitstehen.

Der später folgende Abstieg erfolgt auf der Asphaltstraße direkt bis zum Parkplatz.

Tipp

An der Tegelberg-Talstation bietet die Sommerrodelbahn zusätzlichen Spaß.

24 Schmugglersteig

Von Bayern nach Tirol

Schwer | 4 km | 210 Hm | 2.40 Std.

Alter
Ab 6 Jahren

Ausgangspunkt
Parkplatz an der Talstation der Iselerbahn

Anfahrt
Über die B 19 bis Sonthofen und über Bad Hindelang und den Oberjochpass nach Oberjoch; am neuen Kreisverkehr rechts zur Iselerbahn

Tourencharakter
Leichte Wanderung, Rückweg mit dem Bus (stündlich)

Kinderwagen
Nicht geeignet

Einkehr
Wiedhag Alpe, Pfingsten bis Mitte Oktober geöffnet, wiedhagalpe-oberjoch.de

Informationen
bergbahnen-hindelang-oberjoch.de

An der Talstation der Iselerbahn entscheidet das Glücksrad über unser heutiges Schicksal – wir werden für die kommenden gut zweieinhalb Stunden entweder zu Schmugglern oder Zöllnern.

Die Schmuggler müssen möglichst viel Schmuggelware über die Landesgrenze bringen, während die Zöllner diese Waren aufspüren müssen. Bei der Talstation drehen wir zunächst am Glücksrad und bekommen dann die entsprechende Ausrüstung und schon kann es mit der Bahn zur Bergstation gehen. Der Weg führt uns zunächst zur Wiedhag Alpe (mit Kletterwand), unter dem Wiedhaglift durch und zur Bergstation des Grenzwiesliftes, bis wir die Bergstation der Wannenjochbahn erreichen. Dann fahren wir wieder talwärts nach Haldensee und mit dem Bus kehren wir zu unserem Ausgangspunkt zurück.

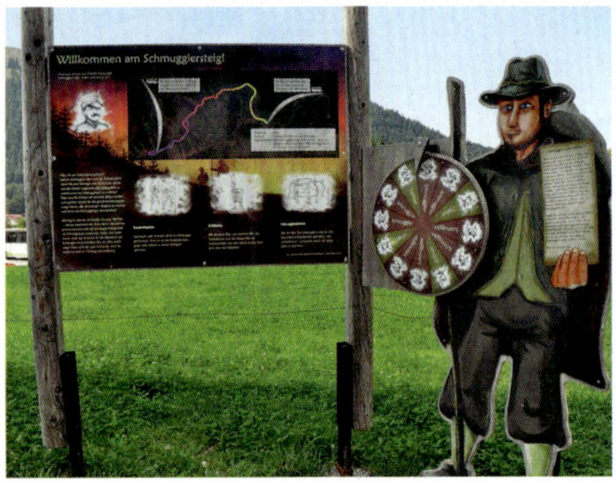

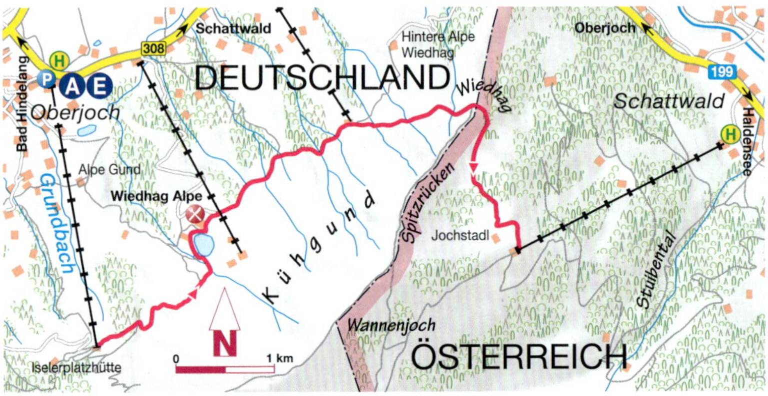

Ein Dreh am Rad entscheidet unser Schicksal.

Grenzerpfad Oberreute

Wald-, Wiesen- und Moorwege

25

Für Kinder gibt es auf dem zehn Stationen umfassenden Erlebnisweg nicht nur Tierfiguren im Gebüsch und eine Schatzkiste zu entdecken, sondern sogar eine Hängematte. Man kann aber auch schlicht die weite Aussicht genießen.

Beim Freibad folgen wir der Beschilderung zum Grenzerpfad und erreichen nach rund zweieinhalb Kilometern den eigentlichen Rundweg mit seinen 4,7 Kilometern Länge. Die Tour führt rund um das Wildrosenmoos auf guten Wegen und im Moor auf einem Bohlenweg (Karte siehe Tour 5).

Mittel	8,4 km	240 Hm	3.10 Std.

Alter
Ab 7 Jahren

Ausgangspunkt
Parkplatz beim Freibad in Oberreute

Anfahrt
Über die B 308 von Immenstadt nach Oberstaufen und weiter bis Oberreute und zum Freibad am südlichen Ortsrand

Tourencharakter
Leichte, aber etwas längere Tour

Kinderwagen
Geeignet

Einkehr
In Oberreute

Informationen
oberreute.de

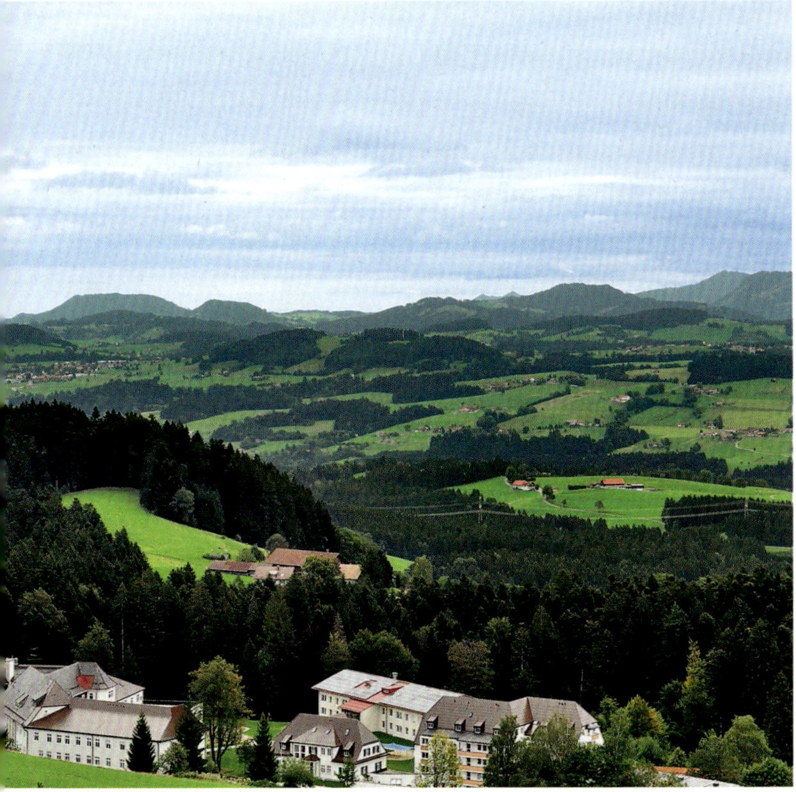

Blick über das Westallgäu

26-32 Weitere spannende Themenwege

26 Walderlebnispfad Ottobeuren

In 11 Stationen geht es durch den Bannwald.
Gehzeit: 1 Std. 40 Min., Ausgangspunkt: Wanderparkplatz am Bannwald, Anfahrt: Über die A 7 oder A 96 bis Memmingen; weiter nach Ottobeuren und im Ort rechts zum Kloster und Richtung Büchlins, Höhenmeter: 90 m, Tourencharakter: Leichte Rundtour, Kinderwagen: Geeignet, Einkehr: In Ottobeuren, Informationen: ottobeuren.de

27 Erlebnispfade in Pfronten

Neben 12 Spielplätzen bietet Pfronten auch fünf Themenpfade: den Moor- und Streuwiesenpfad (1 Std. 10 Min.), den Waldpfad (2 Std. 40 Min.), den Bergwiesenpfad (4 Std.), den Geopfad (4 Std.) und den Pflanzenpfad (2 Std.).
Anfahrt: Über die A 7 bis Nesselwang oder Füssen und weiter nach Pfronten, Informationen: Infoflyer bei der Touristinfo in Pfronten oder unter pfronten.de

Tipp

Nach der Wanderung bietet sich das Alpenbad in Pfronten zur Erholung an. Also: Badesachen nicht vergessen!

28 Carl-Hirnbein-Weg

Von Weitenau geht es nach Missen auf dem Weg, der Carl Hirnbein gewidmet ist, dem Mann, der die Käseherstellung ins Allgäu brachte. Für die Rückfahrt braucht man ein zweites Auto oder man fährt mit den öffentlichen Verkehrsmitteln zurück zum Ausgangspunkt.
Gehzeit: 3 Std. 10 Min., Ausgangspunkt: Parkplatz südlich des Friedhofes in Weitenau, Anfahrt: Über die B 12 nach Weitenau und zum Friedhof südlich der Kirche, Höhenmeter: 190 m, Tourencharakter: Leichte, aber etwas längere Tour, Kinderwagen: Nicht geeignet, Einkehr: Am Start- und Endpunkt der Tour sowie in Wilhams, Informationen: missen-wilhams.de

29 Lech-Erlebnisweg

Der kurze Erlebnisweg befindet sich am Oberen Lechsee bei Lechbruck zwischen Lechbrücke und Campingplatz.
Gehzeit: 45 Min., Ausgangspunkt: Lechbrücke, Anfahrt: Über die B 17 nach Steingaden und weiter nach Lechbruck; im Ort rechts Richtung Campingplatz, Höhenmeter: 10 m, Tourencharakter: Leichter Spaziergang, Kinderwagen: Geeignet, Einkehr: In Lechbruck, Informationen: lechbruck.de

30 Erlebniswanderweg Hündle-Schwandalpe

Der Erlebnisweg unter dem Hündlekopf umfasst 22 Stationen.
Gehzeit: 2 Std. 5 Min., Ausgangspunkt: Talstation der Hündlebahn, Anfahrt: Über die B 308 von Immenstadt nach Oberstaufen; kurz vor Oberstaufen zur Talstation der Hündlebahn links, Höhenmeter: 290 m, Tourencharakter: Leichter Rundweg, Kinderwagen: Nicht geeignet, Einkehr: Sennalpe Oberes Hündle, Brotzeitstüble Schwändle, Informationen: huendle.de

Tipp

Gipfelstürmer gelangen mit der Hündlebahn schnell zur tollen Aussicht auf dem Hündlekopf.

31 Walderlebnispfad Buxheim

In 11 Stationen geht es rund um den Weiher im Buxheimer Wald.
Gehzeit: 1 Std. 15 Min., Ausgangspunkt: Parkplatz beim Buxheimer Weiher, Anfahrt: Über die A 7 oder A 96 nach Memmingen und weiter nach Buxheim, Höhenmeter: 40 m, Tourencharakter: Leichter Rundweg, Kinderwagen: Geeignet, Einkehr: In Buxheim, Informationen: buxheim.de

32 Moos-Erlebnis-Pfad Stötten

Wissenswertes zum Thema Moor erfahren wir hier an 13 Stationen.
Gehzeit: 1 Std., Ausgangspunkt: Parkplatz beim Sportplatz, Anfahrt: Über die B 12 nach Marktoberdorf und die B 16 nach Stötten, Höhenmeter: 10 m, Tourencharakter: Leichte Rundtour, Kinderwagen: Geeignet, Einkehr: In Stötten, Informationen: stoetten.de

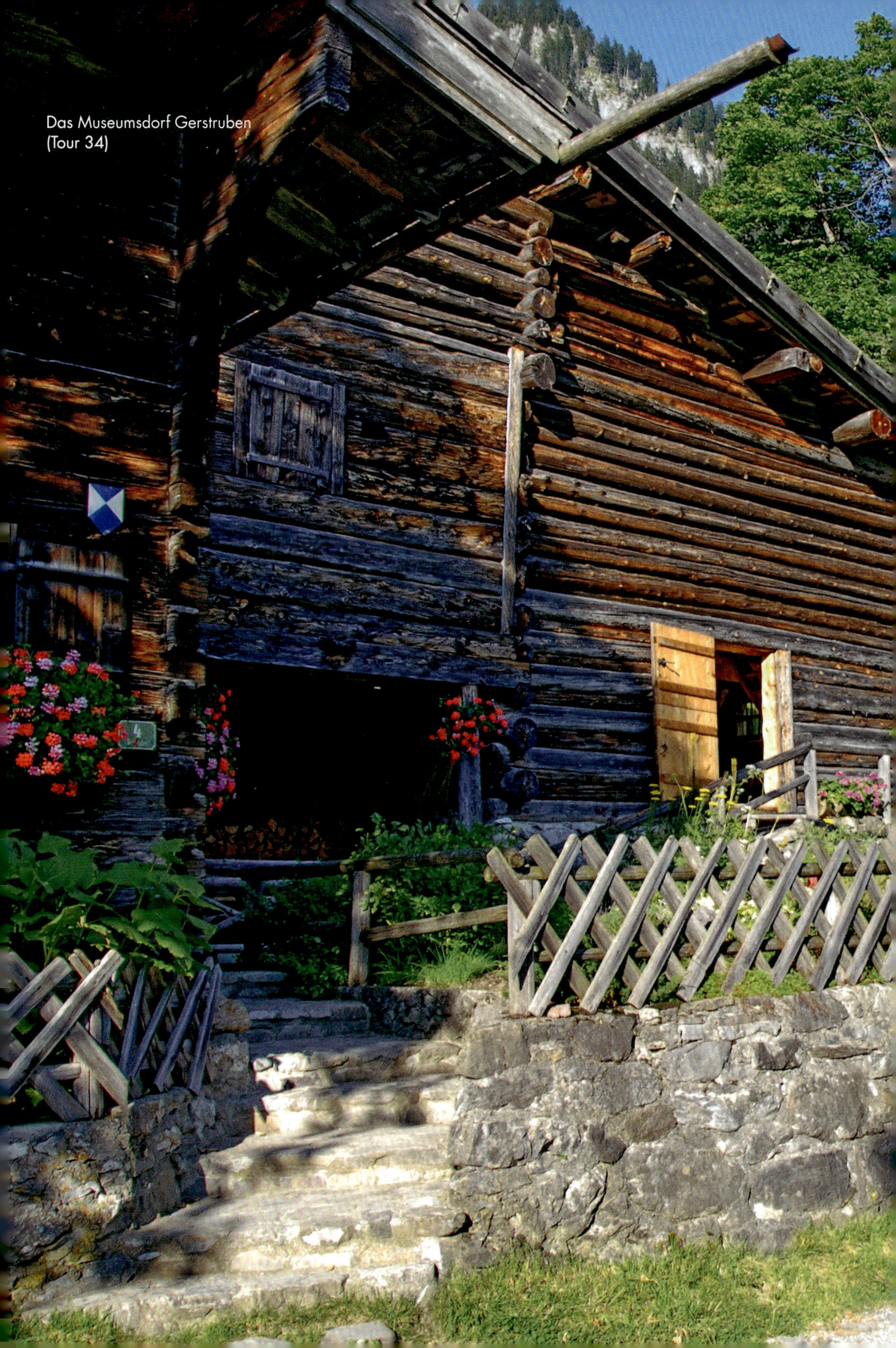

Das Museumsdorf Gerstruben
(Tour 34)

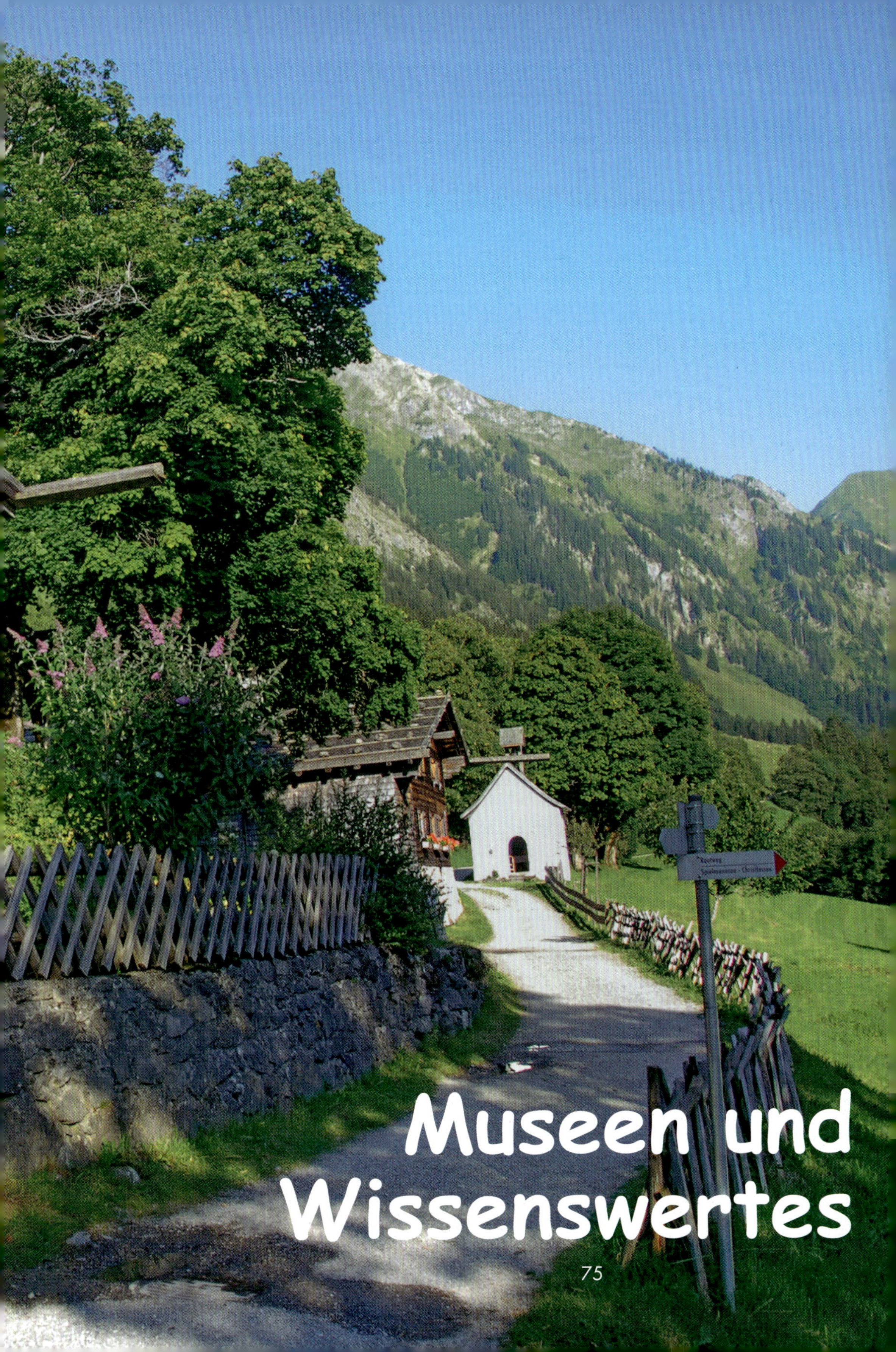

Museen und Wissenswertes

33 Bergbauernmuseum Diepolz

Das Bergbauernleben erkunden

Leicht – – –

Alter
Ab 3 Jahren

Ausgangspunkt
Parkplatz kurz vor dem Bauernhofmuseum

Anfahrt
Über die B 19 bis Immenstadt und der Beschilderung zum Bergbauernmuseum folgen; kurz vor Diepolz befindet sich ein großer Parkplatz

Tourencharakter
Leichter Rundweg im Museumsgelände

Öffnungszeiten
Ende April bis Anfang November 10–18 Uhr und in den Weihnachtsferien (nicht Silvester und Neujahr)

Kinderwagen
Geeignet

Einkehr
Höfle-Alpe (im Museumsgelände, aber frei zugänglich, Öffnungszeiten wie das Museum)

Informationen
bergbauernmuseum.de

Im Bergbauernmuseum von Diepolz ist garantiert für jedes Kind etwas dabei. Sowohl in den Gebäuden als auch auf dem weitläufigen am Hang gelegenen Museumsgelände können wir fast einen halben Tag verbringen.

Los geht es am oberen Ende des Parkplatzes auf dem breiten Fußweg, der uns in den Ort Diepolz und direkt zum Bergbauernmuseum führt. Auf diesem kurzen Weg passieren wir auch acht Stationen des sechzehn Stationen umfassenden Kuhnigundenweges (Tour 17). Somit beginnt für die Kinder der Spaß quasi schon vor dem Museum und sorgt für angenehme Kurzweil.
Direkt nach den Tierspuren erreichen wir eine Querstraße und sehen auf der gegenüberliegenden Straßenseite bereits den Museumseingang. Obwohl das Bauernhofmuseum rundum gelungen ist, wird man gleich zu Beginn dieses Ausfluges mit einem leidigen Thema konfrontiert – dem scheinbar obligatorischen Museumsshop, der so manchen Nippes offeriert, an dem die

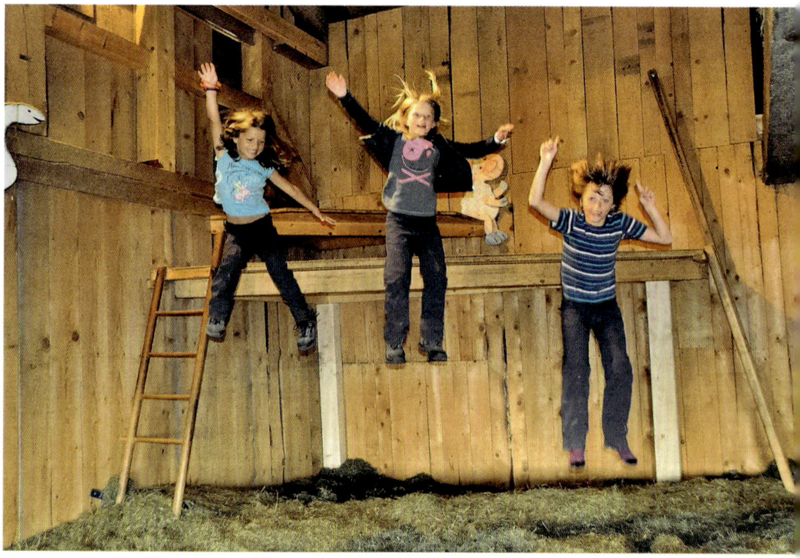

Das Highlight: der Sprung ins Heubad

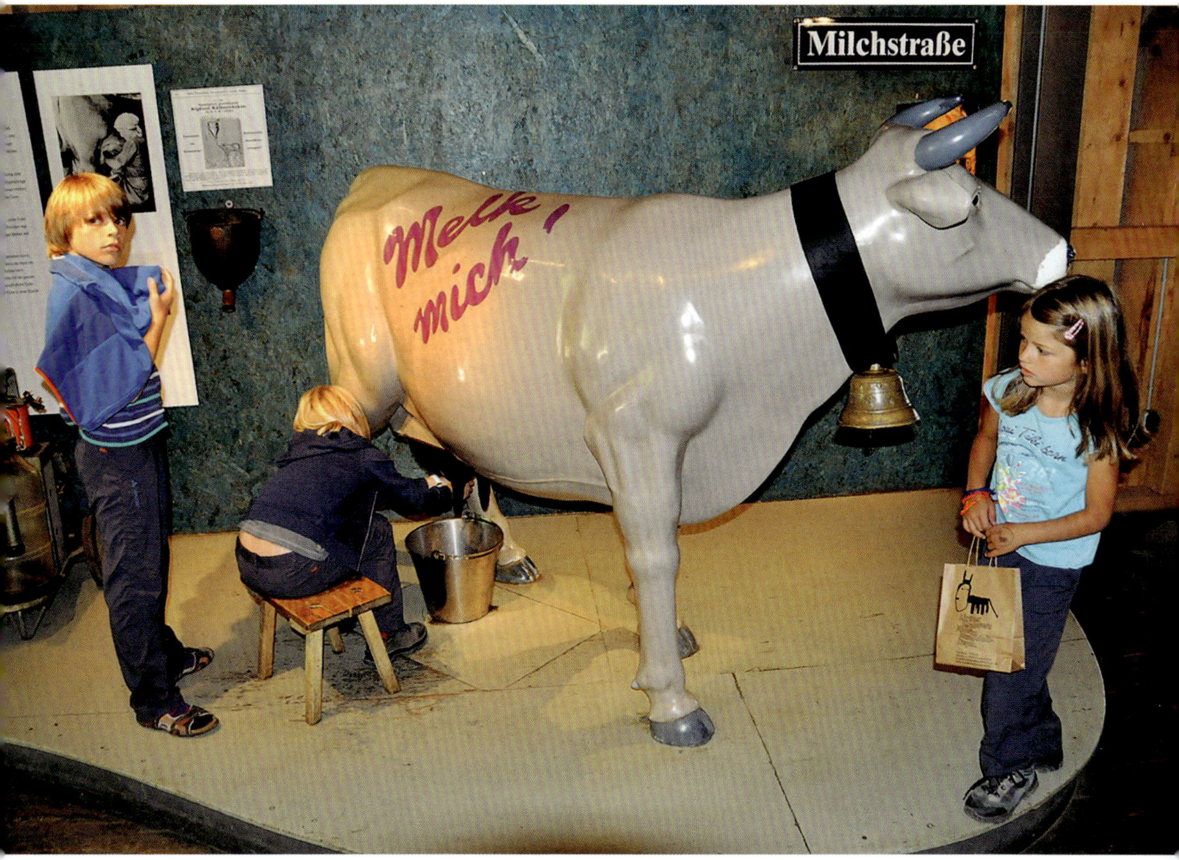

Melk mich! ... der Aufforderung folgen die Kinder gerne.

Kinder nicht wirklich leicht vorbeikommen. Wie die Schatzkiste mit den Halbedelsteinen mit dem Themenkomplex Bergbauern in Verbindung gebracht werden kann, fragen wir uns noch heute und bewundern diese Kiste nun ganz hinten in einem Schrankeck.

Nachdem wir an der Museumskasse das Familienticket gekauft haben, geht es in die oberen Stockwerke zu den Ausstellungsräumen, die uns in die Bergbauernwelt eintauchen lassen. Aus dem ersten Stock geht es dann direkt in den Garten zum Spielplatz neben der Streuobstwiese und dem Kräutergarten, in dem Gott sei Dank alle Gewächse beschildert sind, sodass auch wir in der Kräuterkunde nicht ganz so firmen Stadtmenschen uns halbwegs zurechtfinden und den Kindern dieses Schatzkistlein der Natur (hier also lässt sich der Bogen zum Museumsshop schließen) näherbringen können.

Tipp

Auch als Ganztagesausflug mit dem Kuhnigundenweg (Tour 17) und dem Aussichtsturm Alpkönigblick (Tour 40) kombinierbar.

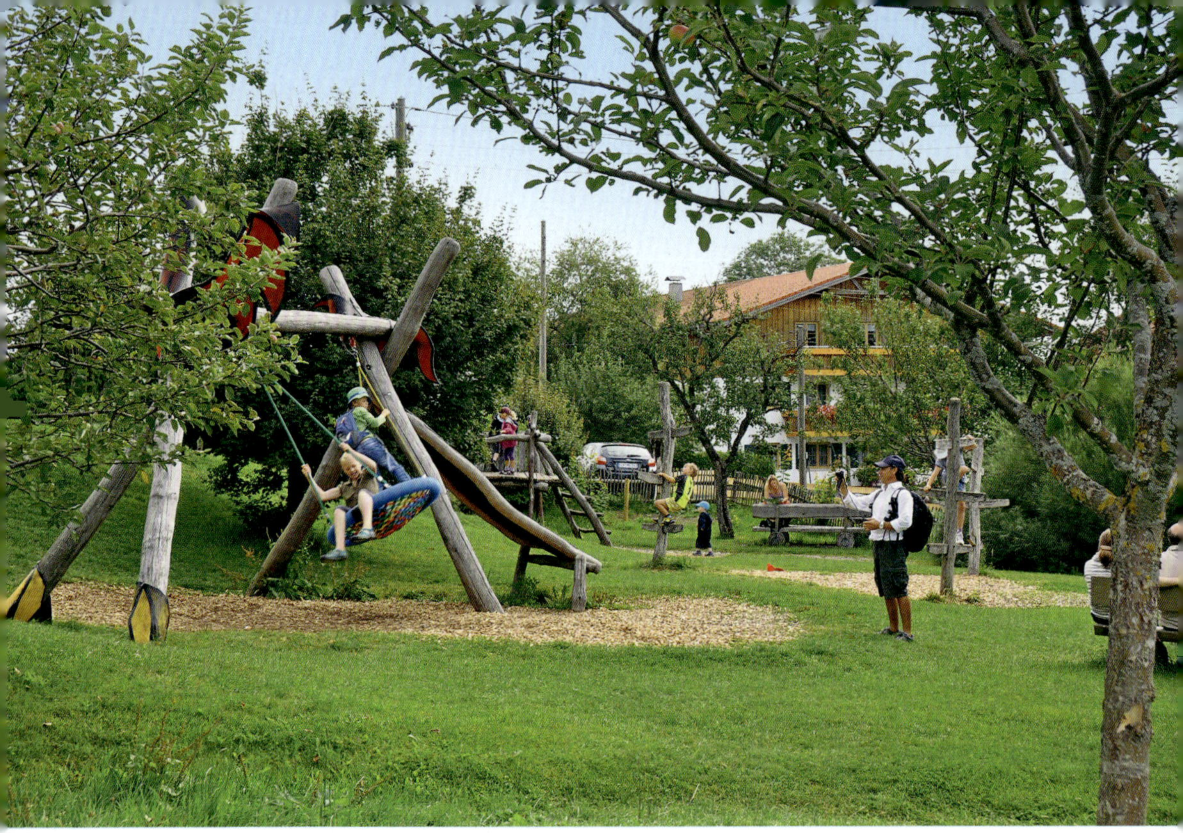

Der Spielplatz auf dem Museumsgelände

Weiter geht es in den alten Einhof (das ist ein Bauernhof mit Wohnhaus und Stall unter einem Dach), vorbei an den Schafen und Kühen im Erdgeschoss. Im Obergeschoss erfahren wir Wissenswertes über Kühe, Milch und alles was dazu gehört. Hier dürfen wir auch eine Kuh melken.

Hinter der nächsten Ecke erwartet uns ein simples, aber dennoch höchst beliebtes Spieleck, das es vom Spaßfaktor sicherlich und von der Dauer her auf jeden Fall mit jeder Achterbahn aufnehmen kann: der Sprung ins Heu. Eine Ecke mit Heu, zwei Leitern und ein Brett in etwa 2 Metern Höhe an der Wand reichen aus, um so ziemlich jedes Kind im sprungfähigen Alter für längere Zeit bei bester Laune zu halten.

Im anschließenden Kino sehen wir noch eine Folge »Willi will's wissen bei den Bergbauern«. Er begegnet uns wenige Meter weiter im Bienenhaus gleich nochmal, bevor wir im Sattlerhof, einem alten Bergbauernhof, Zimmer, Schränke und Schubladen erkunden. Etwas oberhalb, am Waldrand, klettern wir noch ein wenig im Spielwäldle, bevor wir eine Waldarbeiterunterkunft besuchen. Dann können wir noch auf einen Kuchen in der Höfle-Alpe einkehren. Über den kleinen Abenteuerspielplatz geht es zurück zum Eingang.

Museumsdorf Gerstruben

34

Durch den Hölltobel zum Museumsdorf

Das einstige Alpendorf Gerstruben im Dietersbachtal besteht heute nur noch aus fünf Häusern und einer Kapelle. In einem der etwa 400–500 Jahre alten Bauernhäuser kann man hautnah und originalgetreu die Stuben und Kammern sowie Küche, Stall und Tenne besichtigen und begehen.

Mittel | 8,4 km | 350 Hm | 1.50 Std.

Alter
Ab 7 Jahren

Ausgangspunkt
Oberstdorf, Parkplatz Renksteg

Anfahrt
Über die B 19 nach Oberstdorf und der Beschilderung zur Fellhornbahn folgen bis zum Wanderparkplatz Renksteg

Tourencharakter
Zunächst sonnige Asphaltstraße, dann schattiger Steig durch den Hölltobel

Kinderwagen
Geeignet (über Abstiegsweg)

Einkehr
Berggasthaus Gerstruben, außerhalb der Saison Montag Ruhetag

Informationen
gerstruben.de

Wir starten am Wanderparkplatz Renksteg und gehen in südlicher Richtung zurück zur Anfahrtsstraße und zur Bushaltestelle bei der Einfahrt zum Parkplatz. Hier folgen wir links auf der für den allgemeinen Verkehr gesperrten Asphaltstraße der Beschil-

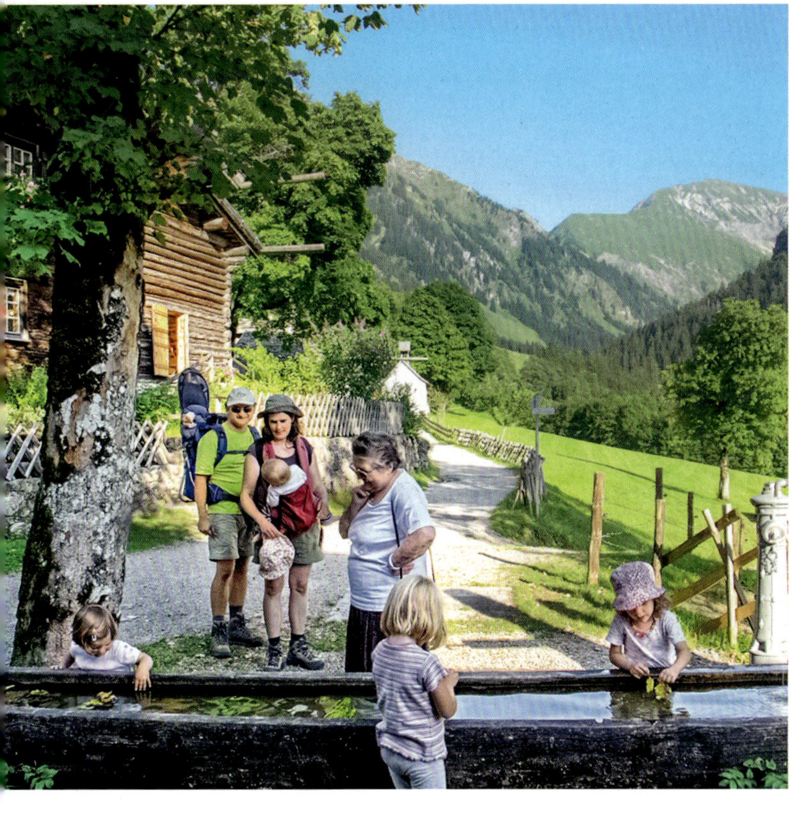

Ein Brunnen zieht Kinder bei jedem Wetter magisch an.

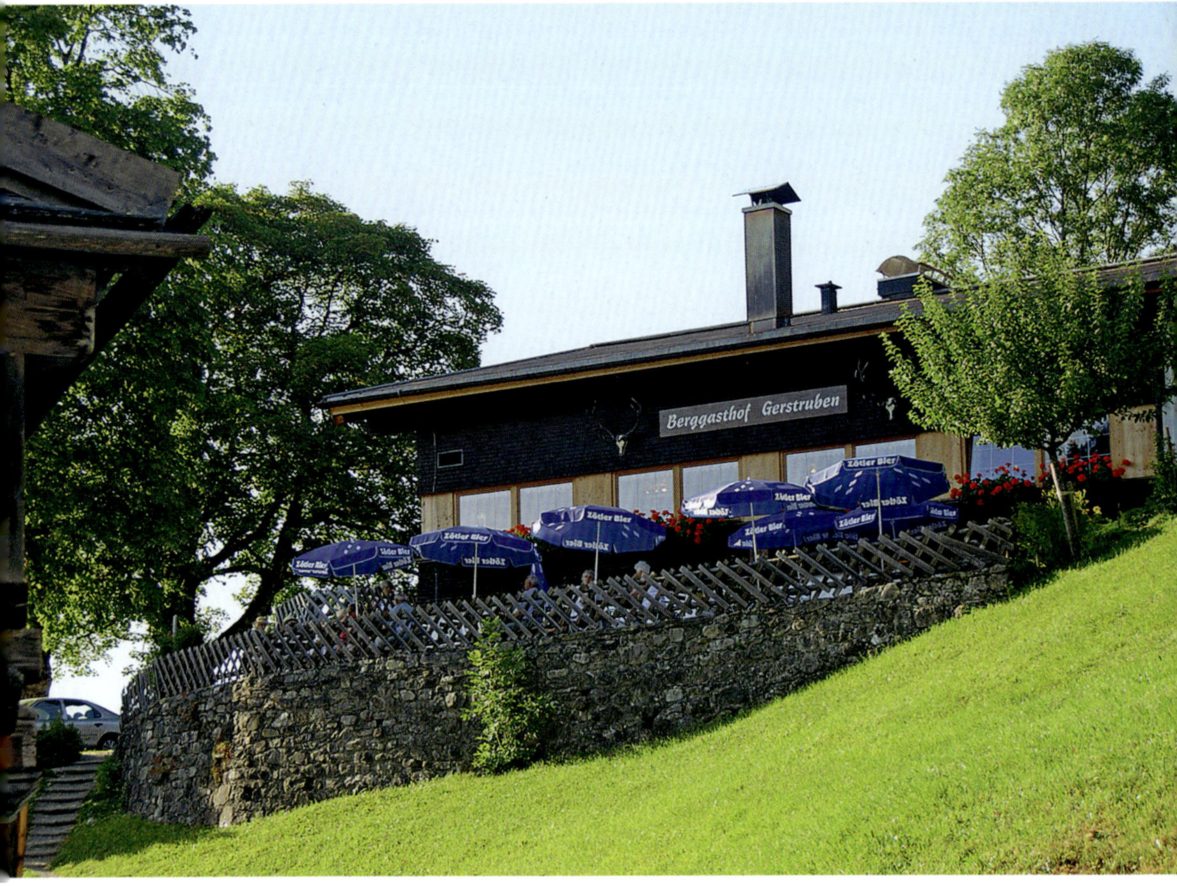

Die Sonnenterrasse des Berggasthauses Gerstruben

Tipp

Lohnenswert ist ein Abstecher zum Christlessee. Allerdings nur zum Spielen, zum Baden ist der See auch im Sommer zu kalt.

derung Richtung Gerstruben. Wir überqueren eine kleine Kreuzung und gehen geradeaus auf dem Hauptweg bergauf zum Golf-Club Oberstdorf. Wir passieren diesen und gehen wieder leicht bergab, ignorieren die erste Abzweigung nach links, die uns zurück nach Oberstdorf führen würde, und halten uns dann nach etwa 35 Metern der Beschilderung nach Gerstruben folgend links. Kurz darauf überqueren wir die Trettach. Wir biegen nach rechts ab und folgen dem Hauptweg für etwa 200 Meter. Hier zweigt links die Asphaltstraße zum Berggasthaus Gerstruben ab. Mit Kinderwagen wäre diese Variante zu wählen, die wir jedoch erst später zum Abstieg nutzen wollen. Wir folgen also dem Talweg noch 800 Meter und gelangen nach einem Rechtsknick des Weges noch vor einem Linksknick und der nächsten

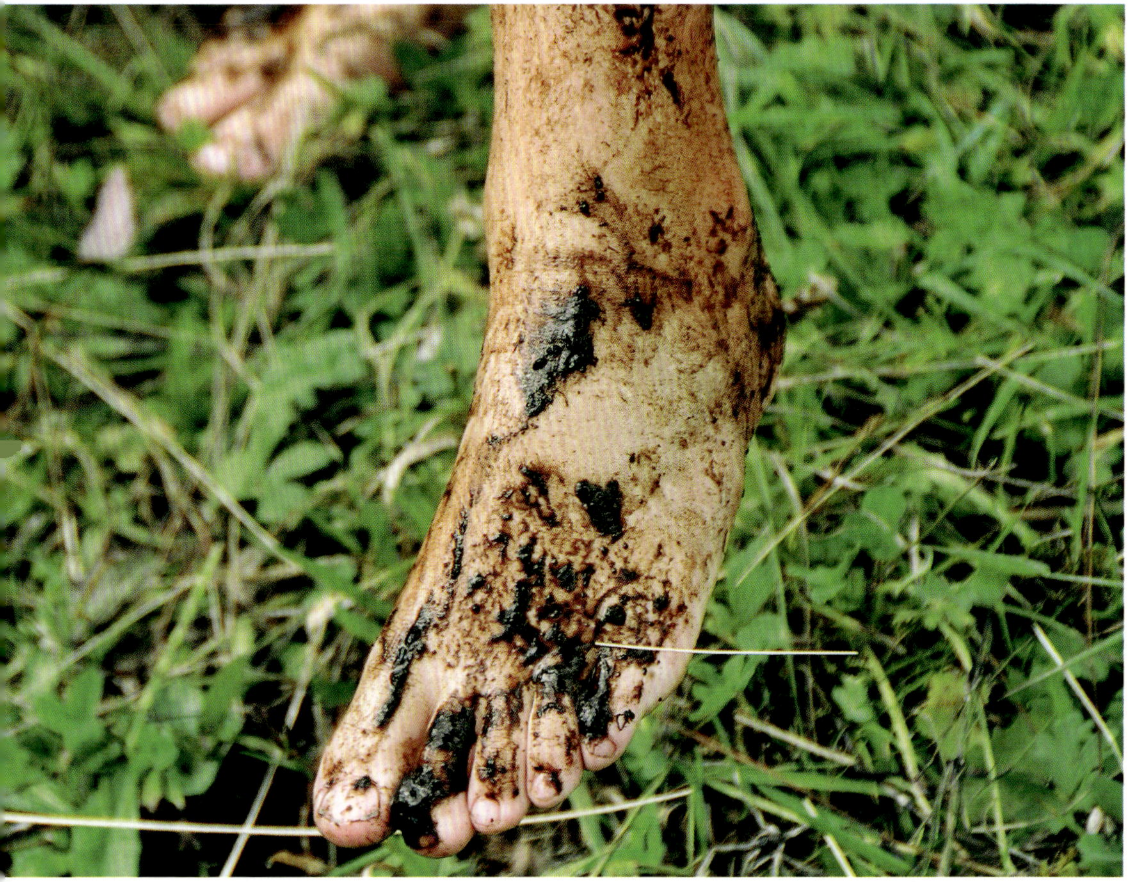

Auch mal ein paar Meter ohne Schuhe Spaß haben

Brücke links zwischen zwei Wiesen über einen schmalen Pfad zum Hölltobel-Steig. Durch den angenehm schattigen Wald geht es nun auf dem schmalen, aber ungefährlichen Steig etwa 200 Höhenmeter steil bergauf. Ein kurzer Abstecher lädt unterwegs zu einem Stopp am Wasserfall ein. Am Ende des Pfades erreichen wir die oben erwähnte Asphaltstraße und gehen noch wenige Meter nach rechts. Dann haben wir unser Ziel erreicht. Neben der Rast im Berggasthaus ist ein Besuch des Jakobe-Hauses unbedingt empfehlenswert.

Mit größeren Kindern kann die Tour problemlos ausgedehnt werden, indem man dem Schotterweg weiter ins Dietersbachtal hinein folgt und noch 30 Minuten bis zur Gerstrubener Alpe (1216 m) oder noch weitere 45 Minuten bis zur Dietersbachalpe (1325 m) geht. Beide Alpen sind einfach bewirtschaftet und bieten Brotzeiten sowie hausgemachte Kuchen an.

35 Kutschenmuseum Hinterstein

Das etwas andere Museum

Leicht – –

Alter
Ab 3 Jahren

Ausgangspunkt
Gebührenpflichtiger Wanderparkplatz am Ortsende von Hinterstein

Anfahrt
Über die B 19 bis Sonthofen und weiter nach Bad Hindelang; am Ortsanfang rechts nach Hinterstein

Tourencharakter
Leichte Rundtour im Tal

Öffnungszeiten
8–20 Uhr

Kinderwagen
Geeignet

Einkehr
In Hinterstein

Informationen
hinterstein.de

Martin Weber heißt der Erfinder und Besitzer des Hintersteiner Kutschenmuseums. Ihm ist es gelungen, hier ein höchst interessantes museales Kleinod in Eigenregie in ein paar unscheinbaren Stadeln entstehen zu lassen.

Das kostenlos zugängliche Kutschenmuseum zeigt sicherlich auch ein paar Kutschen, aber in erster Linie ist es ein Sammelsurium an Klängen, Lichtern, Krims und Krams … man muss es einfach gesehen haben – den Kindern wird es gefallen.

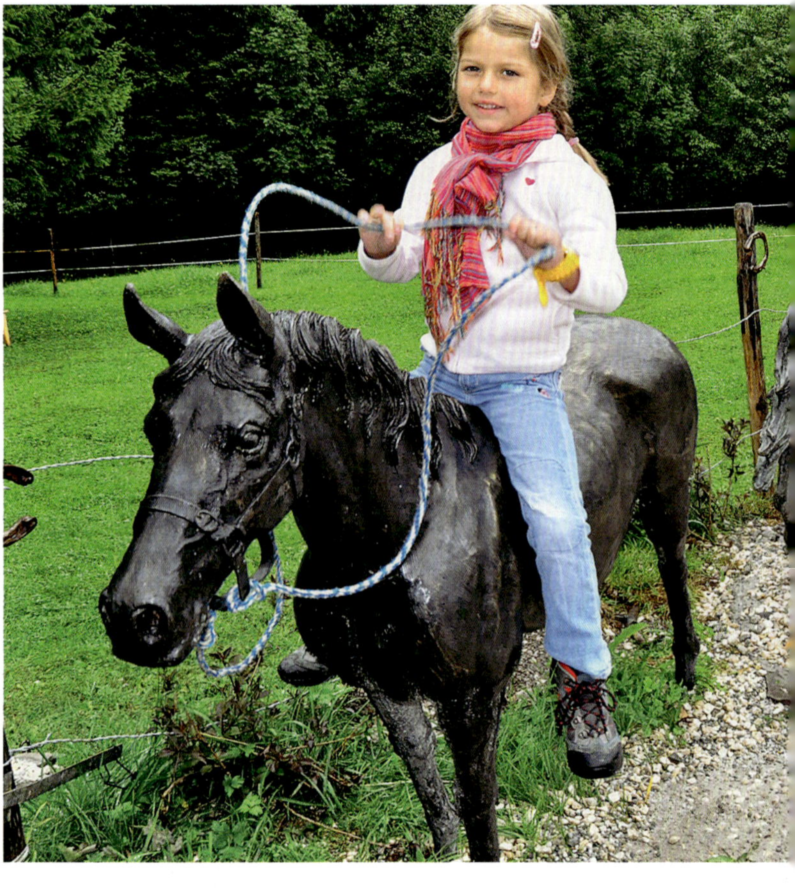

Schon vor dem Eingang gibt es Interessantes zu entdecken.

Am vorderen Ende des großen Wanderparkplatzes (gegenüber dem Kassenautomat) beginnt auf de,r dem Hang abgewandten Seite ein Wiesenpfad, welcher uns zu der etwas tiefer gelegenen Straße (ohne Parkmöglichkeit) »Im Schlaufen« führt. Wir gehen nach rechts und dann gleich wieder nach links der Beschilderung zum Kutschenmuseum folgend über die Wiesen Richtung Ostrach. Hier stoßen wir auf einen querenden Weg und passieren rechts die Ostrachbrücke. Wir gehen erneut nach rechts und erreichen schon kurz darauf das Museum auf der Waldlichtung. Nach dem Museumsbesuch gehen wir entweder zurück zum Parkplatz oder folgen dem Weg am Kutschenmuseum vorbei noch bis zur nächsten Ostrachbrücke, um am anderen Ufer über den Kinderspielplatz zurück zu schlendern. Wir erreichen wieder die Häuser und Straßen von Hinterstein und gehen auf der Teerstraße zu unserem Parkplatz.

Tipp

Badesachen einpacken fürs Naturbad Prinze Gumpe!

Eine der zahlreichen Kutschen im Museum

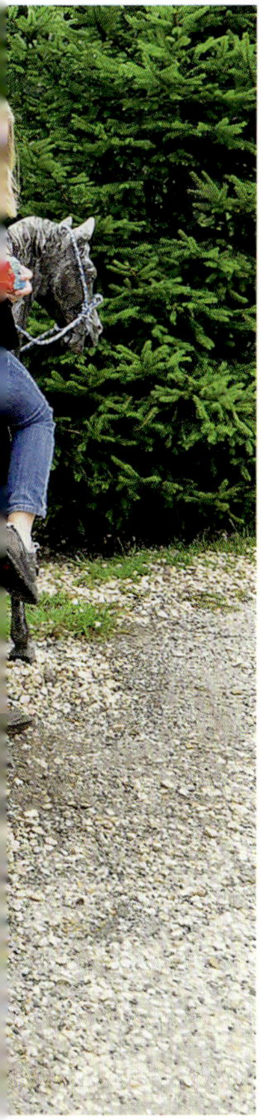

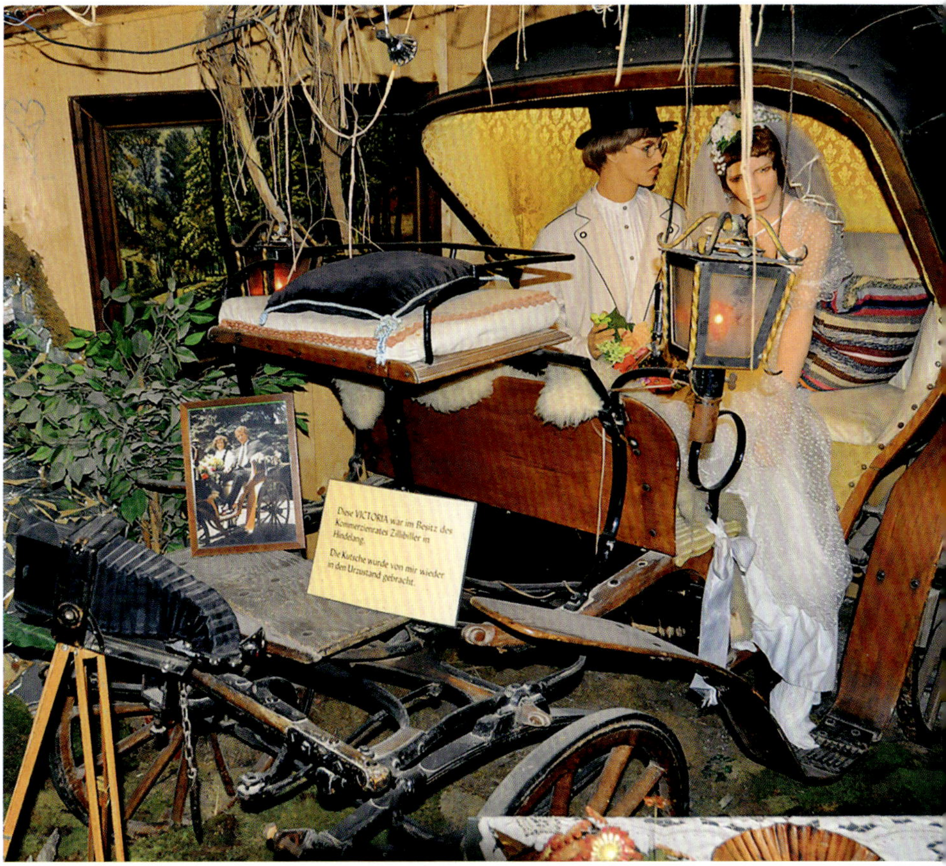

36 Bauernhofmuseum Illerbeuren

In die Geschichte eintauchen

Leicht | – | – | –

Alter
Ab 3 Jahren

Ausgangspunkt
Parkplatz des Bauernhofmuseums in Illerbeuren

Anfahrt
Über die A 7 bis Ausfahrt Woringen und weiter über Kronburg nach Illerbeuren

Tourencharakter
Leichter Spaziergang im Museumsgelände

Öffnungszeiten
Montags (außer an Feiertagen); Karfreitag, Heiligabend und Silvester geschlossen

Kinderwagen
Geeignet

Einkehr
Museumsgasthof Gromerhof, gromerhof.de; Torfwirtschaft Otto Hamp

Informationen
bauernhofmuseum.de

Mehr als 30 Gebäude und zahlreiche Tiere aus alten Haustierrassen versprechen einiges an Abwechslung und erlebbarer ländlicher Kulturgeschichte.

Wir begegnen dem Allgäuer Original Braunvieh, einer Kuh aus der Rasse der früher im Allgäu beheimateten braun gefleckten Art – die bisher in unseren Augen »klassische« Allgäuer Kuh ist also gar nicht so klassisch… Weitere besuchenswerte Anlaufpunkte im weitläufigen Museumsgelände sind neben den Bauerngärten die zahlreichen Obstbäume. Auch an nicht ganz so sonnigen Tagen ist ein halber Tag im Bauernhofmuseum ganz schnell vorbei.

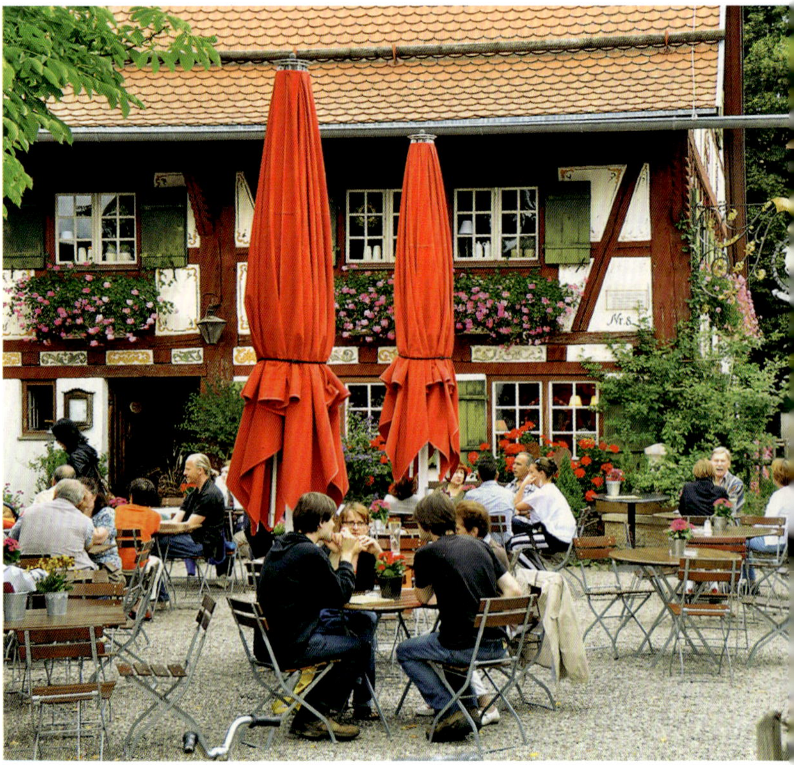

Lädt zur Einkehr ein: der Museumsgasthof

Miniwelt Oberstaufen

37

Eisenbahn-Schauanlage

Wer schon immer mal den Streckenabschnitt der Bahn zwischen Koblenz und Bingen, der 2002 von der UNESCO zum Weltkulturerbe erklärt wurde, in Miniatur sehen wollte, ist hier genau richtig. Aber auch alle anderen Einsenbahnfreunde werden ihre Freude haben.

Zugegebenermaßen ist die Miniwelt Oberstaufen nicht mit dem Miniatur Wunderland in Hamburg vergleichbar, aber dennoch kann die mit viel Liebe zum Detail gestaltete H0-Anlage mit stattlichen 5000 Figuren und 600 Gebäuden aufwarten. Dampfloks fahren hier neben ICEs und zur Krönung geht in der Miniaturwelt auch noch die Sonne unter.

Leicht – – –

Alter
Ab 3 Jahren

Ausgangspunkt
Parkplatz bei der Miniwelt Oberstaufen

Anfahrt
Über die B 308 von Immenstadt nach Oberstaufen und bei der Hündlebahn zum Hündlebahn-Parkplatz; dort der Beschilderung zur Miniwelt folgen

Tourencharakter
Museumsbesuch

Öffnungszeiten
Anfang April bis Anfang November und 26.12. bis Ende der Weihnachtsferien täglich 10–18 Uhr; nach den Weihnachtsferien bis Anfang April nur Sa, So von 10–18 Uhr

Kinderwagen
Nicht geeignet

Einkehr
In Oberstaufen

Informationen
miniwelt-oberstaufen.de

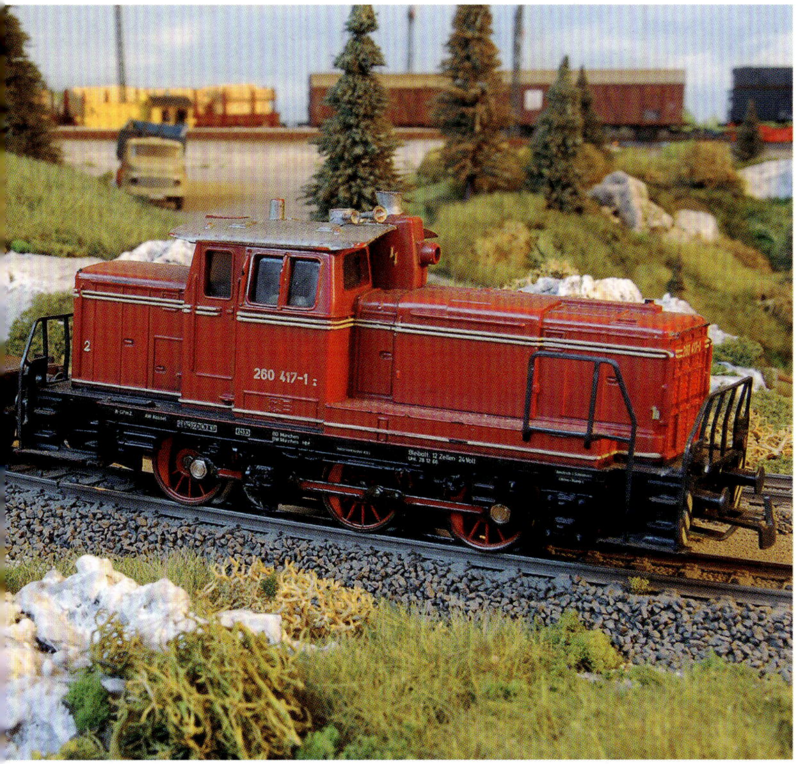

Blick in die Miniwelt

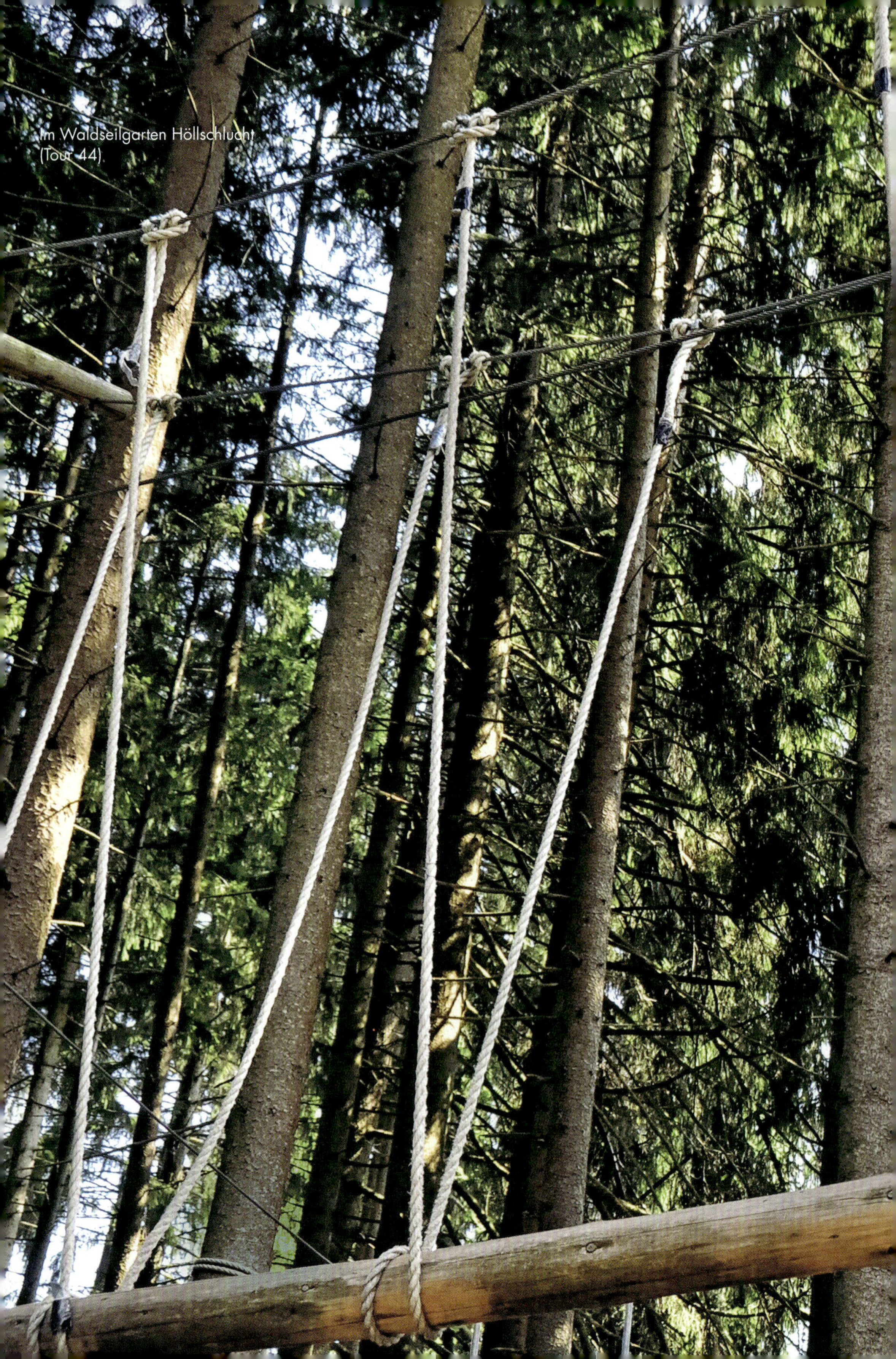

Im Waldseilgarten Höllschlucht (Tour 44).

Klettergärten, Türme und Höhlen

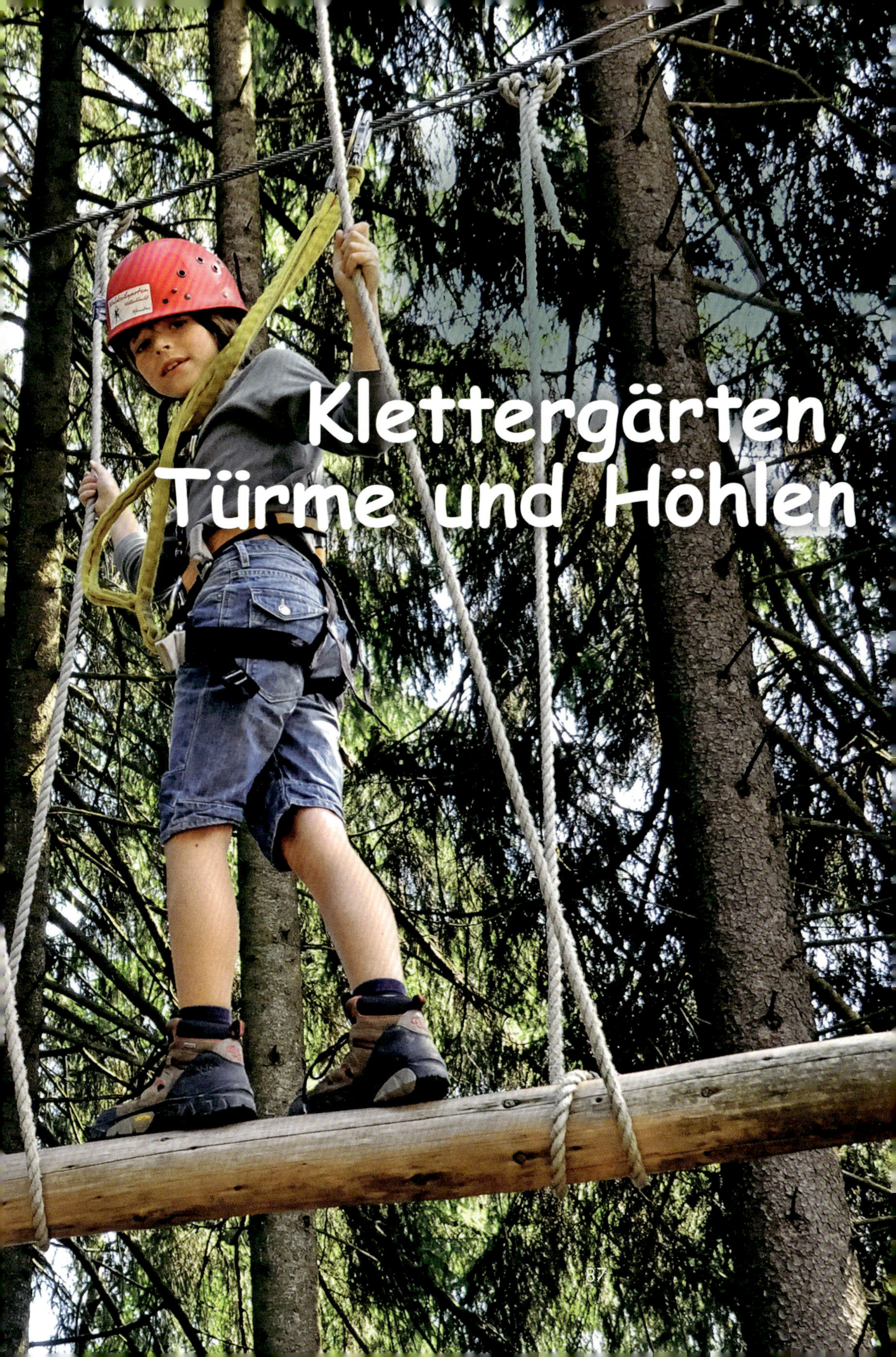

38 Sturmannshöhle

Zu den Wilden Fräuleins und dem Drachen im Schwarzenberg

Mittel	3,2 km	450 Hm	1.50 Std.

Alter
Ab 6 Jahren

Ausgangspunkt
Wanderparkplatz nach der Felsenge Hirschsprung

Anfahrt
Über die B 19 bis Fischen; rechts nach Obermaiselstein und bald links Richtung Tiefenbach zum Parkplatz

Tourencharakter
Leichter Spaziergang auf dem breiten Sagenweg

Kinderwagen
Geeignet (ohne Höhle)

Einkehr
Kiosk Sturmannshöhle, Mai bis Oktober bewirtschaftet

Informationen
sturmannshöhle.de

Ein märchenhafter Tag, der auf dem fantasievollen Sagenweg beim natürlich entstandenen Hirschsprung beginnt und dann 300 Meter tief in den Schwarzenberg zu Drachentor und Höhlenrachen führt. Ungefährlich geht es in der einzigen begehbaren Höhle des Allgäus über 180 Stufen zum gurgelnden Höhlenbach.

Zwar könnte man auch direkt bis zum Kassenkiosk unterhalb der Sturmannshöhle mit dem Auto fahren, aber dann würde man die mythischen Geschichten des Sagenweges verpassen, was gerade mit kleineren Kindern in der Tat bedauerlich wäre. Wir starten also südlich von Obermaiselstein am Parkplatz der Straße nach Tiefenbach. Dieser liegt unmittelbar hinter der Felsenge Hirschsprung (auch Bushaltestelle), welche durch Erosion der Breitach entstand. Der Name Hirschsprung leitet sich aus der Sage um den Hirsch ab, der von einem Luchs verfolgt über eben diese Schlucht sprang. Wir gehen wenige Meter zurück durch die Felsenge und dann links auf den breiten Schotterweg Richtung Sturmannshöhle. Der Sagenweg bereitet angenehme Kurzweil mit zahlreichen Stationen auf den folgenden etwa 700 Metern. Auf Tafeln werden alte Sagen erzählt, die anschaulich in Lebensgröße dargestellt sind. Nach der Sage vom Venedigermännle mit den Goldklumpen erreichen wir die erste Abzweigung. Zur Höhle geht es zwar links bergauf, wir aber gehen kurz nach rechts, um einen kleinen Abstecher zur zweiten Sagenstation mit dem fahrenden Volk zu machen. Nach der Geschichte halten wir noch das Ohr an die Hörrohre, um das Lagerfeuer prasseln zu hören, und gehen dann wieder zurück zur Abzweigung und rechts weiter Richtung Sturmannshöhle. An der nächsten Abzweigung geht es abermals nach links. Der Weg führt vorbei an der nächsten Sagenstation mit dem schlafenden Drachen und der schon kurz darauf folgenden vorletzten Station am Bach mit den Wilden Fräuleins. Bei der dritten und letzten Abzweigung biegen wir nach rechts ab, da wir zunächst

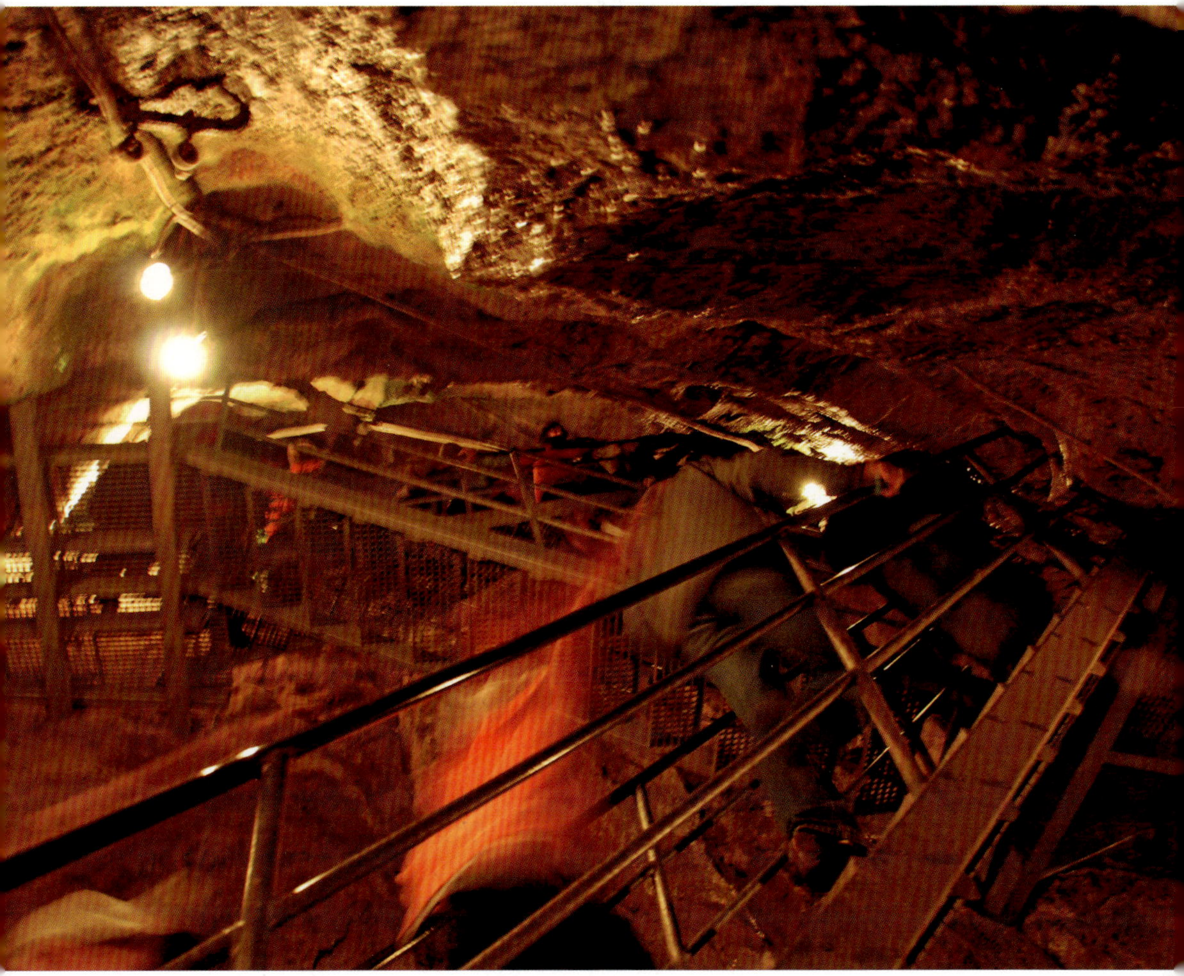

Über Stufen gelangt man immer tiefer in den Schwarzenberg.

am Kiosk an der Anfahrtsstraße zur Sturmannshöhle noch die Eintrittskarten erwerben müssen. Da der Kiosk auch über einen kleinen Biergarten verfügt, können wir schon für die Einkehr nach der Höhlenbesichtigung planen. Auf der Teerstraße geht es in einem letzten kurzen Anstieg vorbei an der Geschichte von dem Schatz im Sturmannsloch zum Höhleneingang. Über breite Stufen geht es die letzten Höhenmeter zum Höhlenführer, der uns nun etwa 45 Minuten lang ins Innere des Schwarzenbergs führt. Hat man die Höhle und den darin lebenden Drachen wieder verlassen, geht es auf demselben Weg zurück zum Parkplatz – nicht ohne alle Geschichten nochmals vorzulesen.

Tipp

In Obermaiselstein gibt es nicht nur die Höhle, sondern auch einen kleinen Wildpark.

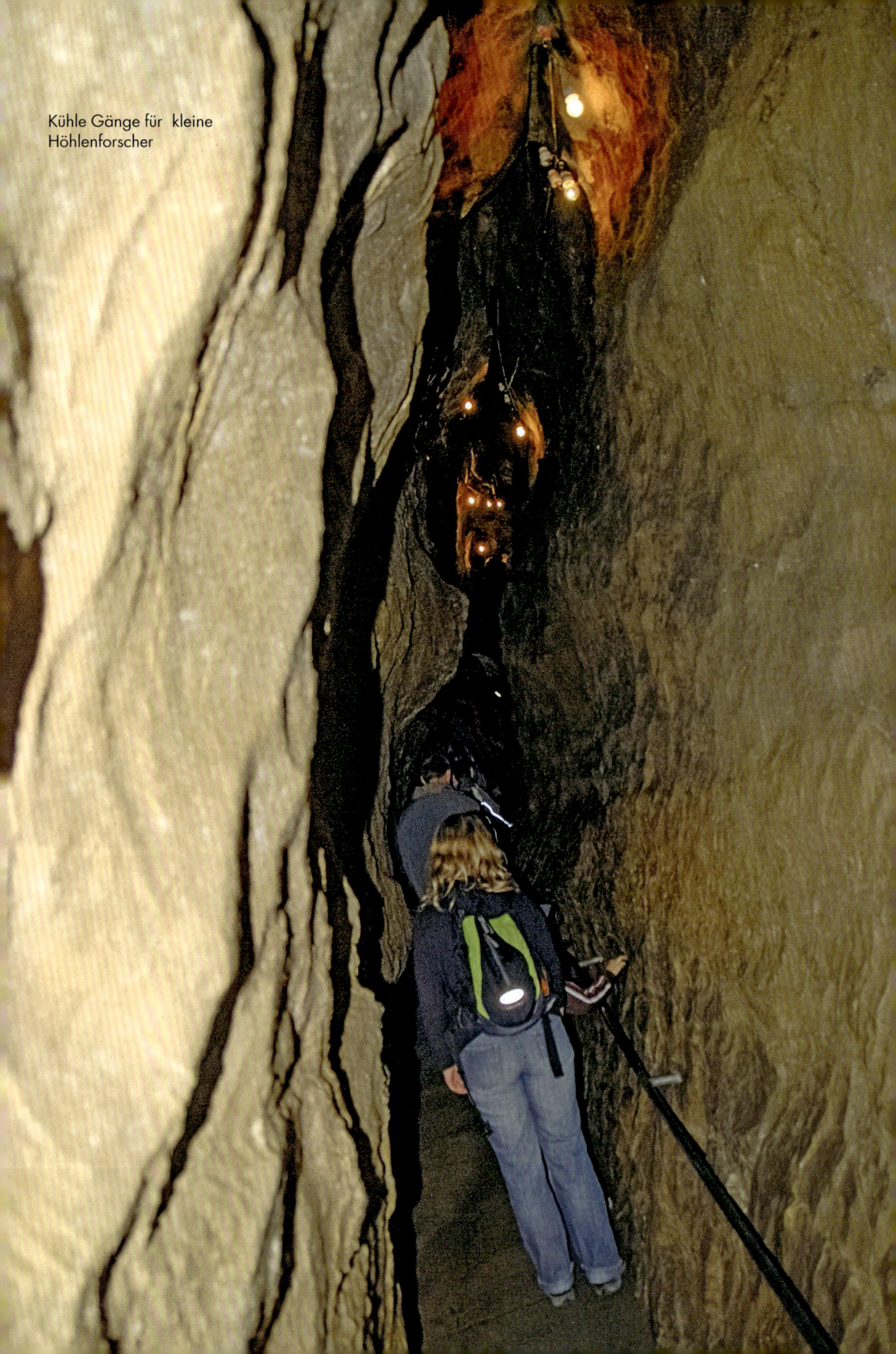

Kühle Gänge für kleine Höhlenforscher

Erzgruben am Grünten

Mit Grubi in die Anna- und Theresiengrube

39

In den Erzgruben am Grünten wurde vom 14. bis zum 19. Jahrhundert Eisenerz in zahlreichen Gruben gefördert. Zwei der Gruben kann man auf der geführten Besichtigungstour, die zur Hochsaison stündlich beginnt, heute wieder besuchen.

Wir starten am Parkplatz, gehen auf der Teerstraße weiter bergauf und folgen stets der Beschilderung zur Erzgruben-Erlebniswelt. Hier beginnen die Besichtigungstouren. Zunächst erfahren wir sehr anschaulich in der Schmiede und beim Kohlemeiler, wie das Eisen aus dem Eisenerz gewonnen wurde und mit welchen Hilfsmitteln es der Schmied weiterverarbeitete.

Leicht | 2,5 km | 70 Hm | 1.40 Std.

Alter
Ab 4 Jahren

Ausgangspunkt
Parkplatz beim Berggasthof Alpenblick

Anfahrt
Über die B 19 bis Ausfahrt Immenstadt und weiter Richtung Rettenberg am Kreisverkehr rechts nach Burgberg; dort links bergauf der Beschilderung zur Erzgruben-Erlebniswelt folgen

Tourencharakter
Leichte Teerstraße zur Erzgruben-Erlebniswelt; die Besichtigungstour dauert ca. zwei Stunden mit rund 100 Höhenmetern

Öffnungszeiten
Anfang Mai bis Ende Oktober, kein Ruhetag

Kinderwagen
Geeignet (nur bis zur Erlebniswelt)

Einkehr
Berggasthof Alpenblick, alpenblick-burgberg.de; Imbiss bei der Erzgruben-Erlebniswelt

Informationen
weitnau.de

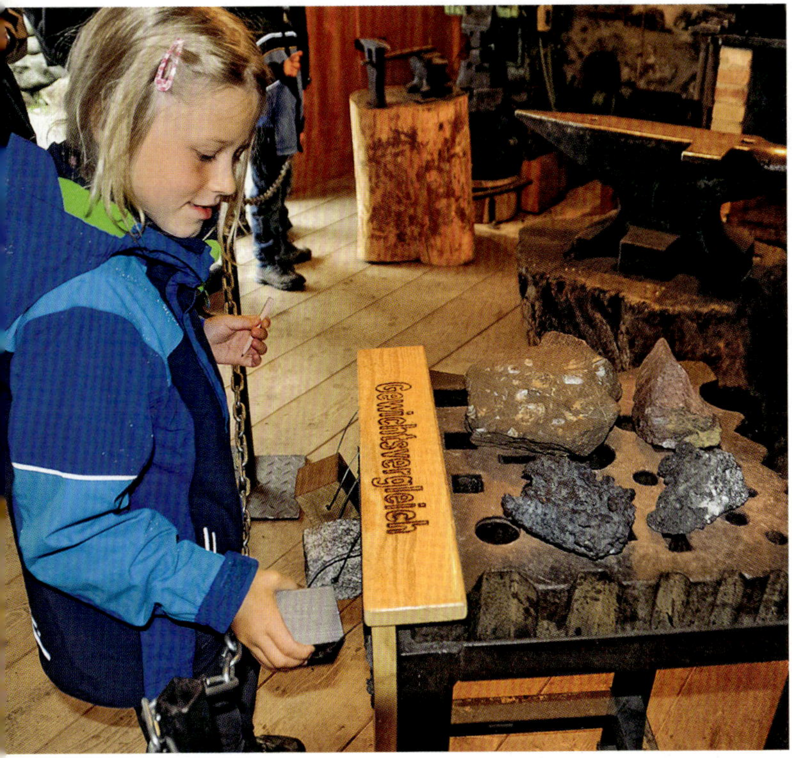

Gewichtsvergleich in der Schauschmiede

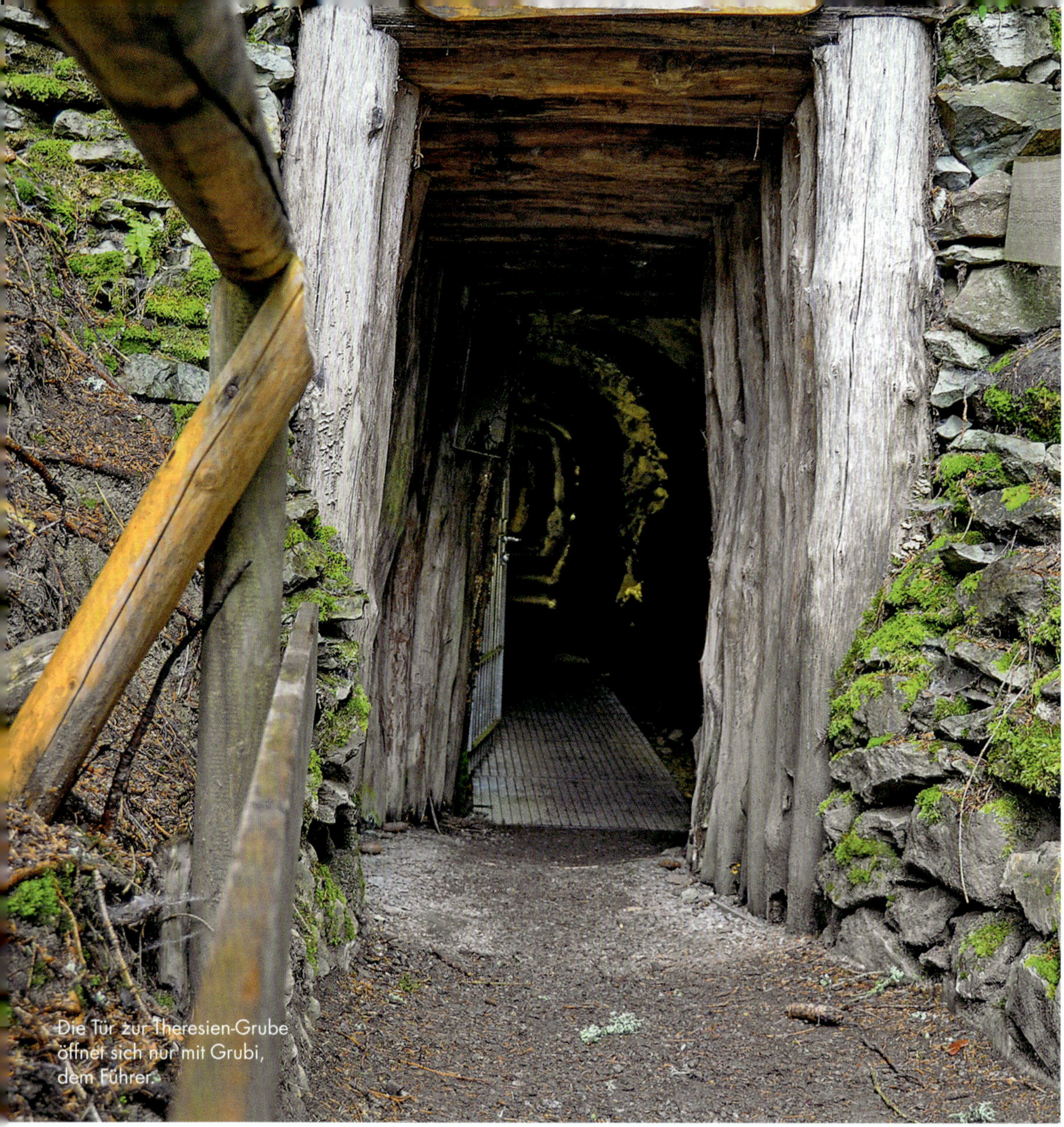

Die Tür zur Theresien-Grube öffnet sich nur mit Grubi, dem Führer.

Im Anschluss verlässt man dann das Museumsgelände und folgt dem Grubi (dem Führer) zum Tagebau und anschließend über einen etwas steiler ansteigenden Wanderweg zu den beiden heute wieder zugänglichen Gruben. Durch einen kurzen Stollen gelangt man jeweils in die Gruben, deren begehbare Teile sich auf wenige Meter beschränken. Nach diesem auch für kleine Kinder ungefährlichen Abstecher in den Berg geht es gemeinsam zurück zum Museum und für uns zurück zum Parkplatz.

Tipp

Der Ausflug lässt sich mit größeren Kindern gut mit der Starzlachklamm (Tour 3) verbinden.

Aussichtsturm Alpkönigblick

40

Allgäublick von der Zugspitze bis zum Säntis

Diese Tour verdanken wir dem »Alpkönig« Carl Hirnbein. Im Jahr 2007 wurde ihm zu Ehren ein Aussichtsturm auf dem Hauchenberg errichtet, der einen wunderbaren Rundblick über die Allgäuer Alpen ermöglicht.

Mittel | 5,3 km | 240 Hm | 1.50 Std.

Alter
Ab 5 Jahren

Ausgangspunkt
Parkplatz an der Kirche in Diepolz (wenn dieser schon besetzt ist, alternativ auf den Parkplatz auf der Anfahrtsstraße unterhalb des Bergbauernmuseums)

Anfahrt
Über die B 19 bis Immenstadt und der Beschilderung zum Bergbauernmuseum folgen; man erreicht Diepolz gegenüber dem Bergbauernmuseum; hier rechts und gleich wieder links zur Kirche

Tourencharakter
Leichte Rundwanderung auf breiter Forststraße und guten Wanderwegen

Kinderwagen
Nicht geeignet

Einkehr
Höfle-Alpe (im Museumsgelände, aber frei zugänglich, Öffnungszeiten wie das Museum); Kling's Hütte Anfang Mai bis Anfang November an Wochenenden und Feiertagen geöffnet

Informationen
weitnau.de

Von der Kirche geht es auf der Teerstraße am Bergbauernmuseum entlang bergauf. Wir passieren die Höfle-Alpe und erreichen eine Kreuzung. Hier gehen wir links und bald darauf wieder links der Beschilderung zum Alpkönigblick folgend. Es geht

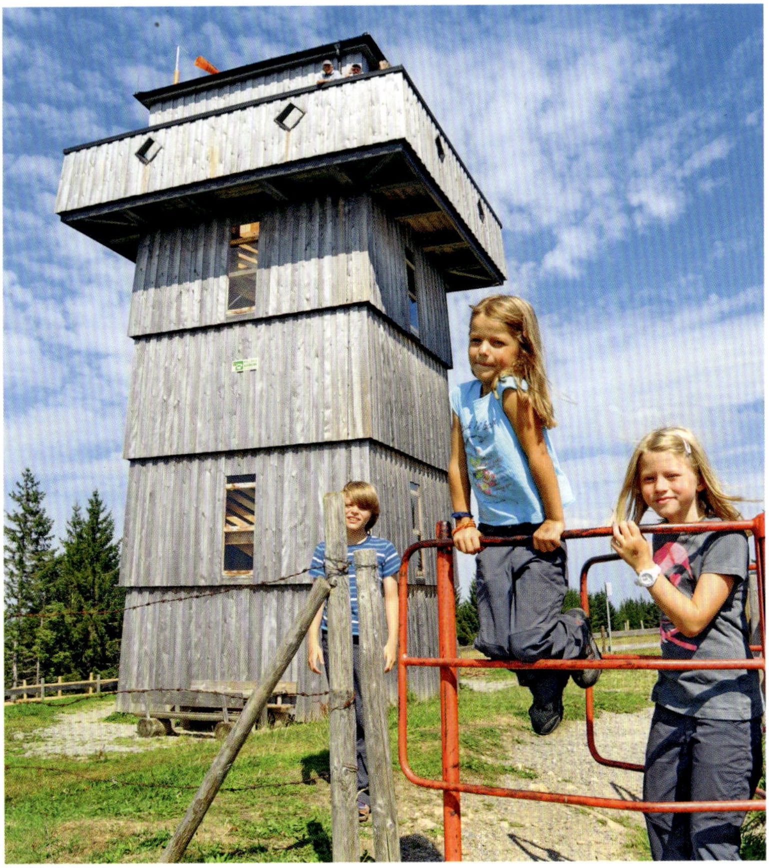

Der Aussichtsturm Alpkönigblick

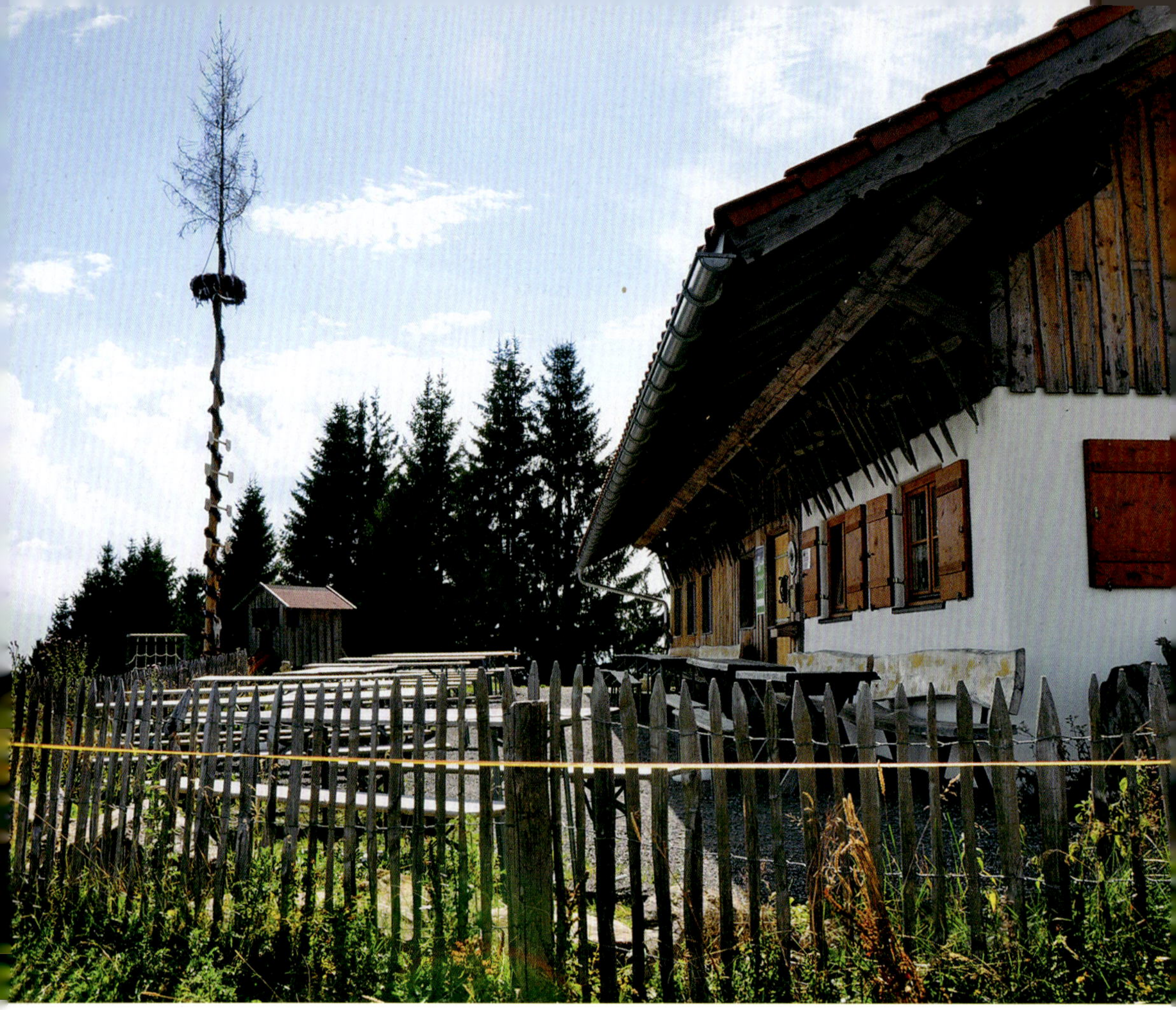

Einkehr in der Kling's Hütte (Öffnungszeiten beachten)

etwas bergab zu einer weiteren Beschilderung. Später werden wir hier vom Weg geradeaus aus dem Wald kommen. Wir biegen nun aber rechts in den Wald hinein und erreichen so einen kleinen Rastplatz auf der Hauchenberger Höhe. Blaubeerbüsche laden zur Rast ein. Dann gehen wir nach links und erreichen so den Aussichtsturm. Nach dem Besuch des Turmes wandern wir links bergab zur Kling's Hütte und wiederum links bergab über die Wiesen Richtung Diepolz. Es folgt ein kurzer Abschnitt bergab auf einer Teerstraße bis zum Schild, das uns nach links über eine Wiese bergauf nach Diepolz weist. Am Waldrand etwas oberhalb gehen wir rechts in den Wald und folgen nun stets dieser Forststraße zurück bis zum Abzweig, wo wir vorher bergauf in den Wald abgebogen sind. Über die Höfle-Alpe geht es zurück zum Parkplatz.

Tipp

Mit ausdauernden Kindern auch mit dem Bergbauernmuseum (Tour 33) und dem Kuhnigundenweg (Tour 17) kombinierbar.

Skywalk Allgäu

41

Über den Baumwipfelpfad im Naturerlebnispark

Mehrere Erlebnispfade und Spielgelegenheiten warten auf die kleinen Besucher im Naturerlebnispark. Der markanteste Pfad ist sicherlich der breite Baumwipfelpfad in bis zu 40 Metern Höhe.

Für den 540 Meter langen Panoramapfad, der in der Höhe der Baumkronen in bis zu 40 Metern Höhe als Rundweg angelegt wurde, sind rund 500 Tonnen Stahl und 70 000 Schrauben verbaut worden, um die Besucher ungefährlich durch die westlichsten Allgäuer Baumwipfel zu führen. Von diesem Pfad aus, wie auch vom 50 Meter hohen Aussichtsturm, sieht man sogar bis zum Bodensee. Wer Lust hat, verlässt den Pfad über Dschungel- und Abenteuerbrücke und die anschließende Röhrenrutsche. Neben dem Baumwipfelpfad und den Spielgelegenheiten gibt es noch zwei Naturerlebnispfade und einen Barfußpfad.

Leicht	km		
	–	–	–

Alter
Ab 4 Jahren

Ausgangspunkt
Großparkplatz unterhalb des Skywalks

Anfahrt
Über die B 308 nach Scheidegg und der Beschilderung zum Skywalk bis zum Parkplatz bei der Fachklinik Prinzregent Luitpold folgen

Tourencharakter
Leichter Spaziergang

Öffnungszeiten
Ganzjährig

Kinderwagen
Geeignet

Einkehr
SB-Restaurant im Gelände

Informationen
skywalk-allgaeu.de

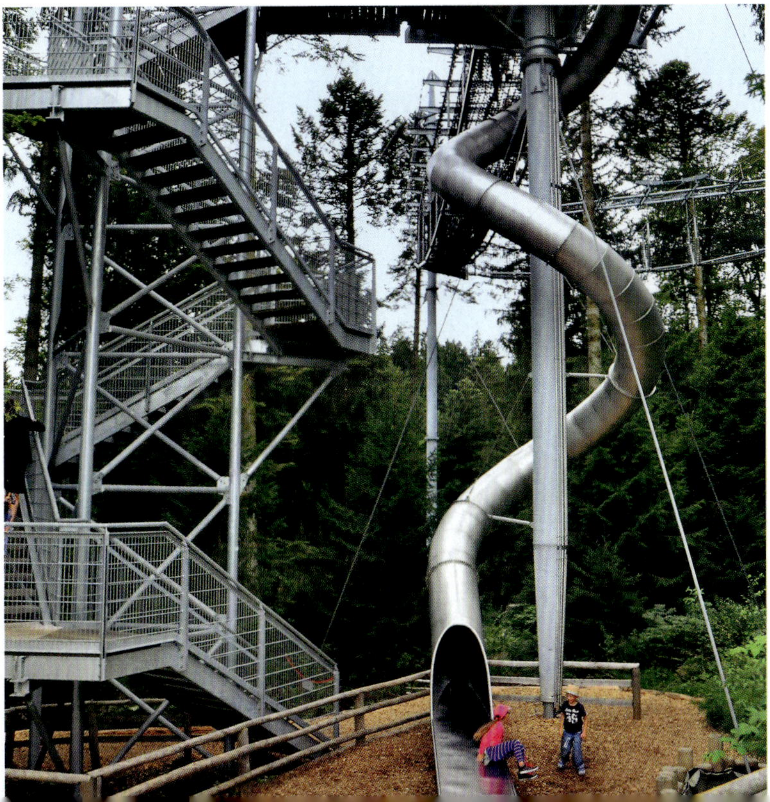

Krönender Abschluss des Baumwipfelpfades: Die Spiralrutsche

42 Aussichtsturm Schwarzer Grat

156 Stufen zur Aussicht

Mittel | 7,7 km | 350 Hm | 3 Std.

Alter
Ab 6 Jahren

Ausgangspunkt
Parkplatz vor der Rehaklinik Überruh

Anfahrt
Über die B 12 bis Kleinweiler bei Isny; nach Bolsternang und links zur Rehaklinik

Tourencharakter
Rundtour auf breiten Forstwegen

Öffnungszeiten
Ganzjährig

Kinderwagen
Nicht geeignet

Einkehr
Zeitweise ist am Aussichtsturm ein Kiosk

Informationen
isny.de

Der Schwarze Grat ist der zweithöchste Berg der Adelegg, des nördlichsten Ausläufers der Allgäuer Alpen. Auf dem Gipfel steht ein Aussichtsturm, der seit 1971 den rund hundert Jahre früher hier errichteten Aussichtspavillon ersetzt.

Wir gehen auf der Teerstraße weiter bergauf in das Klinikgelände und zweigen dann rechts auf den beschilderten Erlebnisweg zum Schwarzen Grat ab. Wir folgen nun stets dieser Beschilderung und erreichen so – nicht ohne eine Pause bei der Waldhängematte und den anderen Stationen des Erlebnisweges eingelegt zu haben – den Schwarzen Grat. Nachdem wir den Ausblick genossen haben, folgen wir der Beschilderung zur Schletter Alpe. Hier können wir auf einer Infotafel mehr über die historische Sennerei erfahren. Richtung Süden gelangen wir wieder auf eine Forststraße, die uns zurück zur Rehaklinik führt.

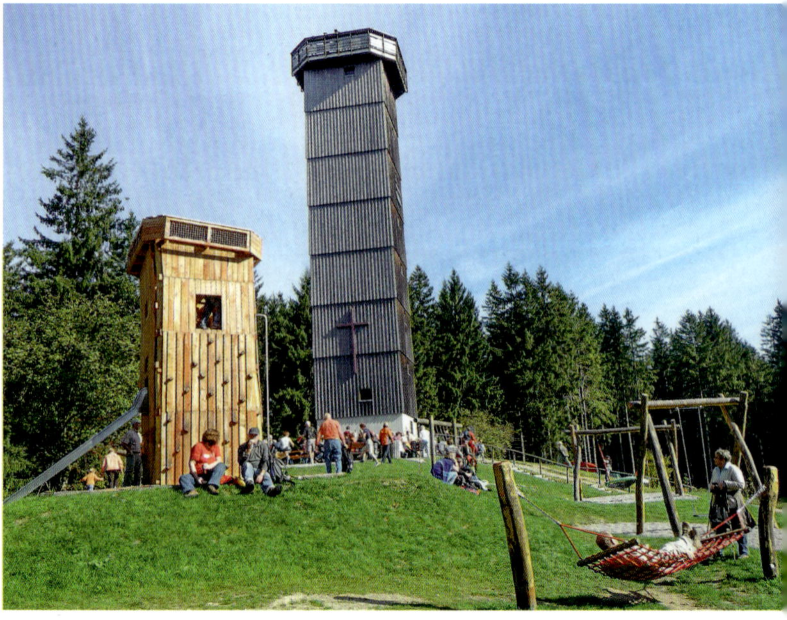

Der Aussichtsturm am Schwarzen Grat

Steinzeithöhle Tiefenbach

43

Fundort von Steinzeitwerkzeugen

Der aus Kroatien stammende Graf Vojkffy entdeckte unter den überhängenden Felsen des Jehlefelsens am Ochsenberg eine Höhle mit Steinwerkzeugen aus der Mittelsteinzeit, von denen manche heute im Heimatmuseum von Oberstdorf besichtigt werden können.

Am Ende des kleinen Parkplatzes gehen wir rechts auf den nach dem Grafen benannten Weg und erreichen nach zwei Serpentinen den Abzweig zur kleinen Höhle. Im Anschluss laufen wir weiter, an den Kletterfelsen entlang bis zu einer Gabelung. Hier gehen wir links bergauf und erreichen kurz darauf die Judenkirche, ein Felsentor mit einem Durchmesser von sechs Metern. Zurück geht es durch das Tor bis zu einer Forststraße. Links könnte man einen Abstecher zum Gasthaus Jägerberg machen, ansonsten wandern wir rechts zurück zur Fachklinik Wasach und nach Tiefenbach.

Leicht	3,2 km	170 Hm	1.10 Std.

Alter
Ab 4 Jahren

Ausgangspunkt
Parkplatz bei der Kirche in Tiefenbach

Anfahrt
Über die B 19 fast bis Oberstdorf; bei McDonald's rechts und später nicht links zur Breitachklamm, sondern rechts bergauf nach Tiefenbach; im Ort die erste Straße rechts zur Kirche

Tourencharakter
Schmaler Wanderweg

Kinderwagen
Nicht geeignet

Einkehr
In Tiefenbach

Informationen
oberstdorf.de

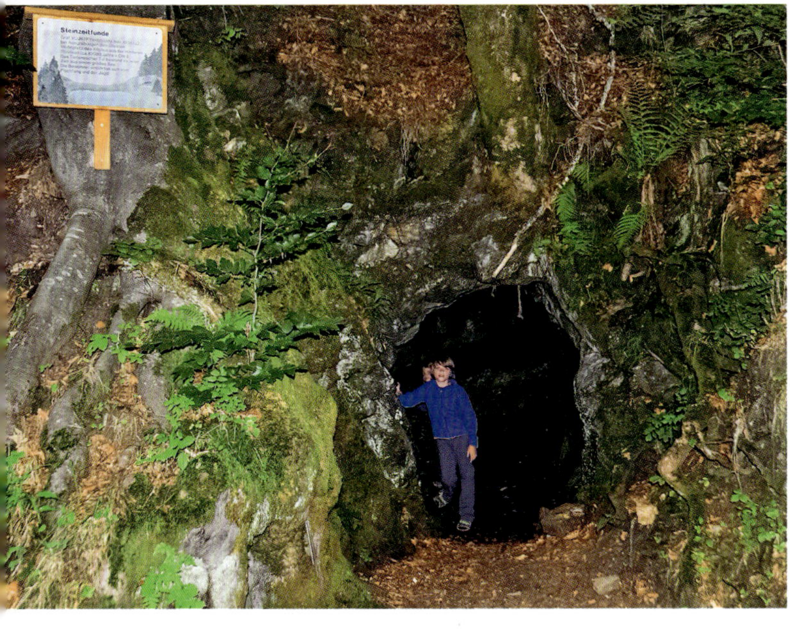

Infotafel am Start des Rundweges

44–47 Kletterwälder

44 Waldseilgarten Höllschlucht

Für Kinder ab sechs Jahren geht es mit dem Skateboard in luftiger Höhe von Baum zu Baum.

Gehzeit: 10 Min., Ausgangspunkt: Waldseilgarten-Parkplatz, Anfahrt: Über die A 7 bis Nesselwang und nach Pfronten-Kappel; am Ortsanfang rechts der Beschilderung zum Parkplatz folgen, Tourencharakter: Seit 2013 gibt es ein neues Sicherungssystem, bei dem ein Ausklinken unmöglich ist, Öffnungszeiten: Ostern bis Anfang November, Einkehr: Kleiner Kiosk im Waldseilgarten, Informationen: waldseilgarten-hoellschlucht.de

Tipp

Oberhalb des Waldseilgartens gibt es eine Steinkugelmühle mit Vorführungen. Die Termine kann man beim Waldseilgarten erfragen.

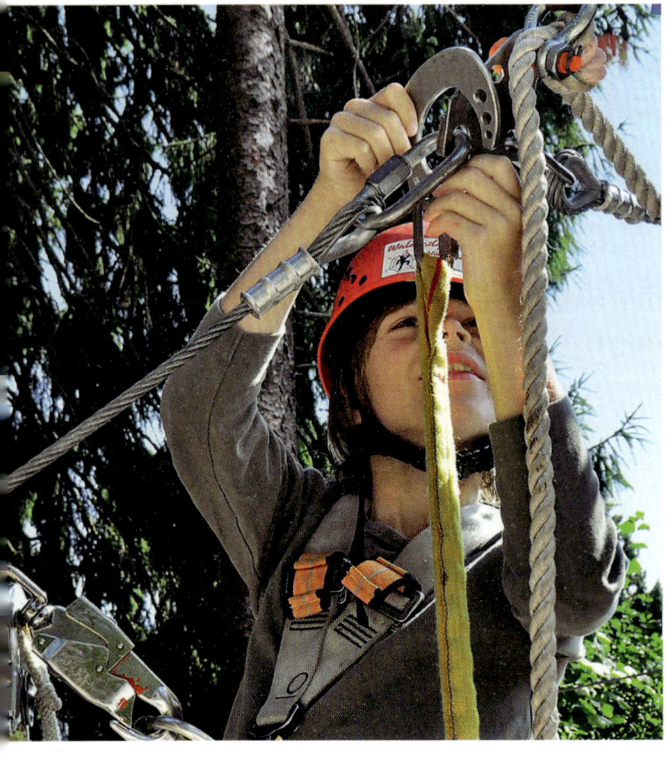

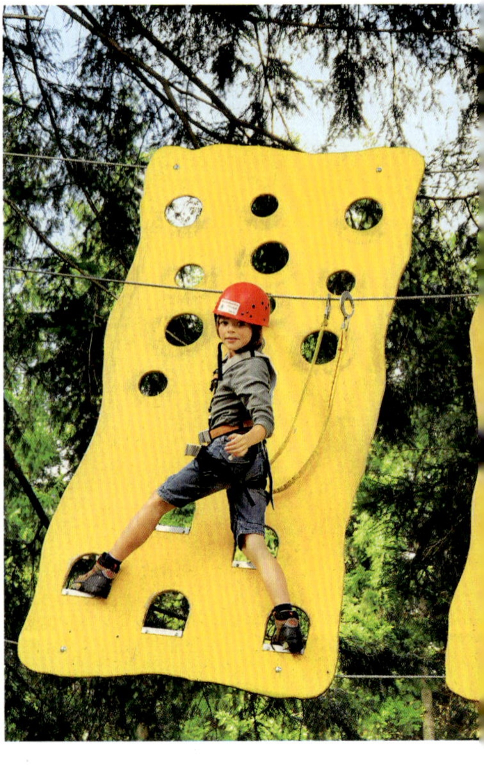

45 Kletterwald Söllereck

Der höchstgelegene Kletterwald Deutschlands gleich neben der Söllereck-Bergstation ist für Kinder ab sechs Jahren geeignet. Auffahrt mit der Bergbahn, Ausgangspunkt: Parkplatz an der Talstation, Anfahrt: Über die B 19 nach Sonthofen und weiter Richtung Oberstdorf ins Kleinwalsertal, Tourencharakter: Durchlaufendes Sicherungssystem ohne Ausklinken an Parcours 1 und 2; Smart-Belay-Sicherungssystem, Öffnungszeiten: Anfang Mai bis Anfang November, Einkehr: Berghaus am Söller, berghaus-am-soeller.de, Informationen: das-hoechste.de

Tipp

Man kann auch nur ein Ticket für die Auffahrt kaufen und zu Fuß (Tour 21) zurück zum Parkplatz gehen.

46 Carl-Hirnbein-Kletterwald Bärenfalle

Bayerns größter Hochseilgarten erwartet Kinder ab sechs Jahren. Auffahrt mit der Bergbahn, Ausgangspunkt: Parkplatz an der Talstation, Anfahrt: Über die B 308 von Immenstadt Richtung Oberstaufen und dann der Beschilderung zur Alpsee Bergwelt folgen, Tourencharakter: Smart-Belay-Sicherungssystem, Öffnungszeiten: Ende März bis Anfang November, Einkehr: Berghütte Bärenfalle, berghuette-baerenfalle.com, Informationen zu den genauen Öffnungszeiten und Preisen gibt es unter: kletterwald-baerenfalle.de

Tipp

Man sollte unbedingt einen Besuch von Deutschlands längster Sommerrodelbahn einplanen.

47 Kletterwald Grüntensee

Am Grüntensee kann man nicht nur klettern, sondern auch mit dem Boot fahren. Den See kann man auch mit einem geliehenem Kanadier-Boot erobern. Für Kinder ab sechs Jahren.
Ausgangspunkt: Kostenpflichtiger Parkplatz direkt am Kletterwald, Anfahrt: Über die A 7 bis Oy-Mittelberg und die B 309/310 nach Haslach; dort der Beschilderung zum Kletterwald folgen, Öffnungszeiten: Ende März bis Anfang November, Einkehr: Seehaus, Öffnungszeiten wie Kletterwald, seehaus-allgaeu.de, Informationen: kletterwald-gruentensee.de

Linke Seite, links: Höllschlucht: Das Sicherungssystem lässt sich nicht versehentlich aushängen.

Linke Seite, rechts: Mit Freude 10 m über dem Boden

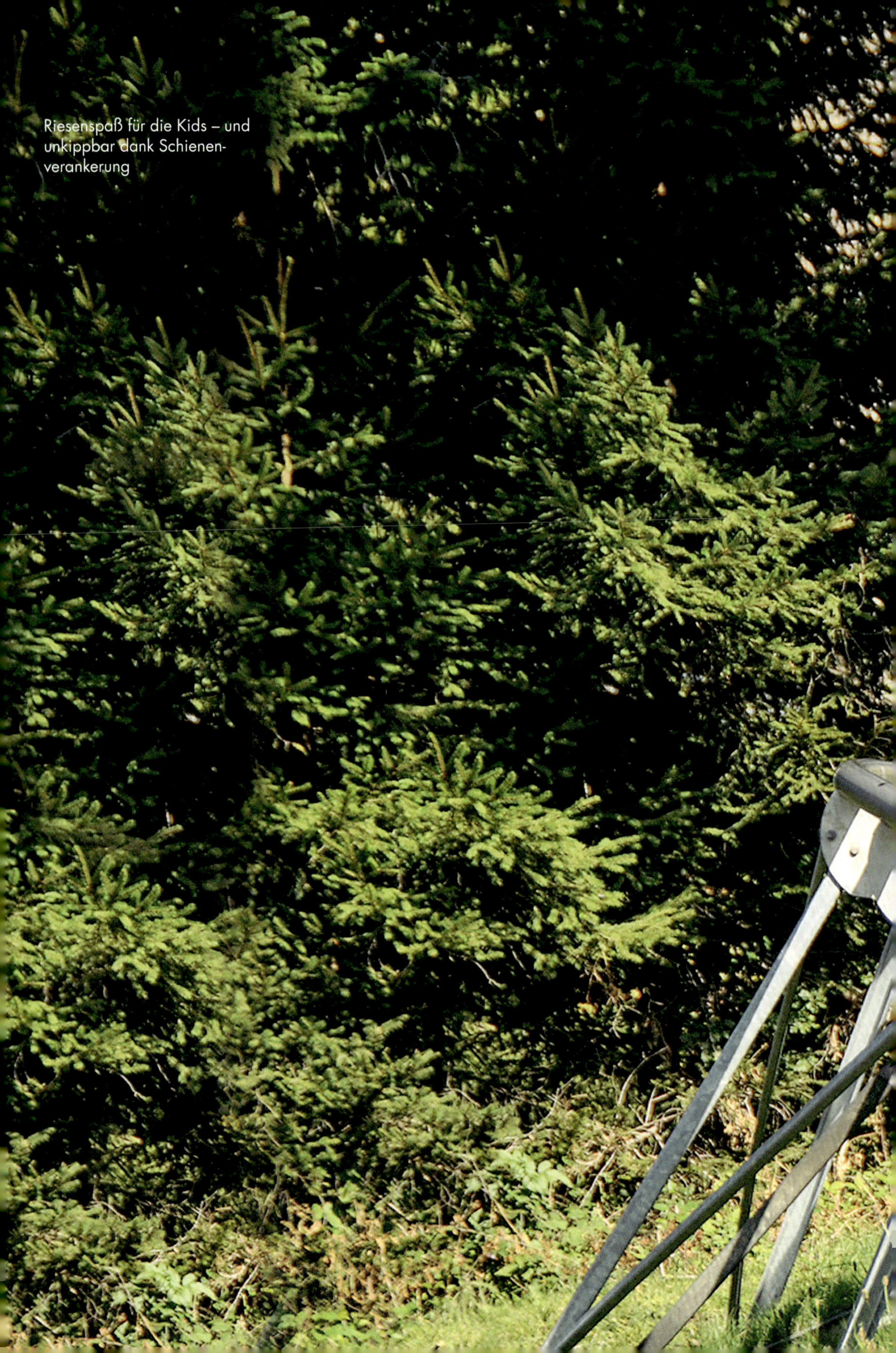

Riesenspaß für die Kids – und unkippbar dank Schienenverankerung

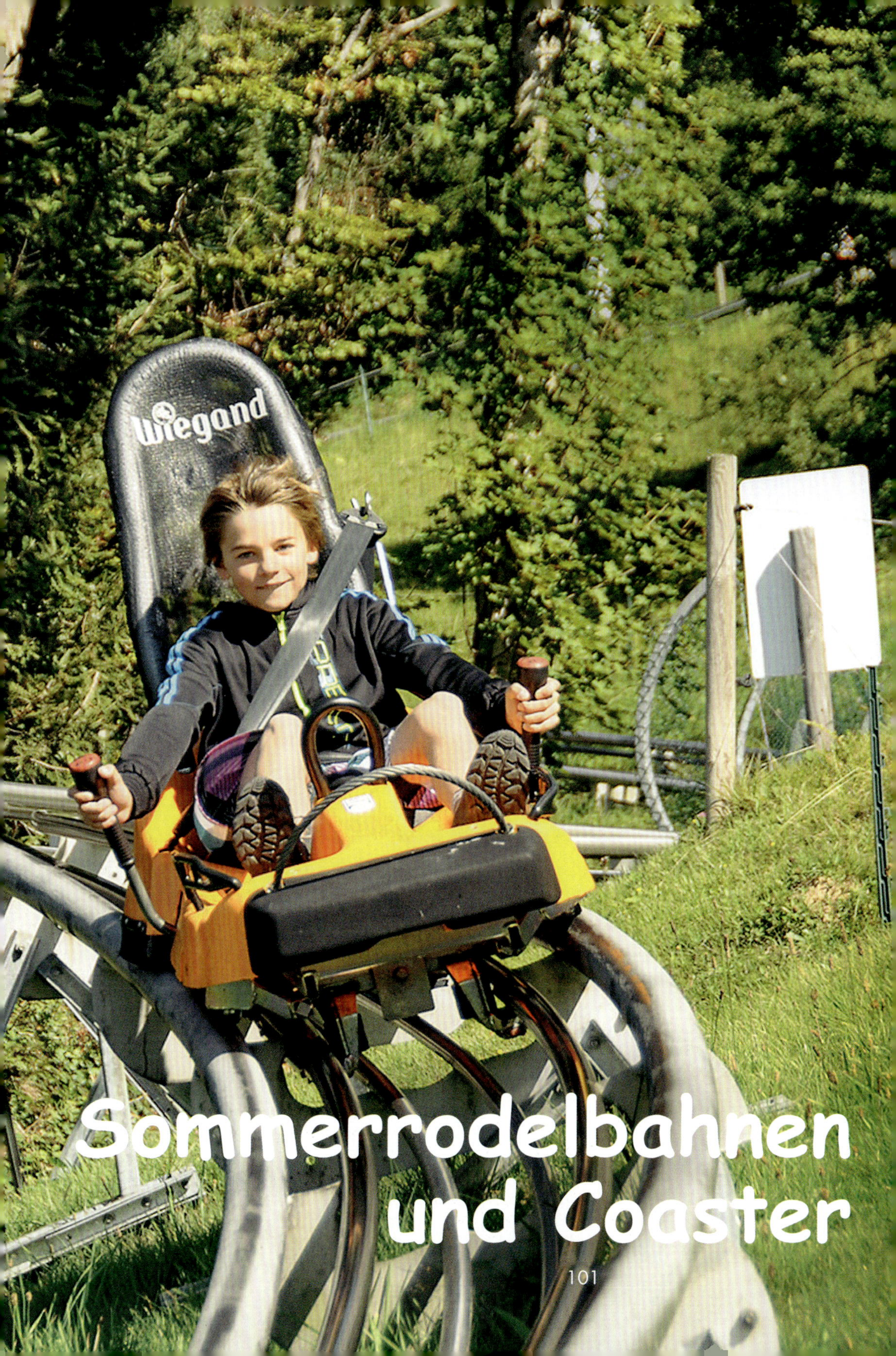

Sommerrodelbahnen und Coaster

48 Alpsee Coaster und Eckhalde

Deutschlands längste Ganzjahresrodelbahn

Mittel | 3,5 km | 330 Hm | 2 Std.

Alter
Ab 5 Jahren

Ausgangspunkt
Parkplatz an der Talstation der Alpsee Bergbahn

Anfahrt
Über die B 308 von Immenstadt Richtung Oberstaufen; bald nach Immenstadt der Beschilderung Alpsee Bergwelt folgen

Tourencharakter
Leichte Pfade und Wege

Öffnungszeiten
Ende April bis Anfang November

Kinderwagen
Nicht geeignet

Einkehr
Rodelwirt (Öffnungszeiten wie Bergbahn); Berghütte Bärenfalle, April bis Ende Oktober täglich geöffnet, sonst außer 1.12.–24.12. nur an Wochenenden; Alpe Obere Kalle, Mai bis Oktober und Weihnachten bis März geöffnet, im November nur an Wochenenden

Informationen
alpsee-bergwelt.de

Mit fast drei Kilometern Länge darf sich der Alpsee Coaster mit dem Titel »Deutschlands längste Ganzjahresrodelbahn« schmücken. Bis zu zehn Minuten dauert die Fahrt ins Tal, die schon für Kinder ab drei Jahren erlaubt ist.

Zwar wäre es die Alpsee Bergwelt wert, nur wegen des Coasters zu kommen und dann auch einfach nur mit dem Doppelsessellift zum Start hinaufzufahren, aber dann würde man die anderen Highlights verpassen. Neben dem Kletterwald an der Bergstation (Tour 45) würde man sich einen schönen Gipfel entgehen

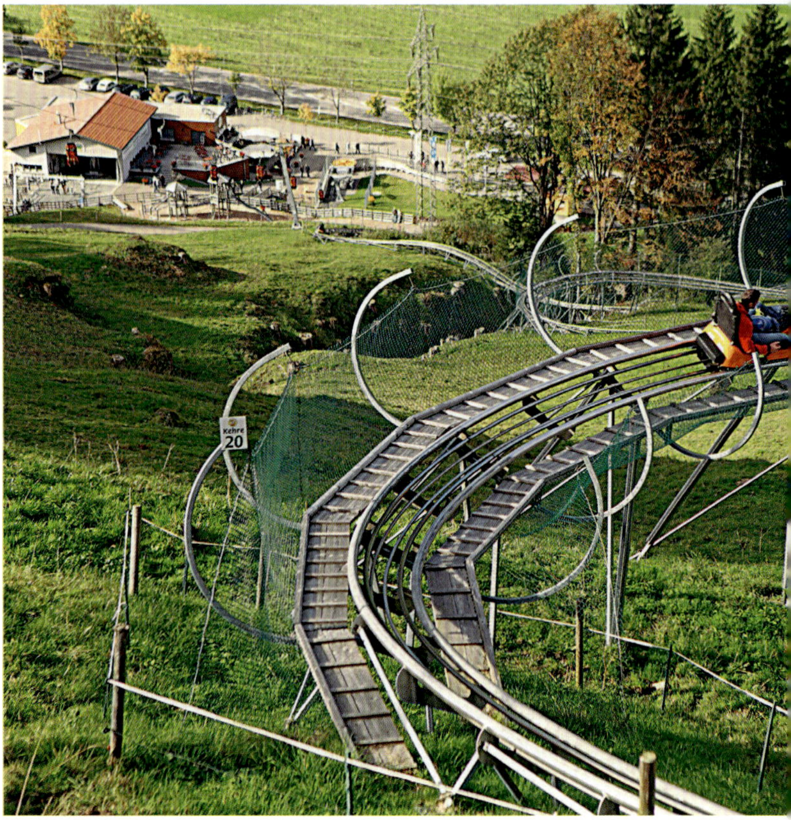

Die Rodel haben in der Alpsee-Bergwelt einen eigenen Lift.

lassen. Da der Aufstieg von der Talstation zur Bergstation nicht außerordentlich spannend ist, lohnt der Aufstieg von der Bergstation zum Eckhalde-Gipfel. Wir fahren mit der Doppelsesselbahn hinauf zum Start der Sommerrodelbahn, wo es im Sommer schon mal eine Warteschlange geben kann. Die Zeit kann man bestens auf dem Spielplatz oder der Terrasse der Berghütte Bärenfalle überbrücken. Noch viel schöner – leider ohne dass jemand den Platz in der Schlange sichert – ist der Aufstieg auf der Teerstraße zur Alpe Obere Kalle. Zum Gipfel geht es nun links auf schmalem Pfad über die Wiesen und bald auf einem breiteren Weg am Waldrand. Der Weg führt in den Wald und, nun wieder schmaler, zum Gipfel. Den fantastischen Ausblick vom Gipfel haben wir nun 99 % der Sommerrodelbahngäste voraus! Jetzt gehen wir zurück zum Start der Sommerrodelbahn und sausen mit bis zu 41 km/h ins Tal.

Tipp

Die Rodelbahn ist auch von Immenstadt aus über den Mittag und die Alpe Gund erreichbar (Tour 52).

Der Spielplatz am Start der Sommerrodelbahn

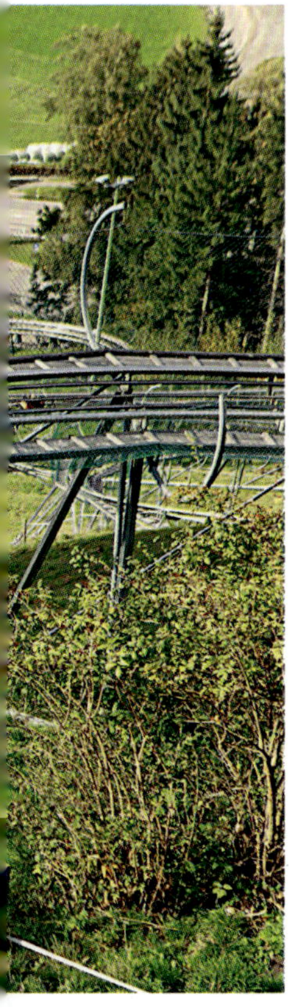

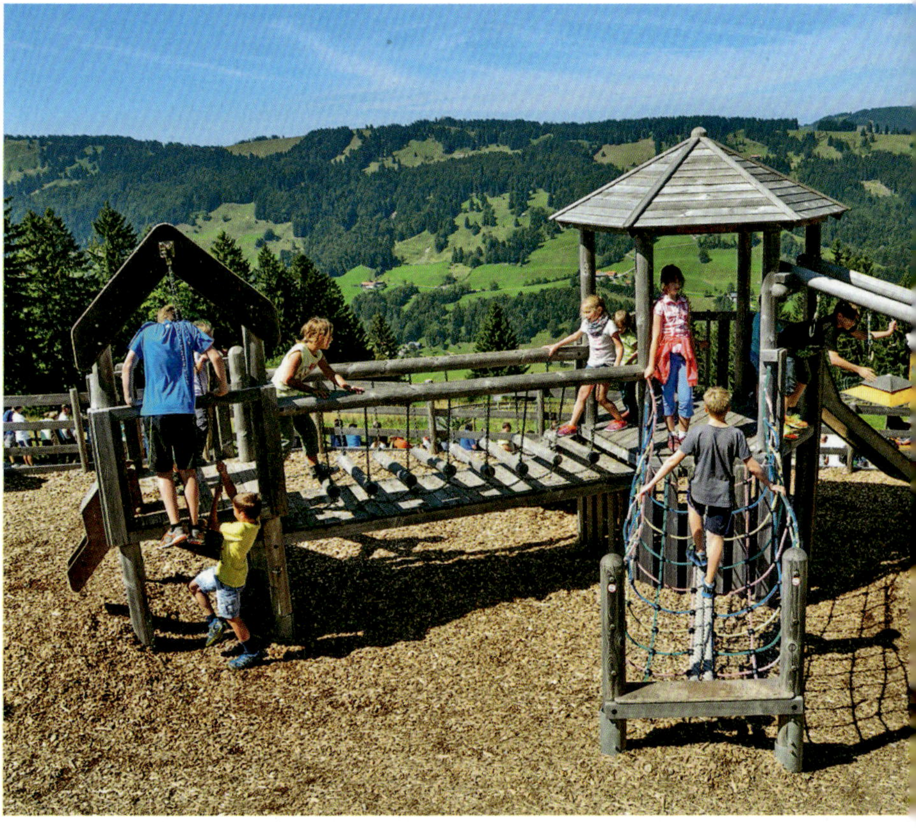

49-52 Weitere Rodelbahnen

49 Sommerrodelbahn am Hündle

Der Aufstieg ist »leider« nur mit dem Rodel möglich.
Länge: 850 m, Ausgangspunkt: Parkplatz an der Talstation Hündle Bergbahn, Anfahrt: Über die B 308 von Immenstadt nach Oberstaufen; kurz vor Oberstaufen links zur Talstation der Hündlebahn, Höhenmeter: 90 m, Tourencharakter: Ohne Gehstrecke, da Auffahrt mit dem Rodel, Kinderwagen: Nicht geeignet, Einkehr: An der Talstation der Hündle-Bergbahn, Informationen: huendle.de

50 Alpspitz-Sommerrodelbahn

Der Aufstieg erfolgt wahlweise mit dem Sessellift oder zu Fuß.
Länge: 1000 m, Gehzeit: 45 Min., Ausgangspunkt: Parkplatz an der Talstation der Alpspitz-Bergbahn, Anfahrt: Über die B 309

Klassische Wannen-Sommerrodelbahn in Nesselwang

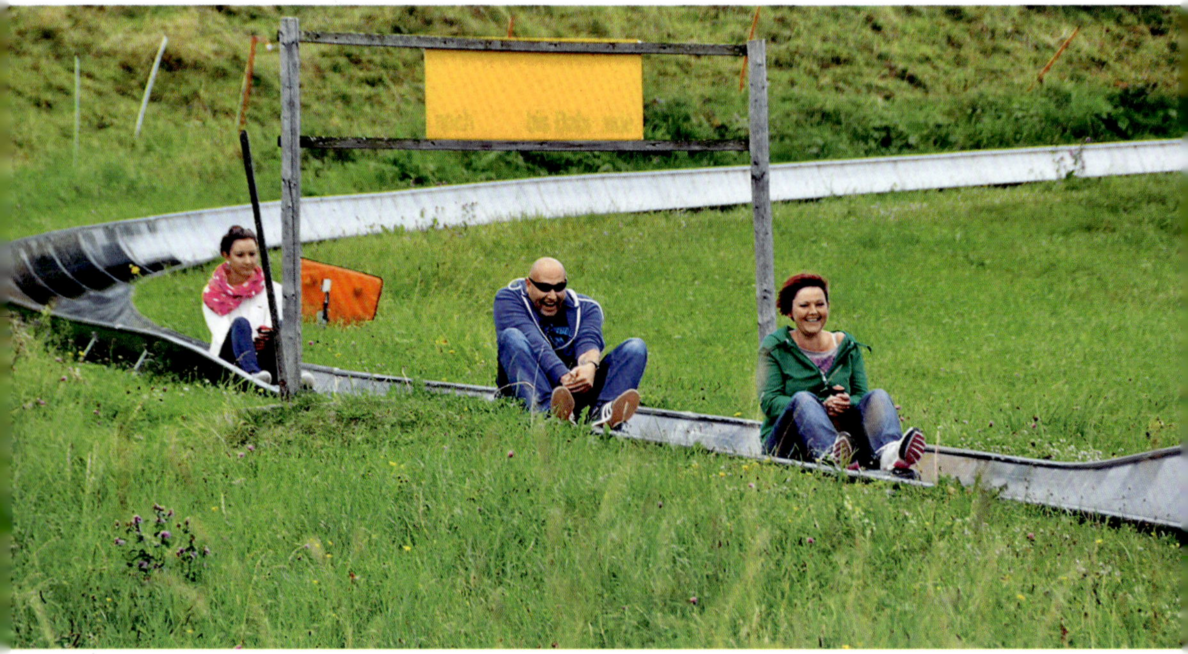

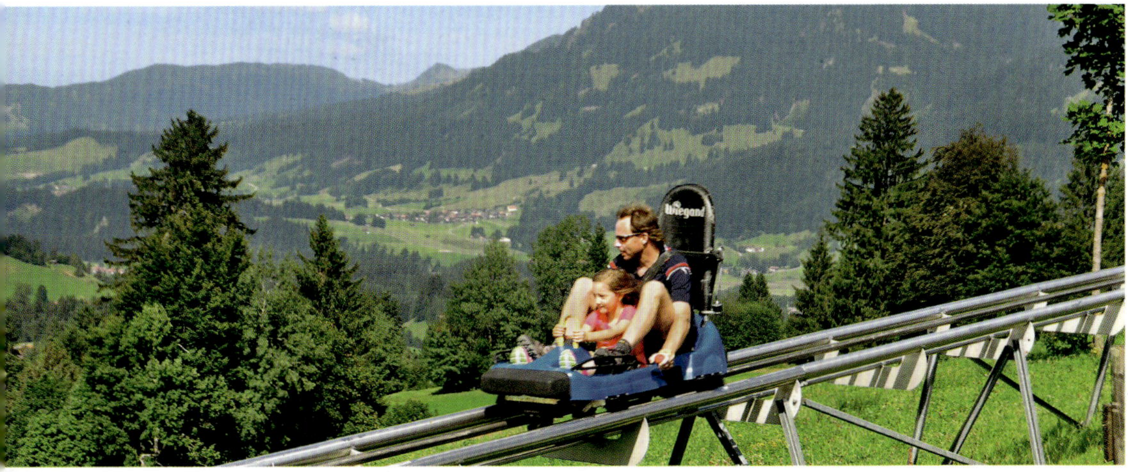

Ausblick von der Sommerrodelbahn Söllereck Rodel

bis Nesselwang und in der Ortsmitte der Beschilderung zur Alpspitzbahn folgen, Höhenmeter: 140 m, Tourencharakter: Leichter Aufstieg direkt neben der Rodelbahn oder über den Wasserfall (Tour 10), Kinderwagen: Geeignet (nicht am Wasserfall), Einkehr: Liftstüble im Tal; Kronenhütte, 10 Minuten von der Bergstation, Montag und Dienstag Ruhetag, kronenhuette.de, Informationen: alpspitzbahn.de

51 Sommerrodelbahn Söllereck

Vom Parkplatz geht man bis zur Talstation, die gleichzeitig auch Bergstation ist.
Länge: 850 m, Gehzeit: 5 Min., Ausgangspunkt: Parkplatz der Söllereck-Bergbahn, Anfahrt: Über die B 19 fast bis Oberstdorf; nach dem McDonald's rechts der Beschilderung folgen, Höhenmeter: 20 m, Tourencharakter: Nur fünf Minuten zum Start der Sommerrodelbahn, Kinderwagen: Geeignet, Einkehr: Alpengasthof Heimspitze, Informationen: das-hoechste.de

52 Sommerrodelbahn am Tegelberg

Hier ist kein Aufstieg erforderlich.
Länge: 760 m, Ausgangspunkt: Parkplatz der Tegelbergbahn, Anfahrt: Über die B 17 nach Schwangau und der Beschilderung zur Tegelbergbahn folgen, Tourencharakter: Ohne Gehstrecke, da Auffahrt mit dem Rodel, Kinderwagen: Nicht geeignet, Einkehr: Imbiss an der Talstation, Informationen: tegelbergbahn.de

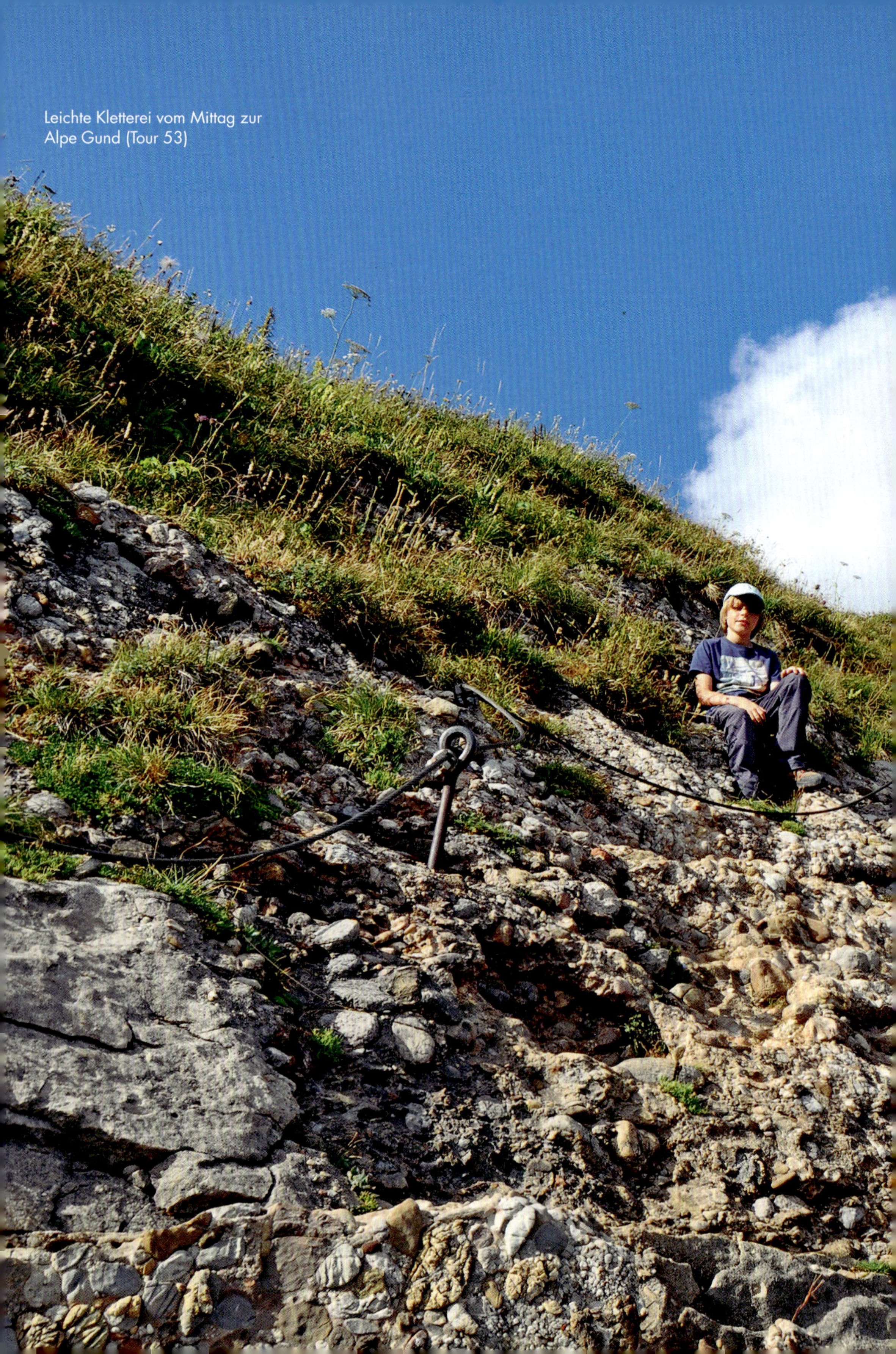

Leichte Kletterei vom Mittag zur Alpe Gund (Tour 53)

Almen, Tiere und Gipfel

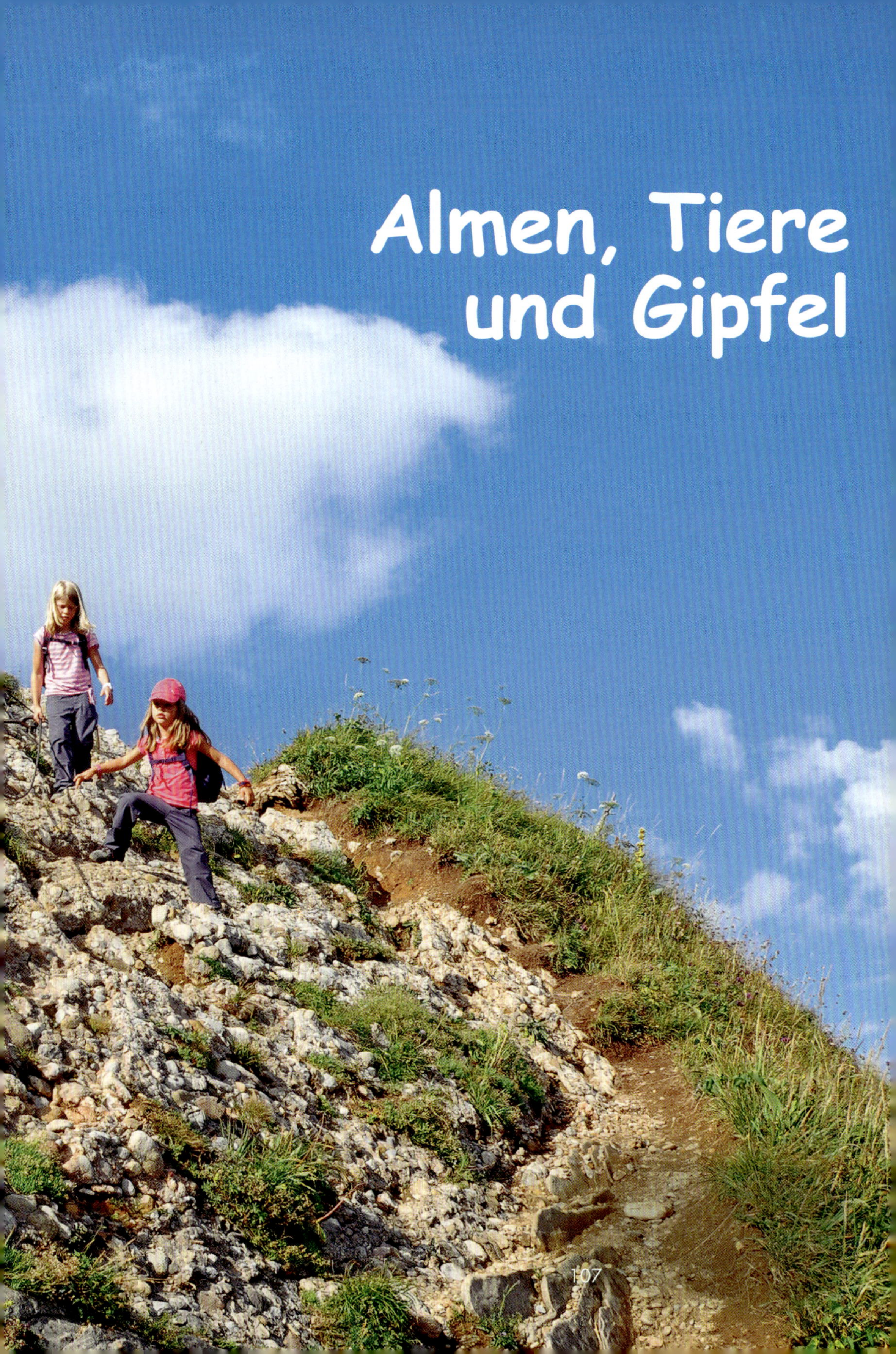

53 Nagelfluhkette zur Alpe Gund

Übernachtung im Kuhstall auf der Alpe Gund

Schwer | 16 km | 800 Hm | 5.50 Std.

Alter
Ab 8 Jahren

Ausgangspunkt
Parkplatz an der Talstation der Mittagbahn

Anfahrt
Über die B 19 nach Immenstadt und im Ort der Beschilderung zur Mittagbahn folgen

Tourencharakter
Längere und teilweise mit Drahtseilen gesicherte Rundtour. 17 Meter lange Leiter auf den Steineberg (Umgehung der Leiter möglich)

Kinderwagen
Nicht geeignet

Einkehr
Mittelstation Mittag-Bergbahn; Alpe Gund; Alpe Mittelberg

Informationen
alpe-gund-huette-immenstadt-allgaeu.de

Die Alpe Gund ist eine typische Allgäuer Alpe, die für 31 Personen über der Stube Lager und Zimmer zur Übernachtung bietet. Haben sich mehr Personen angekündigt, so gibt es noch ein paar Notlager im Kuhstall für eine urige Nachtruhe.

Da für den ersten Tag ohnehin noch ein paar Höhenmeter anstehen, lösen wir an der Talstation der Mittagbahn ein Bergticket, sozusagen ohne Wiederkehr, also ohne Talfahrt, und fahren mit dem Doppelsessellift auf zur Mittelstation. Hier sollte man etwas mehr Zeit einplanen – nicht nur wegen der möglichen Einkehr in der kleinen Hütte, sondern vielmehr wegen dem netten Spielplatz nebenan, für den aus alten Einersesseln allerlei Spielgeräte

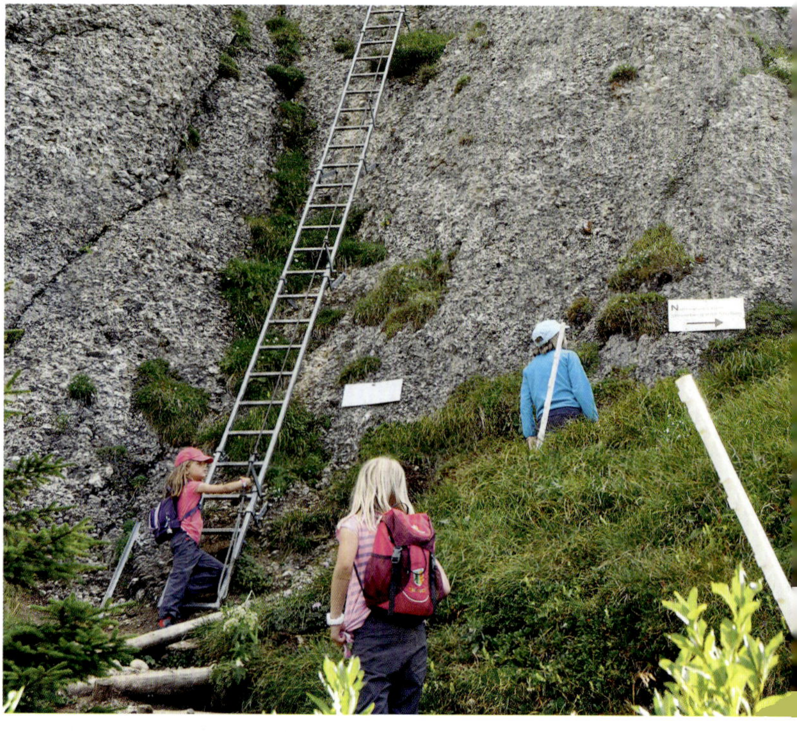

Die Leiter auf den Steineberg-Gipfel

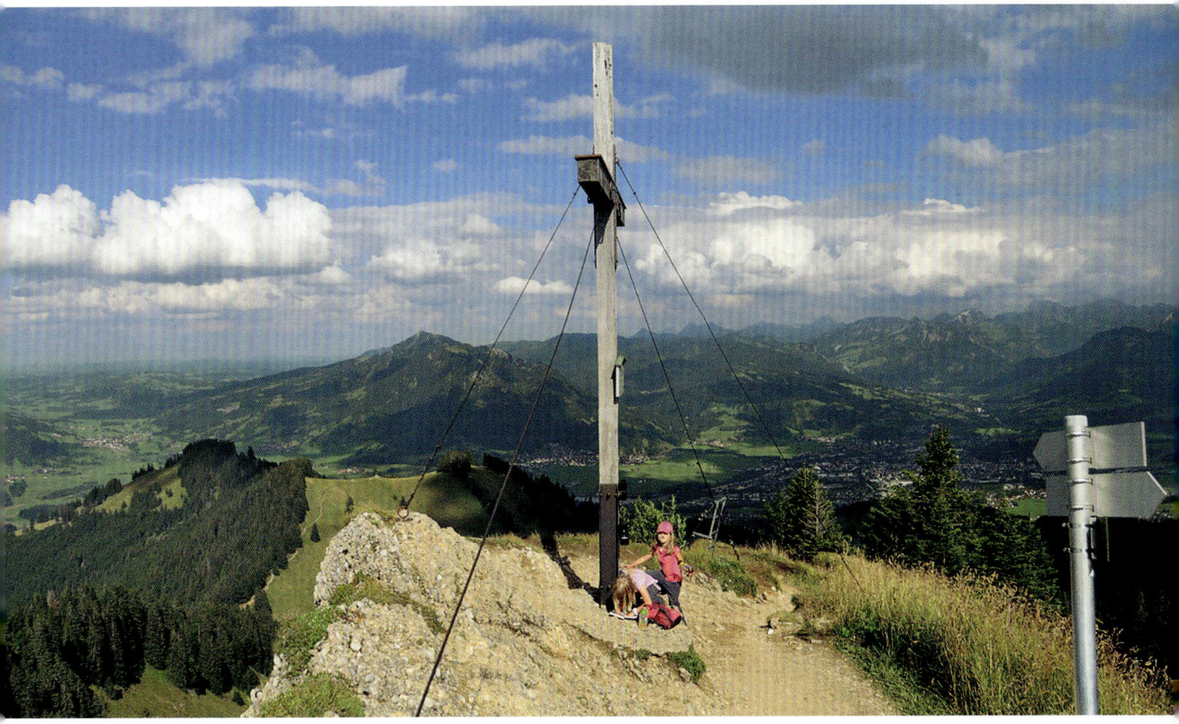

Panoramablick vom Steineberg-Gipfel

zusammengeschweißt wurden. Auch eine Kleinkabinen-Drehwurm-Gondel darf hier nicht fehlen.
Ist die zweite Sektion der Mittagbahn geschafft, befinden wir uns schon auf über 1400 Meter und können den Blick zum Grünten und in das Oberallgäuer Tal schweifen lassen. Nach einer weiteren Spielpause und mehreren Versuchen die Nagelfluhwand zu erklettern starten wir endlich unsere Tour. Es geht zunächst auf dem breiten Wanderweg zum Kreuz am Bärenköpfle, der mit seinen Felsen inmitten der Wiesen garantiert ungefährlich zu den ersten kleinen Kraxeleien einlädt.
Weiter geht es geradeaus und kurz darauf in den Wald. Der Weg führt uns hinauf zu einem Höhepunkt der Tour, der Leiter auf den Steineberg. Wer die lange Leiter lieber nicht besteigen will, kann diese Passage auf der rechten Seite umgehen. Mutige steigen über die Leiter zum Gipfel auf – bei jüngeren Kindern hilft es, wenn die Eltern unmittelbar hinter ihnen aufsteigen. Am Gipfelkreuz ist die Aussicht zumindest bei schönem Wetter wunderbar, nur auf die im Nordwesten steil abfallende Nagelfluhkette sollten

Tipp

Wer etwas mehr Zeit einplant, kann an der Mittelstation ausgiebig den Spielplatz nutzen.

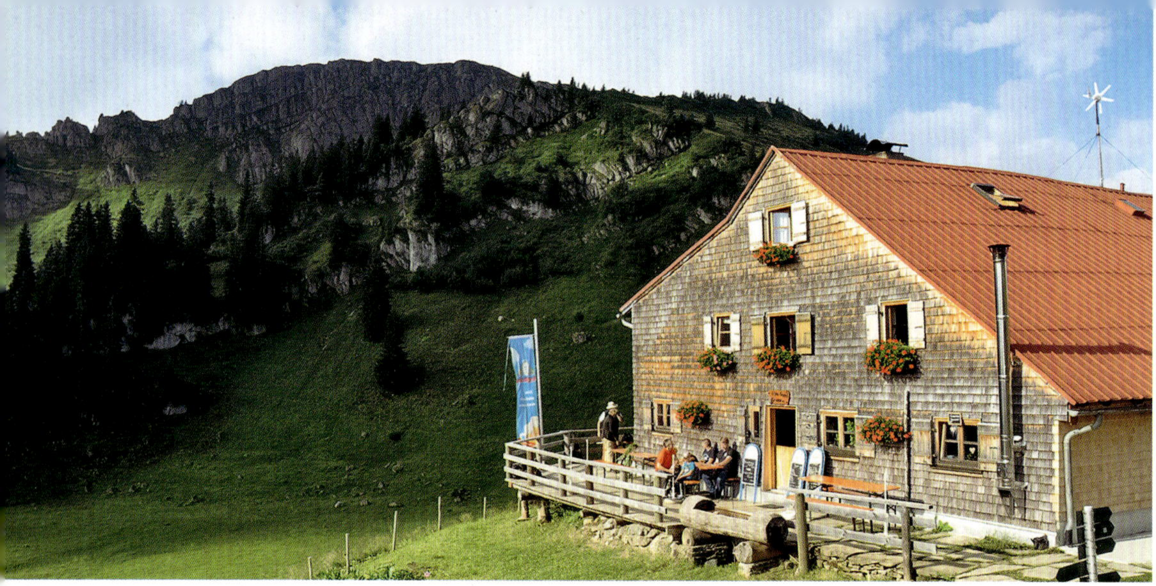

Die Alpe Gund unterhalb des Stuiben

die Kinder eindringlich hingewiesen werden, um ein zu nahes Herantreten an die Kante zu verhindern. Die Höhenmeter für den ersten Tag sind größtenteils geschafft und wir gehen weiter auf dem eigentlich leichten Gratwanderweg, der zwischendurch auch mit Drahtseilen gesichert ist. Nach rund 30 Minuten erreichen wir den Wegweiser, der uns nach rechts zur Alpe Gund führt. Wir steigen rechts zu den Wiesen hinab und erreichen die bereits seit Längerem sichtbare Alpe für unser Nachtlager.

Da am nächsten Tag keine weiteren Höhenmeter anstehen, können wir noch eine Bonusrunde über den Stuiben einlegen. Dazu gehen wir an der Alpe vorbei und links über die breite Schotterstraße bergauf stets der Beschilderung folgend zum Gipfel. Im Anschluss geht es wieder zurück zum Wegweiser, den wir schon vom ersten Tag kennen, und zurück zur Alpe Gund. Um wieder nach Immenstadt zurückzukehren, laufen wir zunächst auf der breiten Schotterstraße hinter der Alpe nach rechts und dann über den Wiesenweg Richtung Alpe Mittelberg. Nach einer möglichen Rast geht es über die Wiesen weiter Richtung Naturfreundehaus und dann auf die Teerstraße nach rechts ins Steigbachtal. Über die unspannende Teerstraße erreichen wir den Talboden und gehen bald rechts über die Bachbrücke, um kurz darauf nach links zur Alpe Hochried zu gelangen. Nach einem letzten Schluck Vanille-Milch geht es über den kleinen Steig zurück zum Parkplatz.

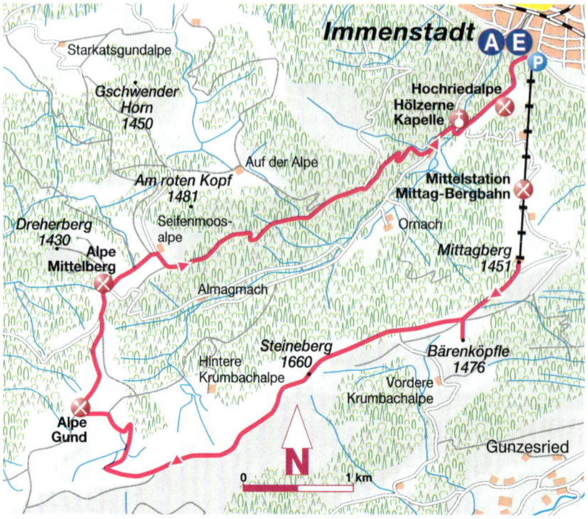

Siedelalpe

Rundtour über dem großen Alpsee

54

Die auf etwa 1000 Meter gelegene Siedelalpe wartet nicht nur mit einer leckeren Brotzeit, sondern auch mit einem kleinen Spielplatz samt Hasenstall auf Gäste und Familien. An sonnigen Tagen bietet sie einen Traumblick über Alpsee, Immenstadt und Grünten.

Wir starten unsere Tour zwischen den zwei Parkplätzen am Strandbad Hauser. Nach dem Wiesenparkplatz direkt gegenüber dem Strandbad führt links ein Kiespfad über die Wiesen durch einen kleinen Waldsaum zum Örtchen Zaumberg. Dieser Weg

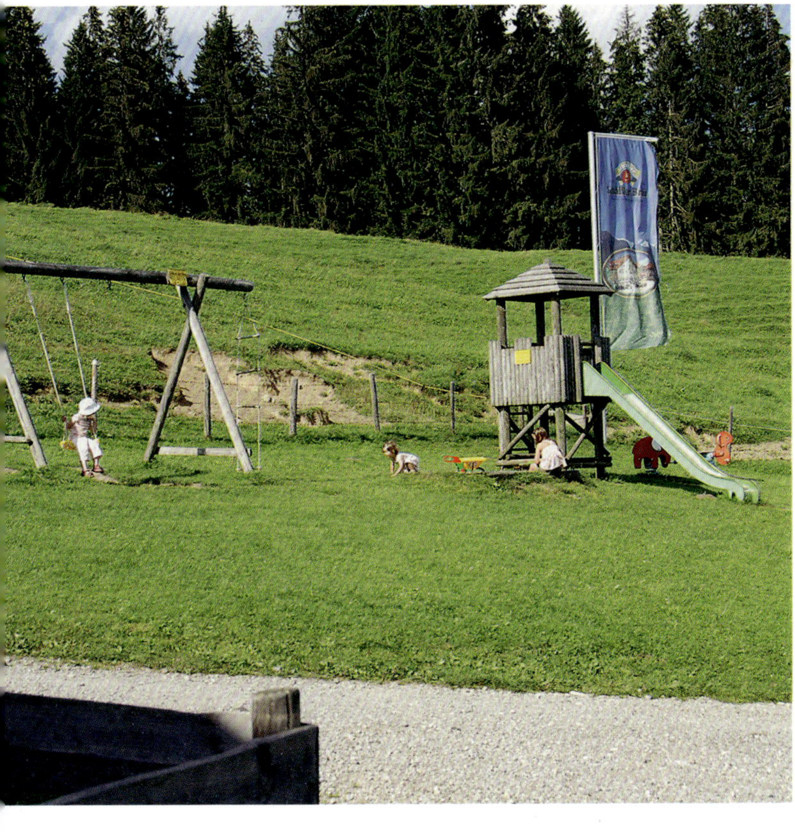

Spielplatz bei der Siedelalpe

Leicht	7,3 km	350 Hm	2.35 Std.

Alter
Ab 7 Jahren

Ausgangspunkt
Immenstadt, Parkplatz beim Hauser-Strandbad im Nordosten des großen Alpsees

Anfahrt
Über die B 19 bis Immenstadt und weiter Richtung Isny; vor dem großen Alpsee nach Bühl und weiter zum Strandbad Hauser

Tourencharakter
Leichte Wanderung mit einem leicht anstrengenden Anstieg gleich zu Beginn der Tour; nach der Siedelalpe über Wiesenweg bergab zur Teerstraße

Kinderwagen
Geeignet (aber unwegsam)

Einkehr
Siedelalpe, Mittwoch und Donnerstag Ruhetag, Anfang Mai bis Mitte Oktober geöffnet; Alpe Schönesreut, Anfang Mai bis Mitte Oktober geöffnet, vor Mitte Juli und nach Mitte September Dienstag Ruhetag

Informationen
immenstadt.de

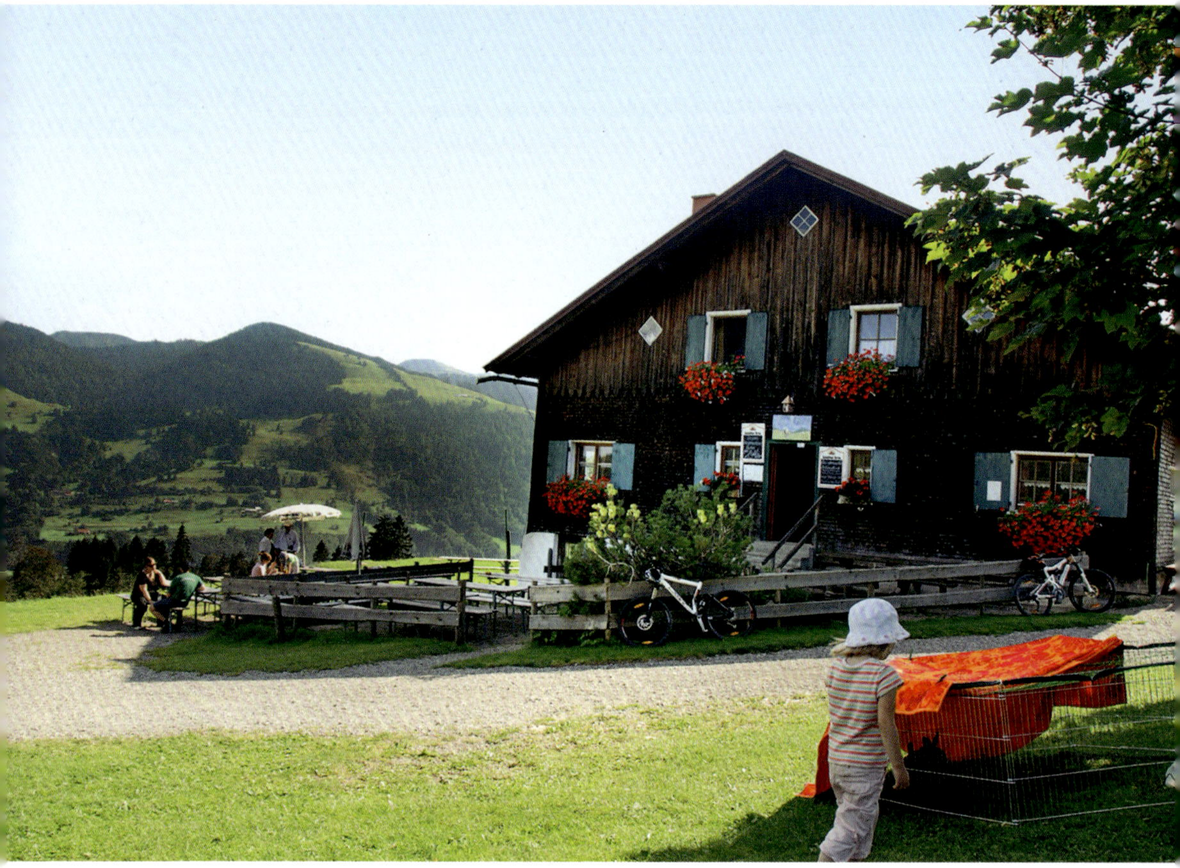

Kaninchen im Freilichtstall auf der Siedelalpe

bzw. das Gatter im Wald ist nur bedingt für Kinderwagen zu empfehlen (aber machbar). Nach dem Wäldchen erreichen wir eine Teerstraße und folgen dieser geradeaus weiter, bis uns ein Schild nach links Richtung Siedelalpe leitet. Wir folgen kurz darauf der Rechtskurve und erreichen so eine breite Schotterstraße, die uns angenehm schattig und nur sanft ansteigend in etwa 45 Minuten zu den Weideflächen der Siedelalpe führt. Die Alpe vor Augen und den Spielplatz im Blick sind die letzten Meter (bzw. das Gatter mit dem Kinderwagen) schnell geschafft. Wer Lust hat, geht noch bis zum Gipfel, der in etwa 15 Minuten schnell und leicht zu erreichen ist und eine belohnende Aussicht verspricht.

Tipp

Im Strandbad Hauser kann man ein Tretboot ausleihen und in den Alpsee springen.

Nach der Rast folgen wir links unterhalb der Hütte der Beschilderung Richtung Alpe Schönesreut. Es geht nach links bergab zum Wald und durch ein Gatter (der Kinderwagen muss aber-

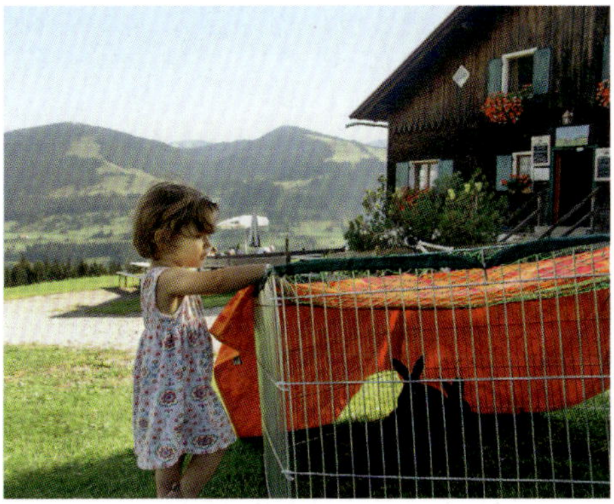

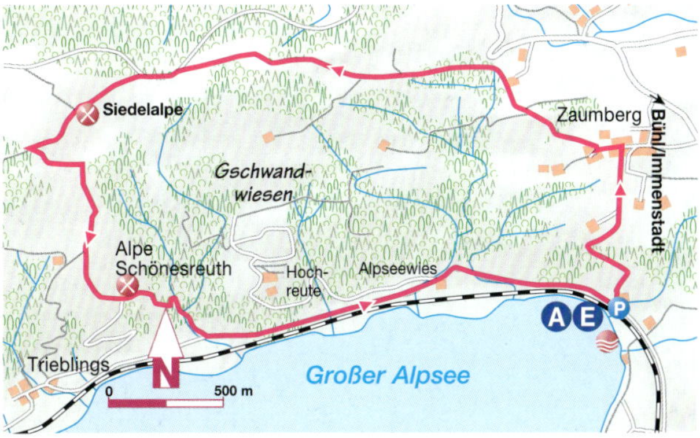

mals gehoben werden) zu einem netten Wiesenweg. Beim nächsten Wäldchen gehen wir nach rechts und stets weiter bergab, wo wir bald die Alpe Schönesreut erreichen. Unterhalb der Alpe leitet uns ein Wegweiser Richtung Bühl über die Wiese zum Waldrand, wo wir nach einem Gatter einem nun endlich wieder deutlich erkennbaren Pfad bergab schreiten. Wir überwinden noch das kleine Bächlein und erreichen kurz darauf die für den Verkehr gesperrte Teerstraße am nördlichen Alpseeufer. Bald können wir auf den Fußweg auf der anderen Seite der Bahngleise wechseln und erreichen so wieder das Strandbad Hauser. Eine Unterführung bringt uns zurück zum Parkplatz.

Löwenzahn-Fütterung der lebenden Kuscheltiere

Blick über den großen Alpsee zum Mittag

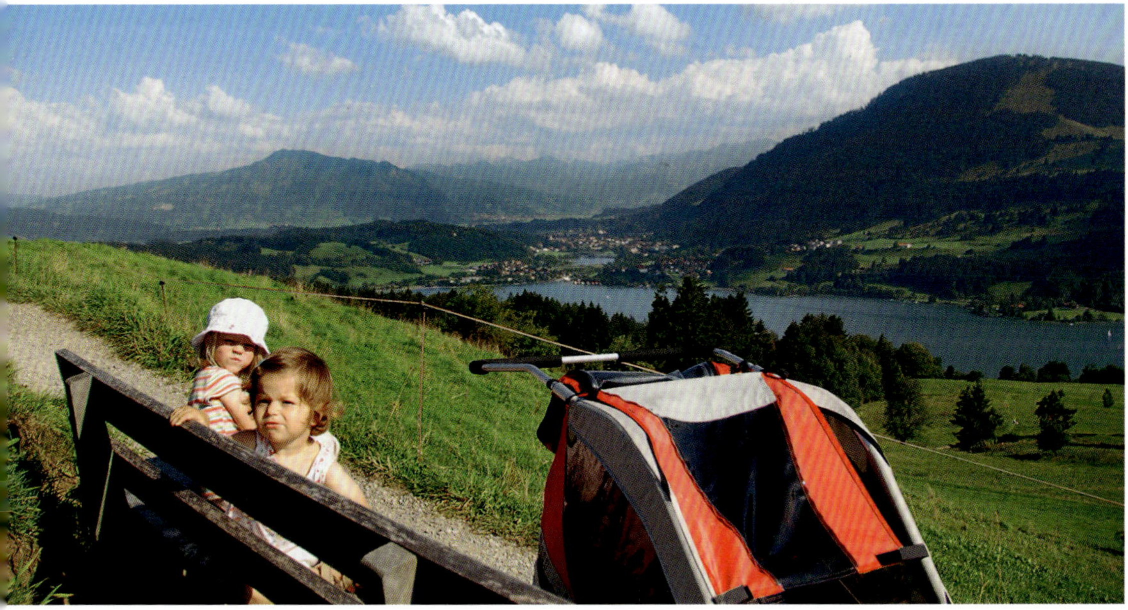

55 Ofterschwanger Horn mit Fahnengehrenalpe

Die sanfte Gipfelumrundung und -besteigung

Mittel | 3 km | 110 Hm | 1.10 Std.

Alter
Ab 5 Jahren

Ausgangspunkt
Parkplatz beim Weltcup-Express

Anfahrt
Über die B 19 bis Sonthofen-Süd und weiter über Sigishofen nach Ofterschwang

Tourencharakter
Leichte Tour auf breiter Schotterstraße; Gipfelauf- und abstieg auf leichtem Grasweg

Kinderwagen
Geeignet (ohne Gipfel)

Einkehr
Fahnengehrenalpe, im Sommer bewirtschaftet, Montag, Dienstag und Mittwoch Ruhetag

Informationen
ofterschwang.de

Das Ofterschwanger Horn, der nördlichste Gipfel der Hörnergruppe, bietet einen traumhaften Rundumblick auf die gegenüberliegende Daumengruppe sowie die im Süden gelegene Trettachspitze und Mädelegabel.

Nicht allzu oft ist ein Gipfel das Ziel bei den Wanderungen mit den Kleinsten. Mithilfe des Weltcup-Express, einem Vierersessellift, gelangen wir – etwas schwermütig angesichts der nicht zu Fuß erwanderten Höhenmeter und des stolzen Fahrpreises (Kinder unter 6 Jahren sind frei) – zum Panoramaweg um das Ofterschwanger Horn. Hat man die Bergstation erreicht, geht es nach links Richtung Ofterschwanger Horn und Fahnengehrenalpe. Wir bleiben auf dem breiten Wirtschaftsweg und zweigen nicht rechts ab. Die wenigen verbliebenen Höhenmeter dieses Weges sind erklommen, ein einzelnes freistehendes Almgebäude ist passiert und schon erreichen wir nach etwa 20 Minuten die Ab-

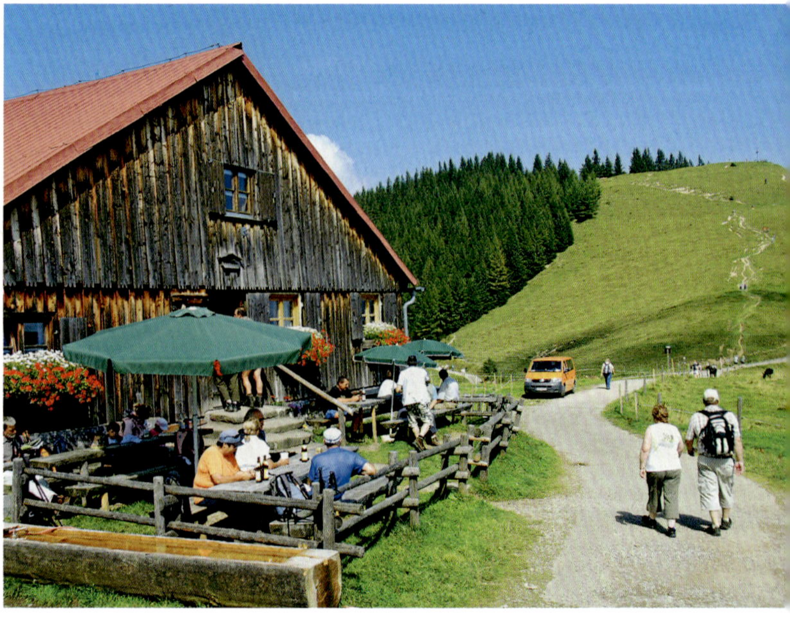

Die Fahnengehrenalpe unterhalb des Ofterschwanger Horns

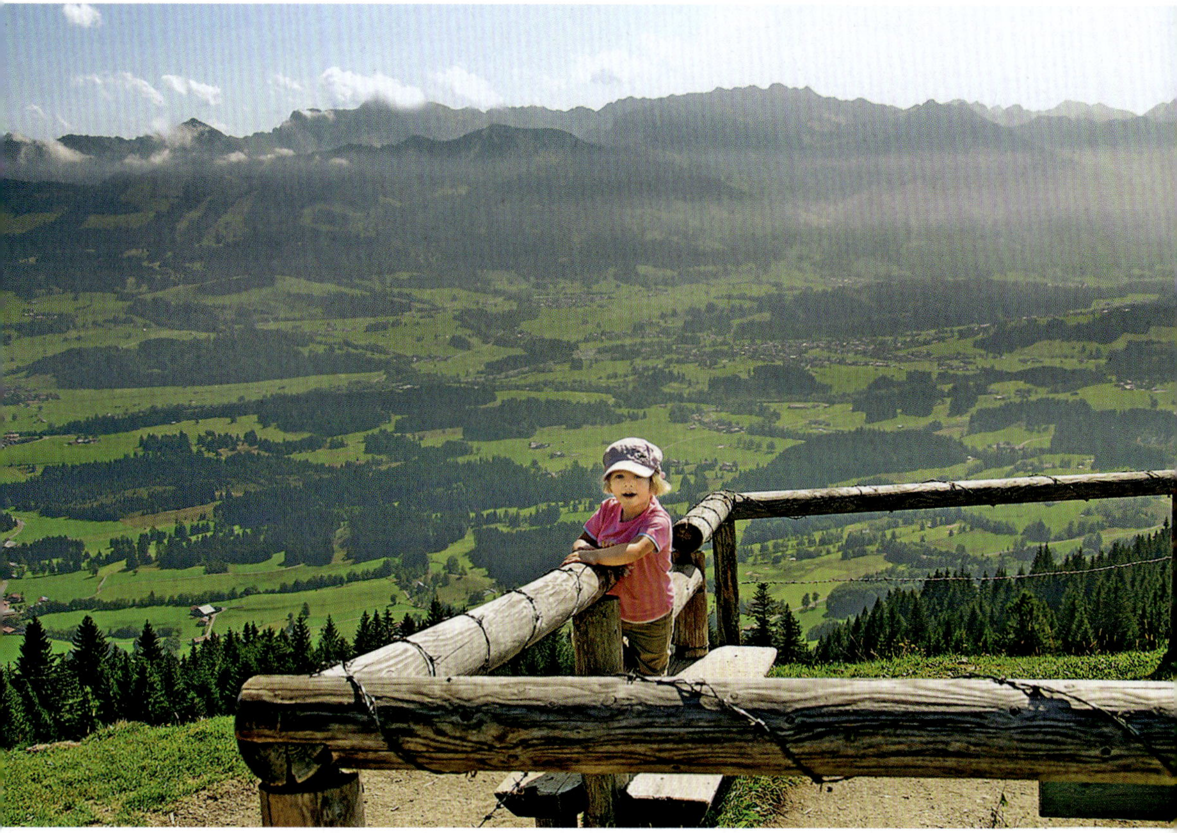

Am Gipfel des Ofterschwanger Horns

zweigung zum Gipfel. Mit Kinderwagen bleibt einem die Besteigung verwehrt, sind alle Kinder diesem bereits entwachsen, geht es zwar steil, aber in kurzen fünf Minuten über den Grashang hinauf zum Gipfel. Nach der kurzen Rast am Gipfel geht es links zur bereits in der Senke sichtbaren Fahnengehrenalpe. Hat man den Schotterweg erreicht, sind es nur noch wenige Meter geradeaus weiter bis zur kleinen Alm, auf der einfache Speisen und Getränke serviert werden. Die Tiere (Kühe, Esel, Ziegen, Hasen) rund um die Alpe sowie der wie immer Kleider nässende Brunnen sorgen für angenehme Kinderkurzweil. Nach der Rast geht es auf der Schotterstraße zurück zum Wiesenweglein, der uns vom Gipfel herabgeführt hat. Hier gehen wir nun links, um die

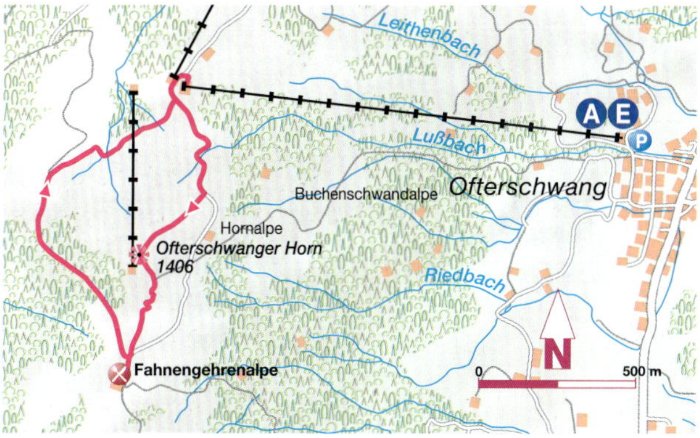

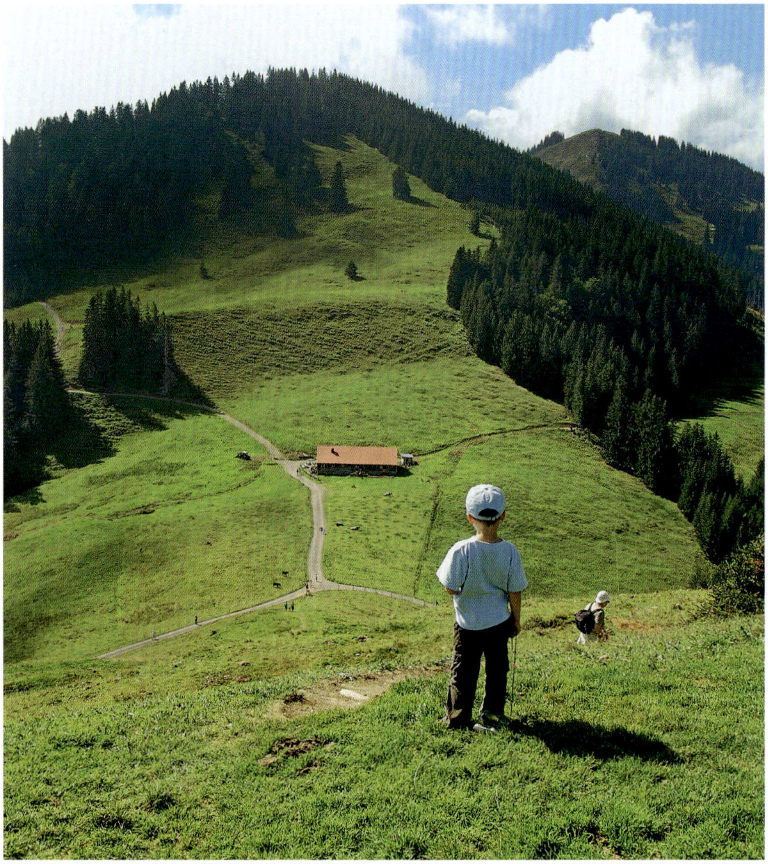

Hungriger Blick vom Gipfel zur Alpe

Umrundung des Ofterschwanger Horns zu vollenden. Schon kurz nach dem bald erreichten Waldstück kann man auch hier wieder den Blick über das Gunzesrieder Tal zu Stuiben und Hochgrat schweifen lassen. Nach einem weiteren Waldstück und der Durchquerung der Weiden erreichen wir durch ein Gatter wieder den vom Beginn der Tour bekannten Schotterweg, welchem wir nun nach rechts zur bereits sichtbaren Bergstation des Sesselliftes folgen.

Alternative für ausdauernde Kinderbeine Sind die Kinderbeine schon längere Strecken gewohnt, bietet sich ab der Fahnengehrenalpe der etwa eineinhalb bis zweistündige Weiterweg vorbei an Sigiswanger Horn (1527 m) und Rangiswanger Horn (1616 m) zur Bergstation der Bolsterlanger Hörnerbahn (Kleinkabinenbahn) an. Nach der Talfahrt geht es von Bolsterlang mit dem Bus zurück nach Ofterschwang.

Gemsteltal

Die Drei-Alpen-Runde

56

Bei der Tour durch das Gemsteltal kommt die ganze Familie auf ihre Kosten. Die Kleinsten werden im Kinderwagen geschoben und die Größeren vergnügen sich am Spielplatz bei der Hinteren Gemstelalpe oder am Gemstelbach.

Vom kostenpflichtigen Parkplatz am Ortsausgang von Mittelberg folgen wir dem Weg mit der Beschilderung Richtung Gemsteltal zunächst etwa zehn Höhenmeter bergab zum Uferweg an der Breitach. Hier gehen wir nach links und stoßen auf den Wirtschaftsweg von Mittelberg ins Gemsteltal. Diesem folgen wir nach rechts und überqueren die Breitach auf einer breiten Holzbrücke. Es geht ein paar Meter nach links bergauf und dann geradeaus weiter über die saftigen Wiesen in das Gemsteltal hinein. Im Wald gabelt sich der Weg und wir folgen dem rechten Pfad Richtung Hintere Gemstelhütte. Nach etwa einer halben Stunde haben wir die erste Rastmöglichkeit bei der rechts des Weges gelegenen Bernhardsgemstelalpe erreicht. Sollte der Nachwuchs bereits erschöpft sein, könnte man hier nach einer Rast über den Gemstelbach auf der anderen Seite des Baches zurück zum Parkplatz gehen. Sind noch Kraftreserven vorhanden und die Klamotten vom Brunnen bei der Bernhardsgemstelalpe

Mittel | 6,8 km | 215 Hm | 1.55 Std.

Alter
Ab 6 Jahren

Ausgangspunkt
Parkplatz links der Straße beim Ortsausgang von Mittelberg-Bödmen

Anfahrt
Im Kleinwalsertal bis Mittelberg-Bödmen und weiter Richtung Baad

Tourencharakter
Leichte, flache Wanderung auf breiten Wegen

Kinderwagen
Geeignet

Einkehr
Bernhardsgemstelalpe; Hintere Gemstelalpe; Schönisbodenalpe, Ende Mai bis Ende Oktober geöffnet

Informationen
kleinwalsertal.com

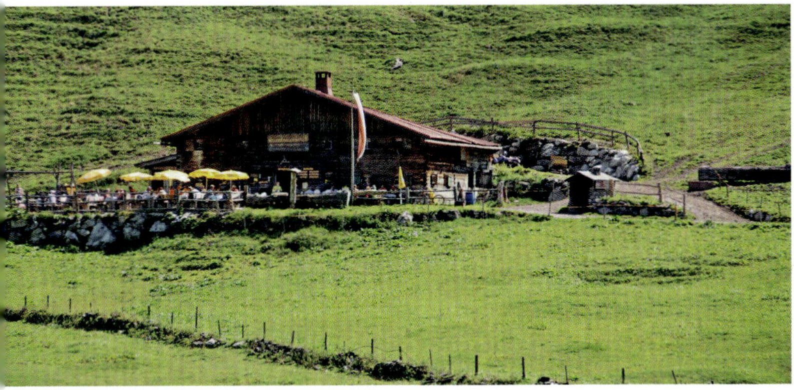

Almen (fast) wohin man auch blickt im Gemsteltal

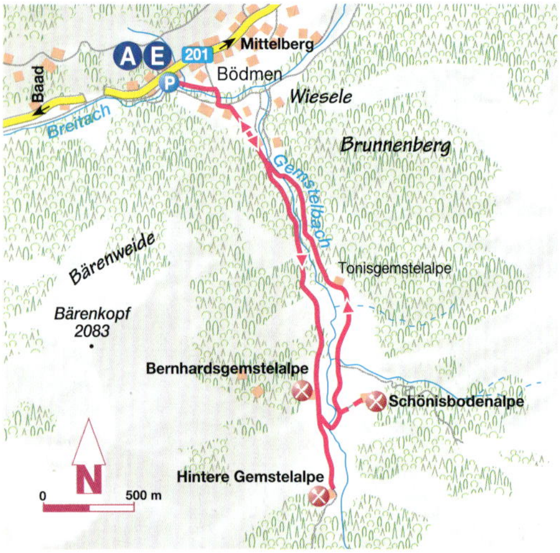

noch nicht total durchnässt, versuchen wir den Nachwuchs mit der Aussicht auf einen Spielplatz bei der nächsten Hütte, die wir in etwa einer Viertelstunde erreichen, zum Weitermarsch zu bewegen. Weiterhin nur leicht ansteigend erreichen wir die nun etwas größere, aber immer gemütliche Hintere Gemstelalpe. Ist man mit großen Kindern unterwegs, bietet sich noch der knapp 45-minütige Weiterweg auf dem Steig am Wasserfall vorbei zur Oberen Gemstelalpe an. Nach der Rast gehen wir zurück Richtung Bernhardsgemstelalpe und noch vor dieser nach rechts auf einen etwas kleineren Pfad hinunter zum Gemstelbach, um

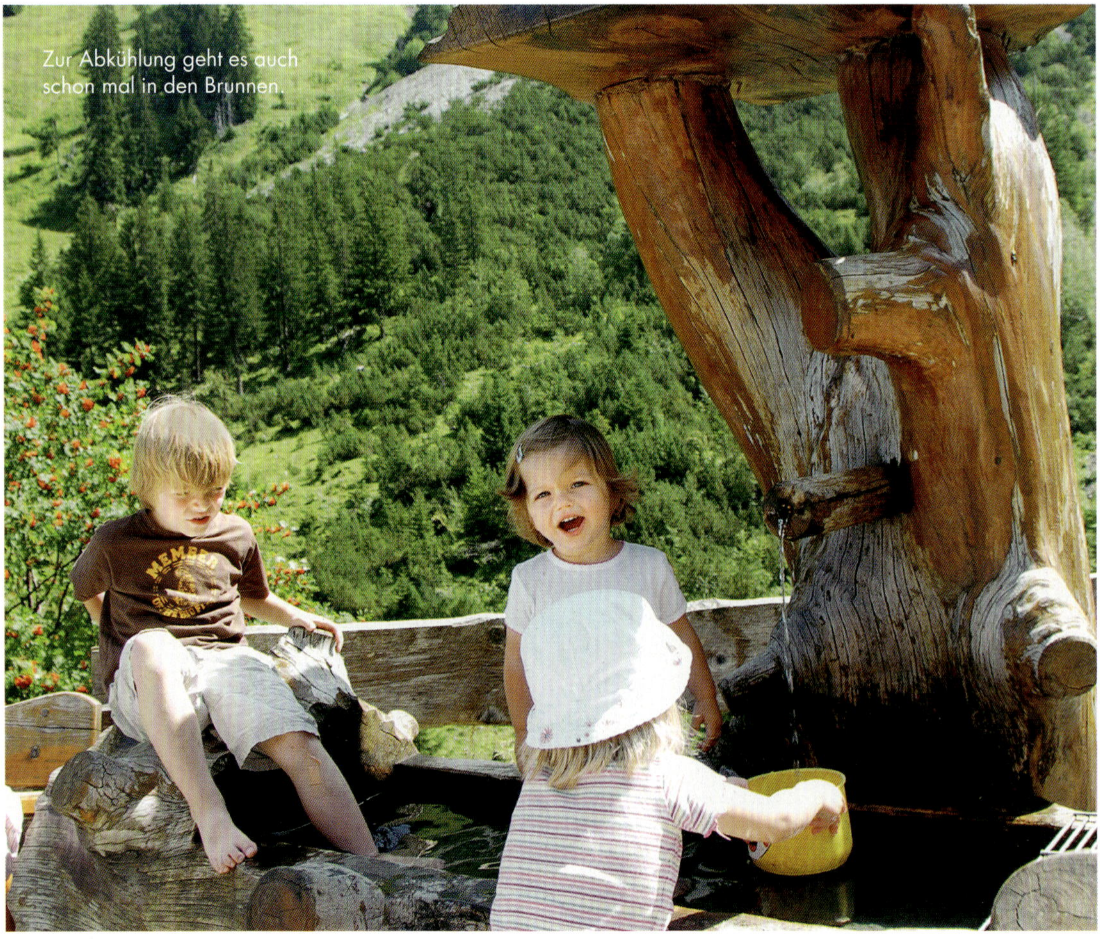
Zur Abkühlung geht es auch schon mal in den Brunnen.

diesen zu überqueren bzw. dort eine Spielpause einzulegen. Ein paar Schritte weiter auf der anderen Seite des Baches erreichen wir wieder einen breiteren Schotterweg, der uns nach rechts leicht bergauf zur Schönisbodenalpe führen würde, falls wir nochmals Bedarf an Brotzeit oder Kuchen haben. Ansonsten gehen wir links und folgen nun stets diesem Weg, bis wir nach einer abermaligen Bachüberquerung wieder den Weg erreichen, auf dem wir zu Beginn ins Gemsteltal gewandert sind. Hier gehen wir nach rechts und erreichen so wieder den Parkplatz. Die Tour durch dieses schöne Allgäuer Tal ist auch mit dem Kinderwagen befahrbar.

Unten: Keine Scheu vor kalten Füßen im Gemstelbach

Tipp

Den Naturlehrpfad Schwarzwassertal erreicht man, indem man nach der Breitachbrücke in die Schwarzwassertalstraße und rechts in die Wäldelestraße zum Parkplatz am Sportplatz fährt.

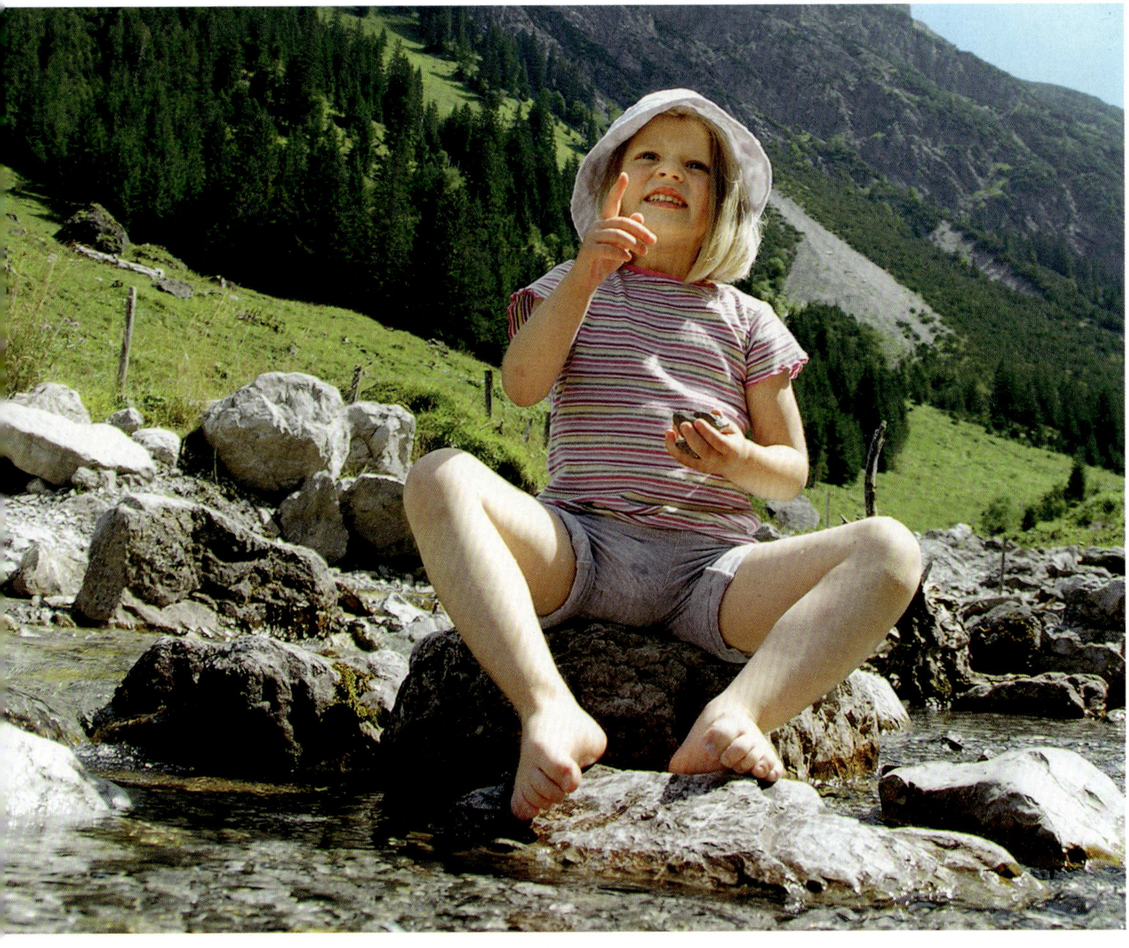

57 Bärenmoosalpe

Vom Gasthof Fallmühle zur Bärenmoosalpe

Mittel	5,3 km	420 Hm	2.45 Std.

Alter
Ab 6 Jahren

Ausgangspunkt
Wanderparkplatz beim Gasthof Fallmühle

Anfahrt
Über Pfronten Richtung Grän/Tannheimer Tal bis zum Gasthof Fallmühle

Tourencharakter
Leichte Pfade und breite Schotterstraße

Kinderwagen
Geeignet (Abstieg dann wie Anstieg)

Einkehr
Bärenmoosalpe, Juni bis Mitte Oktober, einfache Brotzeit

Informationen
pfronten.de

Ob hier früher wirklich die Bären auf dem Hochmoor herumgetollt sind, lässt sich heute schwerlich sagen, der Name der Alpe lässt es zumindest vermuten. Ein idealer Stichwortgeber also für so manche fantasiereiche Tiergeschichte, wenn der Weg zu lang und die Beine zu schwach werden.

Wir starten am Wanderparkplatz unmittelbar nach dem Gasthaus Fallmühle, das mit seinen »Vier Stück Reibekuchen mit Apfelmus« eventuell noch als kulinarischer Stopp am Ende der Tour herhalten muss. Nach dem letzten Gebäude auf der linken Straßenseite führt ein kleiner Weg zur Steinacher Achen zu einer netten Spielmöglichkeit am Bach. Um in die Tour einzusteigen, gehen wir auf der Asphaltstraße weiter und sogleich über die erste Brücke. Den Abzweig nach links ignorieren wir und folgen der Asphaltstraße weiter an der Ache entlang. Nach Unterquerung der großen Straßenbrücke zweigen wir bei der nächsten Brücke nach rechts der Beschilderung zur Bärenmoosalpe fol-

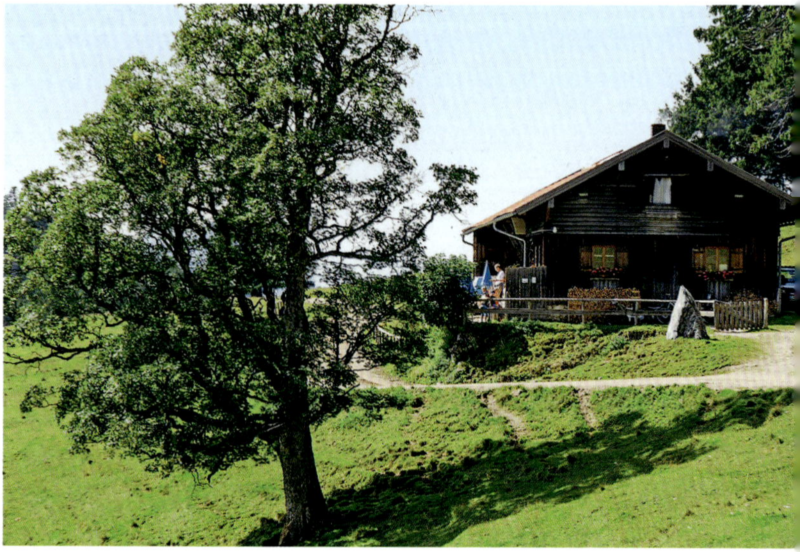

Bergidylle etwas Abseits der Allgäuer Touristenmagnete

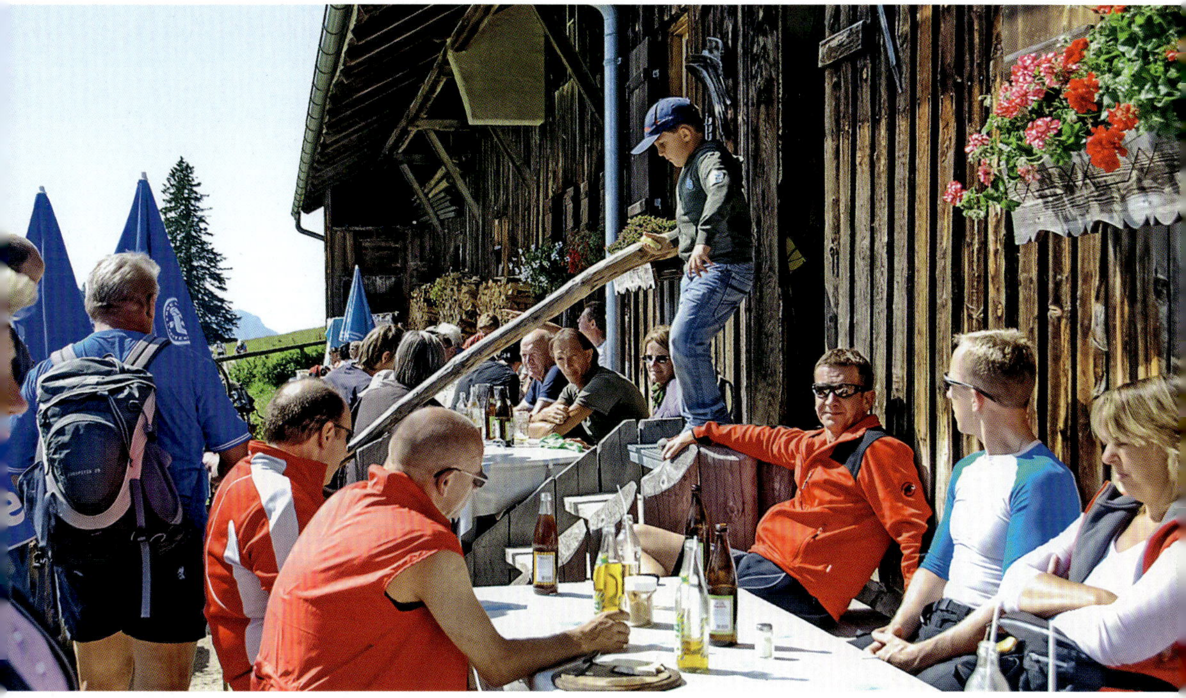

Gemütliche Rast auf der Bärenmoosalpe

gend ab und unterqueren ein weiteres Mal die Straßenbrücke. Es geht nun bereits ein wenig bergan und wir verlassen bei der nächsten Brücke den im Bachtal verlaufenden Weg nach rechts über eine Brücke und überqueren eine offene Wiese. Von nun an geht es steiler bergauf und schon bald gilt es, ein Weidegatter zu überwinden (»Heben« ist der Trick zum Entriegeln des Tores). Nach zahlreichen Kühen und Ameisenhaufen sowie einem Bachlauf mit Brunnen erreichen wir etwa 150 Höhenmeter später eine auf knapp 1200 Metern verlaufende Forststraße. Hier gehen wir nach links, übersteigen einen Zaun und erreichen so die Almwiesen der Bärenmoosalpe. Diese ist zwar noch nicht zu sehen, aber an der Stelle links oberhalb, an welcher der Weg in einem Wäldchen die Hangkante erreicht, sind – versprochen – alle Höhenmeter überwunden. Nur kurz geht es noch eben dahin und die Alm ist schnell erreicht. Wer einen Platz auf den wenigen Bänken vor dem Almgebäude ergattert, kann nun eine Rast bei einem Käse-Wurst-Brot einlegen. Mehr gibt die Karte nicht her, aber zur Not nehmen die Kinder – vielleicht – auch einmal damit vorlieb.

Tipp

An heißen Sommertagen lohnt ein Abstecher in die Wasserwelt in Grän-Haldensee.

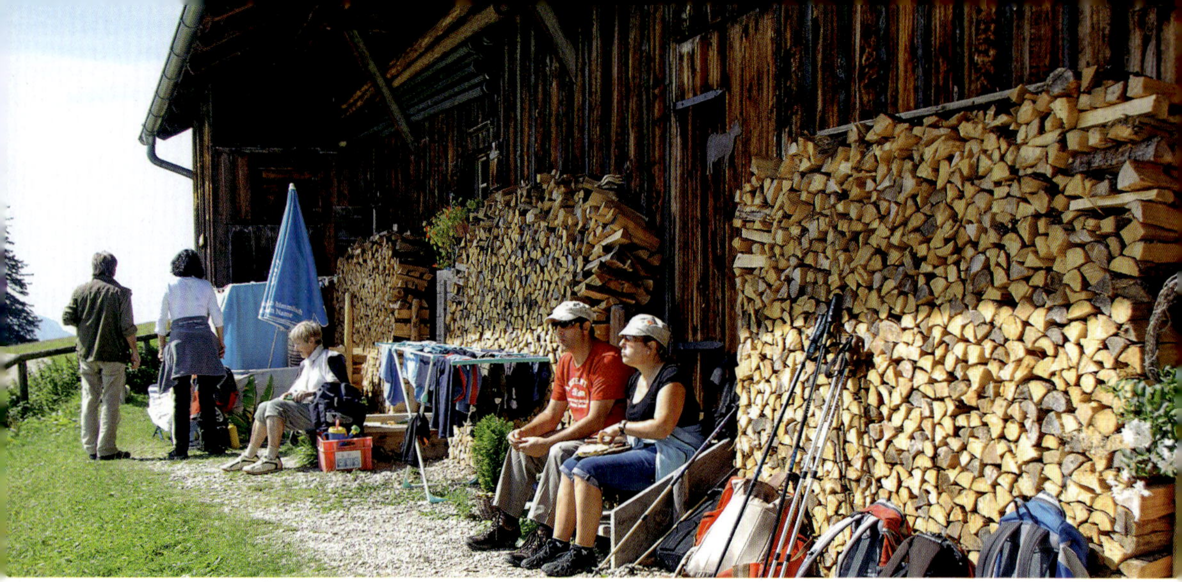

Die Sonne bis in den Herbst genießen

Nach der Rast folgen wir dem Weg weiter am Almgebäude vorbei und durchschreiten die Senke in einer langgezogenen Linkskehre. Unmittelbar nach dieser zweigen wir links auf den nicht beschilderten Wiesenweg über die Almweide ab. Gegenüber der Alm gehen wir zurück Richtung Anstieg, indem wir stets dem etwa zwei Meter breiten, nicht immer ganz deutlichen Weg folgen. Der Almwirt rät von diesem Abstieg ab, da keine Markierung den Weg weist, aber auch als ortsunkundiger Flachlandtiroler kann man den Abstieg nur schwer verfehlen. Die Schlüsselstelle mag am Ende der Weide der Durchlass im Zaun sein, bei dem man nicht auf der Weide am Zaun entlang weitergeht, sondern den Zaun durchschreitet und auf der anderen Seite auf dem nun deutlich erkennbaren Wanderpfad zum Wald geht. Im Wald führt uns der Pfad angenehm schattig in zahlreichen Kehren und Serpentinen bis ins Tal. Hier erreichen wir zunächst eine Wiese, gehen nach links zur Schranke und haben so die mit schnell fahrenden Autos nicht ungefährliche Straße erreicht. Wir überqueren diese und gehen auf der gegenüberliegenden Seite durch den Durchlass neben dem Weiderost und über eine weitere Wiese zur Brücke. Hier geht es über ein paar Stufen hinunter und unter der Brücke hindurch. Nach weiteren etwa 20 Metern stoßen wir wieder auf den Anstiegsweg und gehen rechts bergab und im Talgrund nach links zurück zum Auto.

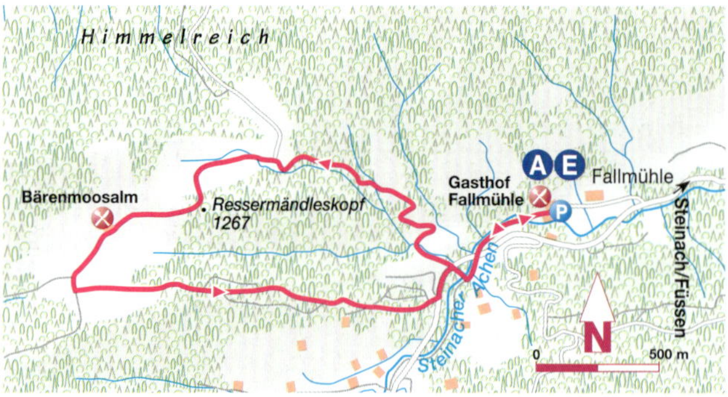

Die Obere Traualpe am Traualpsee

58

Zum Bergsee hinterm Wandersteig

Die Obere Traualpe muss man sich über knapp 300 Höhenmeter erarbeiten. Ein schmaler, jedoch nicht ausgesetzter Steig verlangt von den Kleinen echte Wanderbegeisterung und von den Eltern ein großes Repertoire an Durchhalteparolen.

Wir beginnen unsere Tour am Parkplatz direkt am Vilsalpsee. Gegen den Uhrzeigersinn starten wir die Umrundung des Vilsalpsees am Bootssteg bei der Vilsalphütte. (Hat man einen Kinderwagen dabei, verwehrt ein breites Gatter gleich nach der Brücke über den Vilsalpseeabfluss ein Weiterkommen. Für die Eltern heißt es nun entweder den Kinderwagen im Uhrzeigersinn um den See schieben und dann irgendwann

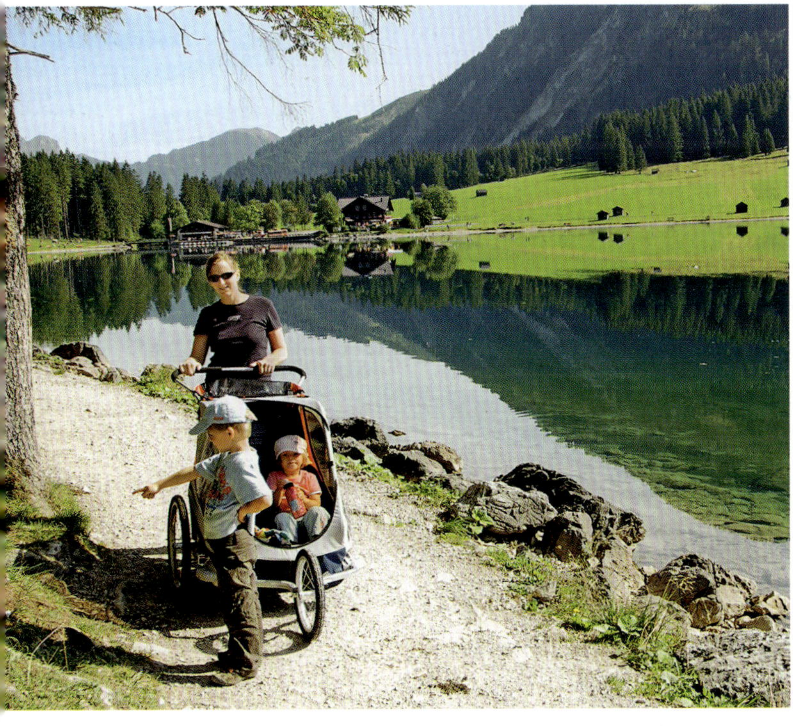

Umrundung des Vilsalpsees

Schwer	7,8 km	550 Hm	3.50 Std.

Alter
Ab 7 Jahren

Ausgangspunkt
Kostenpflichtiger Parkplatz am Vilsalpsee (10–17 Uhr nur mit dem Bus erreichbar)

Anfahrt
Über die B 308 von Sonthofen über Bad Hindelang oder von Pfronten über Grän nach Tannheim; der Ausschilderung zum Vilsalpsee folgen und über die zwischen 10 und 17 Uhr gesperrte Straße zum kostenpflichtigen Parkplatz

Tourencharakter
Etwas längere Wanderung auf schmalem Steig

Kinderwagen
Geeignet (nur um den Vilsalpsee)

Einkehr
Vilsalpe, Mai bis Oktober bewirtschaftet, kein Ruhetag; Obere Traualpe, Mai bis Oktober bewirtschaftet, kein Ruhetag

Informationen
tannheimertal.at

kehrtmachen oder den Kinderwagen über das Gatter heben.) Direkt am Ufer des Sees geht es um die von den Touristenscharen unbeeindruckten Kühe herum stets auf dem zum Beispiel auch mit einem Laufrad gut fahrbaren Kiesweg Richtung Süden. Herrlich spiegelt sich die verwunschene Bergkulisse im See, dessen klares Wasser beeindruckend tief blicken lässt.

Tipp

Mit größeren Kindern kann man von der Oberen Traualpe in etwa eineinhalb Stunden zur Landsberger Hütte (1810 m) aufsteigen.

Hat man den Zufluss erreicht, könnte man, wenn für heute nichts Größeres mehr ansteht, in der Vilsalpe einkehren und sich zu den, an schönen Tagen zahlreichen, Spaziergängern gesellen. Wir biegen an der Abzweigung zur Vilsalpe nach links ab und gehen weiter auf der breiten Schotterstraße, um die Seeumrundung zu vervollständigen. Sind drei Viertel der Umrundung geschafft, sieht man schon rechts die Materialseilbahnen der Oberen Traualpe und der

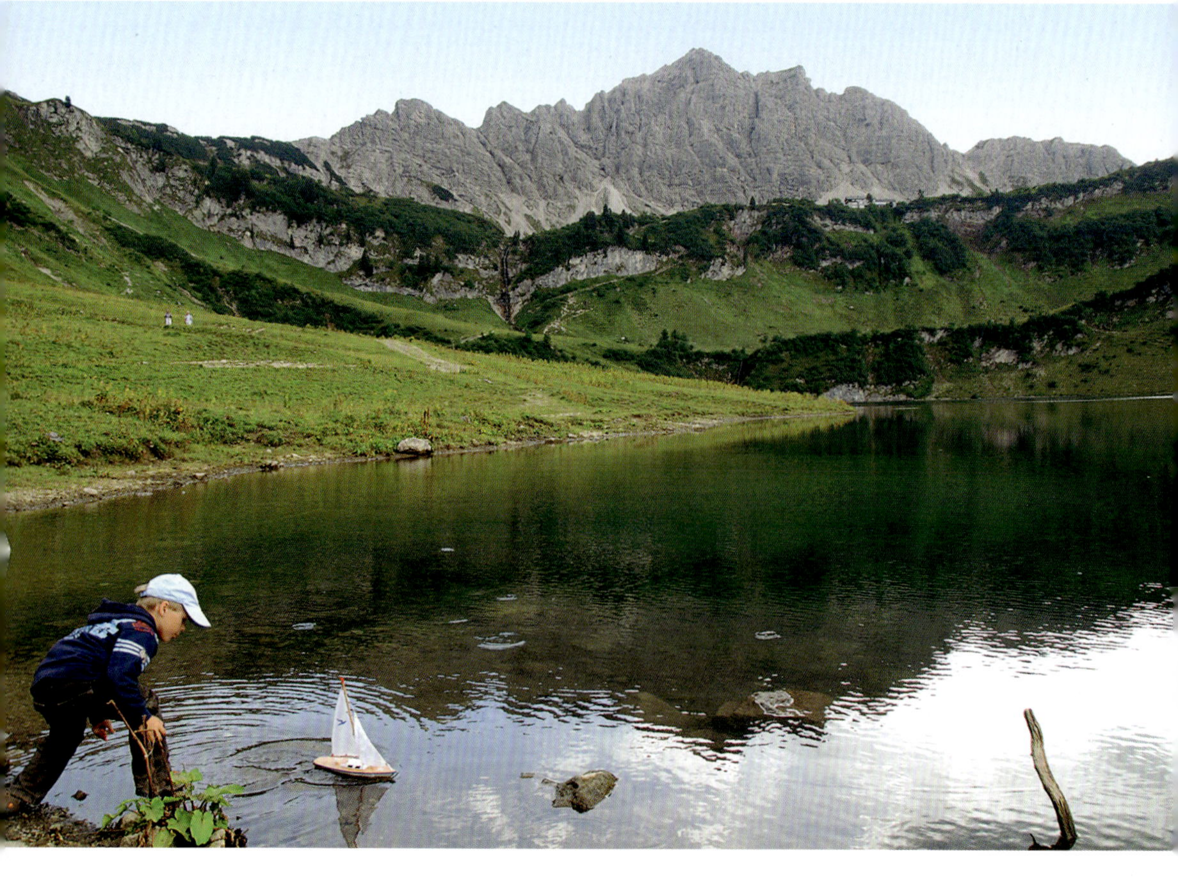

Blick von der Oberen Traualpe zur Landsberger Hütte

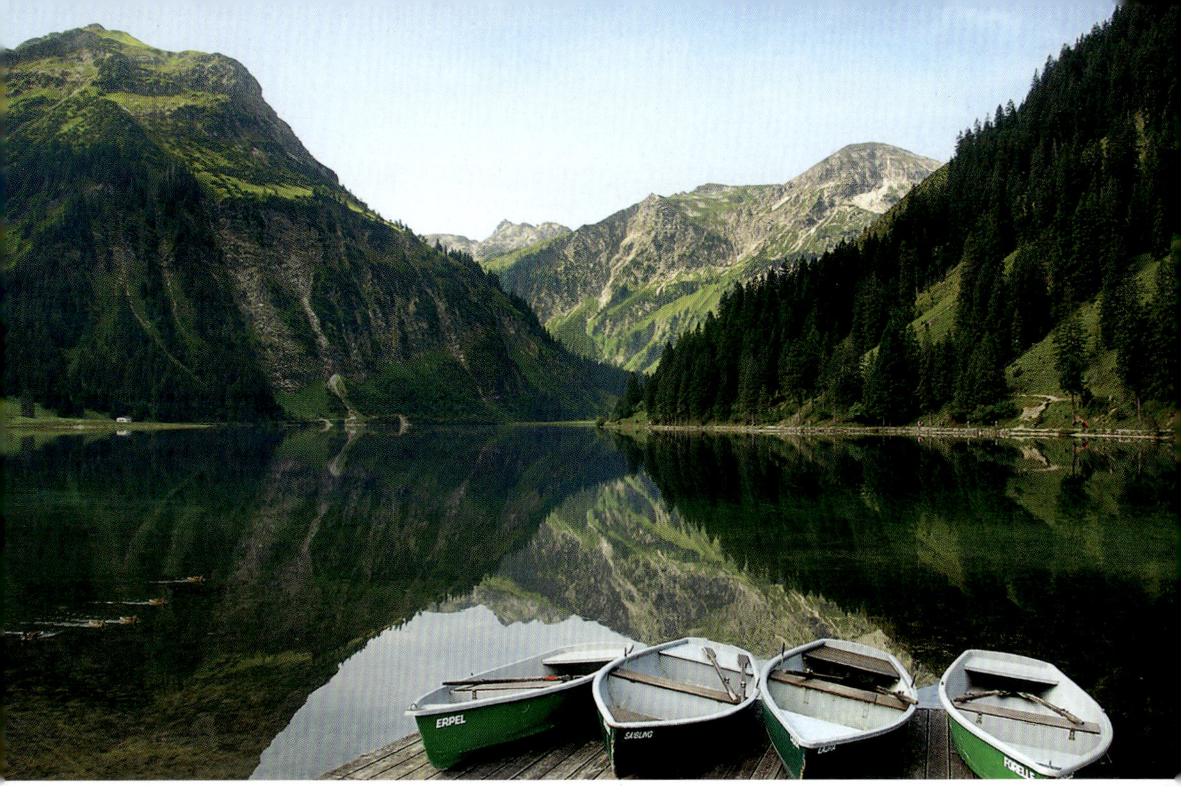

Landsberger Hütte. Hier geht es auf dem 2008 neu angelegten Weg (nicht kinderwagengeeignet) nach rechts und schon bald schmäler am Waldrand ordentlich bergauf. Es geht ein paar Meter durch den Wald (hier mündet der frühere Aufstiegsweg von links in unseren Pfad), über eine große Freifläche zwischen den zwei Materialseilbahnen hinweg, und schon hat man den Steig an der Geländestufe erreicht. Weiter links führt ein weniger schöner und bedeutend heißerer Wiesenweg in Serpentinen ebenfalls Richtung Traualpsee und mündet später in unseren Weg. Der unschwere Steig verläuft nun in östlicher Richtung stets bergauf und führt uns so – für die Kleinen durchaus schweißtreibend – direkt zur Staumauer des Traualpsees. Ist dieser etwas unschöne Eingriff in die Natur erreicht, sieht man schon wenige Meter weiter östlich die Obere Traualpe, an der ein Trampolin und eine Schaukel sowie eine ordentliche Jause warten. Nachdem sich die Kleinen am Spielplatz oder am See noch zusätzlich auspowern konnten, geht es auf demselben Weg zurück zum tief unter uns liegenden Vilsalpsee. In weiteren zehn Minuten sind wir zurück an unserem Parkplatz.

Glasklares Wasser im Vilsalpsee

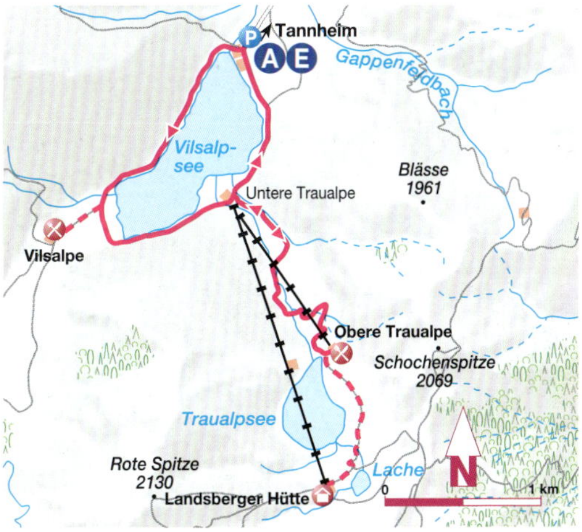

59 Sulzspitze

Panoramawanderung zwischen Vilsalpsee und Haldensee

Schwer | 13 km | 410 Hm | 4.20 Std.

Alter
Ab 8 Jahren

Ausgangspunkt
Parkplatz Gondelbahn Neunerköpfle

Anfahrt
Wir erreichen Tannheim im gleichnamigen Tal entweder von Westen über Sonthofen oder von Osten über Reutte und Weißenbach am Lech. In Tannheim fahren wir zum Parkplatz der Gondelbahn Neunerköpfle.

Tourencharakter
Mittelschwere Rundtour auf den 2084 Meter hohen Sulzspitze-Gipfel

Kinderwagen
Nicht geeignet

Einkehr
Gappenfeldalpe

Informationen
tannheimertal.com

Zum größten Gipfelbuch der Alpen auf dem Neunerköpfle führt uns ein bestens gesicherter Wanderweg. Den aussichtsreichen Gipfel der Sulzspitze erreichen wir über einen Fahrweg und einen kleinen Steig.

Von Tannheim geht es mit der Neunerköpfle-Gondelbahn fast 700 Höhenmeter aufwärts. An der Bergstation haben wir bereits eine fantastische Aussicht und erkennen unten im Tal den bläulich schimmernden Haldensee.
Kinderleichte rund 80 Höhenmeter gilt es ab der Bergstation bis zum Neunerköpfle-Gipfelkreuz zu überwinden. Ein bestens gesicherter Wanderweg führt hier zum Gipfel mit dem wohl größten Gipfelbuch der Alpen. In dieses mehr als mannshohe »Buch« tragen wir uns natürlich auch sofort ein.
Wir steigen ein paar wenige Höhenmeter nach Süden ab und passieren das Vogelhörnle. Weiterhin stets in südlicher Richtung gehen wir nun auf dem breiten Wanderweg unschwer horizontal unterhalb des Kamms und durchaus aussichtsreich weiter.

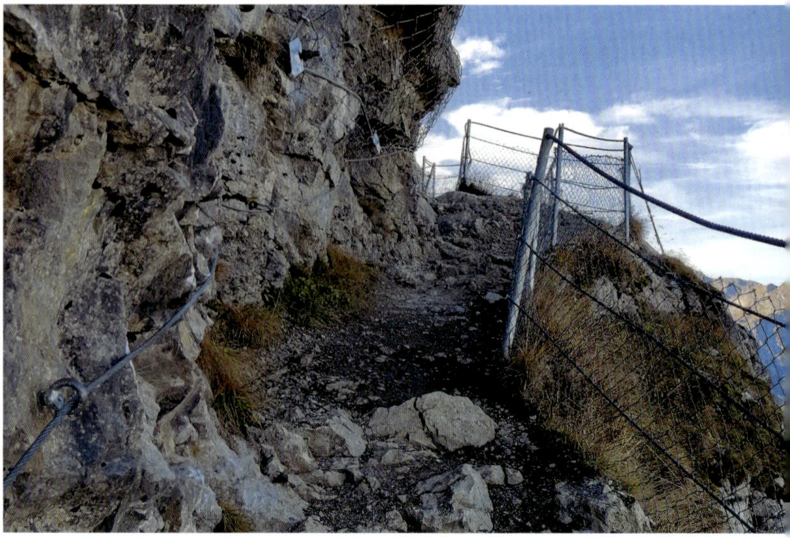

Gut gesichert zum Neunerköpfle

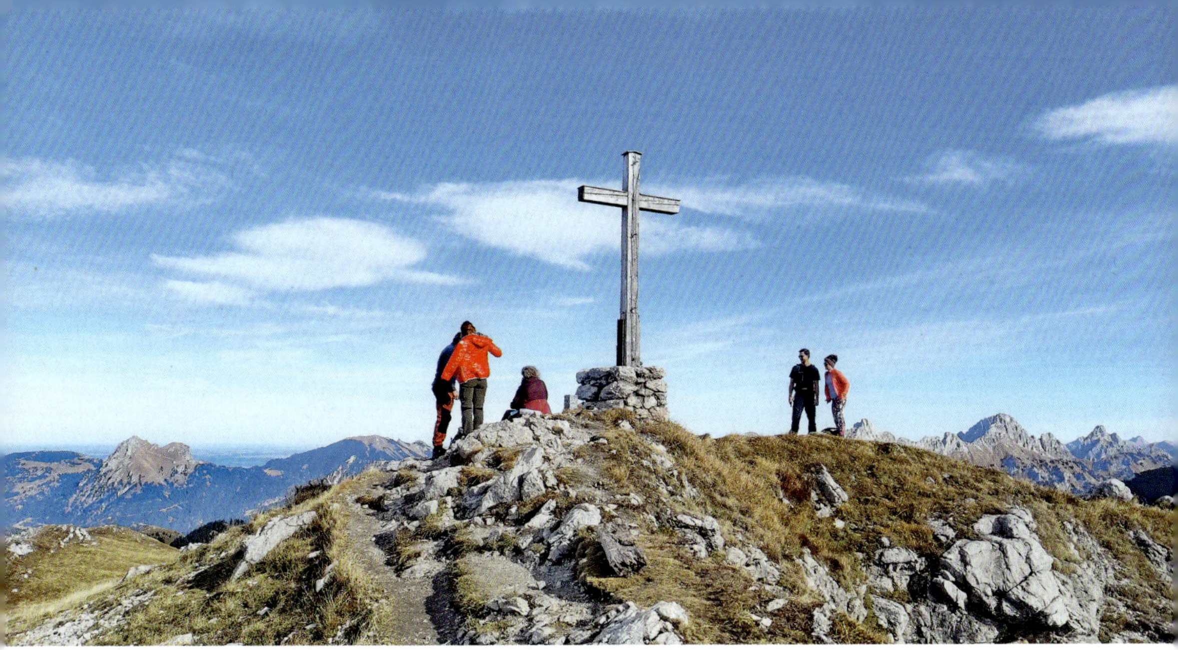

Nach rund einer Dreiviertelstunde erreichen wir die Strindenscharte und hier eine breite Fahrstraße. Dieser folgen wir rund 500 Meter geradeaus flach dahin, bis zu einem Wegweiser, der uns nach rechts bergauf über einen kleinen Steig zum Gipfel der Sulzspitze weist. Über diesen Steig, der im oberen Teil etwas ausgewaschen und erdig wird, erreichen wir unser auf 2084 Metern gelegenes Tour-Ziel. Nach der Rast am Gipfel steigen wir wieder zur Fahrstraße hinab und folgen dieser weiter nach rechts zur Gappenfeldscharte. Hier sehen wir bereits auf der rechten Seite die Gappenfeldalpe, der wir nun einen Besuch abstatten.

Am Gipfelkreuz der Sulzspitze

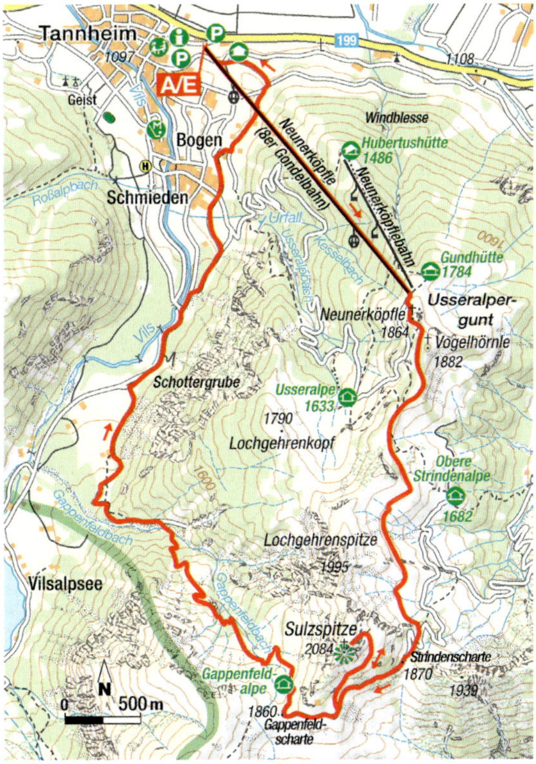

Im Anschluss gehen wir auf dem Wanderweg zügig Höhenmeter verlierend hinab ins Vilsalpseetal. Auf den Wiesen in Talnähe müssen wir uns nun entscheiden, ob wir noch die Kraft (und Lust) haben, den etwas langen Weg zurück zur Talstation zu Fuß zu bewältigen und nach rechts über die Fahrstraße weitergehen, oder die bequemere, aber auch überlaufenere Variante wählen. Für Letztere gehen wir auf dem Wanderweg weiter zum Vilsalpsee, wobei wir uns leicht links halten. Von dort fährt ein Bus zurück nach Tannheim.

60 Gaichtspitze und Hahnenkamm

Panorama garantiert

Schwer | 6,8 km | 460 Hm | 2.55 Std.

Alter
Ab 10 Jahren

Ausgangspunkt
Talstation Hahnenkamm-Bahn

Anfahrt
Reutte erreicht man aus fast allen Himmelsrichtungen – am schönsten ist sicherlich die Fahrt über das Graswangtal an Schloss Linderhof und am Plansee entlang. In Reutte folgen wir der Beschilderung zur Hahnenkamm-Bahn in Höfen.

Tourencharakter
Anspruchsvolle Rundtour auf den 1988 Meter hohen Gaichtspitze-Gipfel

Kinderwagen
Nicht geeignet

Einkehr
Lechaschauer Alm

Informationen
bergwelt-hahnenkamm.at

Um das grandiose Panorama auf der Gaichtspitze zu genießen, gilt es, eine mit Drahtseilen gesicherte Felsrinne zu überwinden. Für größere Kinder, die die Herausforderung nicht scheuen, ist das ein spannendes Abenteuer. Alle anderen folgen dem direkten Weg zum Hahnenkamm und erfreuen sich dort der schönen Aussicht.

Um den Kindern (und uns Eltern) viele Höhenmeter zu ersparen, fahren wir entspannt mit der Hahnenkamm-Bahn bis auf rund 1700 Meter hinauf. Hier an der Bergstation starten wir unsere Panorama-Gipfelrunde und gehen nach links auf dem Wiesenpfad in und durch den Kessel und hinauf, um den höher gelegenen Wanderweg zwischen Gaichtspitze und Hahnenkamm zu erreichen. Hier gehen wir nach links und zunächst am unspektakulären Alpkopf vorbei. Der Weg führt flach weiter nach Süden und leitet uns an den felsigen Gipfelaufbau der Gaichtspitze. Hier beginnt der abenteuerliche Teil der Tour: Durch eine halbwegs steile Felsrinne, die mit Drahtseilen gesichert ist, geht es nun weiter bergauf. Die größte Herausforderung hier ist der speckige Fels, der nicht sehr griffig ist. Wem diese Passage nicht zusagt, der kann aber auch einfach die Gaichtspitze auslassen und die Tour zum Hahnenkamm weiter fortsetzen. Die Kraxelei hat bald ein Ende und im Bogen erreichen wir das Gipfelkreuz von Osten. Hier werden wir mit einem tollen Panorama belohnt.

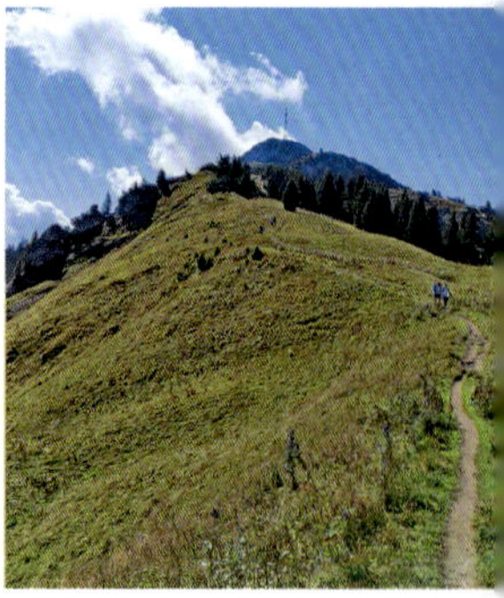

Aufstieg zum Hahnenkamm

Nach dieser Aussichtsloge geht es durch die Felsrinne wieder zurück – Vorsicht im Abstieg! – zum Alpkopf. Am Kamm entlang geht es nun auf den Hahnenkamm zu und unschwer an der Sendeanlage vorbei zu dessen Gipfel. Nochmals genießen wir die Aussicht und steigen geradeaus in das Tiefjoch ab.

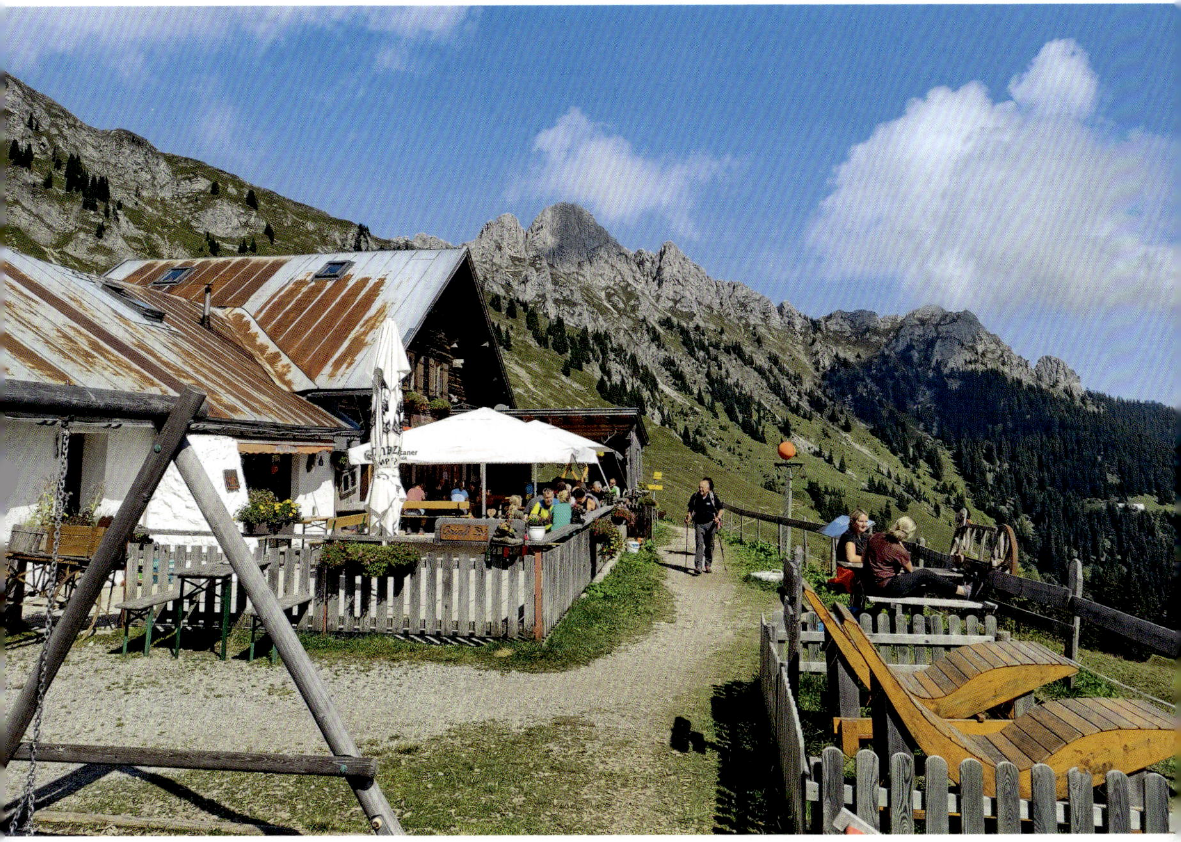

Rast auf der Lechaschauer Alm

Wer noch einen Gipfel überschreiten will, kann hier unschwer geradeaus den Ditzel besuchen. Über einen schmalen Pfad geht es durch die Wiesen auf diesen Buckel und auf der anderen Seite ins Hochjoch hinab.

Egal ob vom Tiefjoch oder Hochjoch ausgehend, gehen wir nach rechts zur bewirtschafteten Lechaschauer Alm. Nach der Stärkung laufen wir in südlicher Richtung östlich des Hahnenkammgipfels leicht bergauf auf einen Sattel zu. Der Weg wird erst am Ende kurz etwas steiler. Im Sattel gehen wir links durch die Latschen und erreichen über einen kurzen Abstecher den Alpengipfel.

Nach diesem letzten Gipfelkreuz gehen wir durch den verfallenen Alpenblumengarten zurück zu dem Weg, der vom Sattel hinab zur Bergstation führt

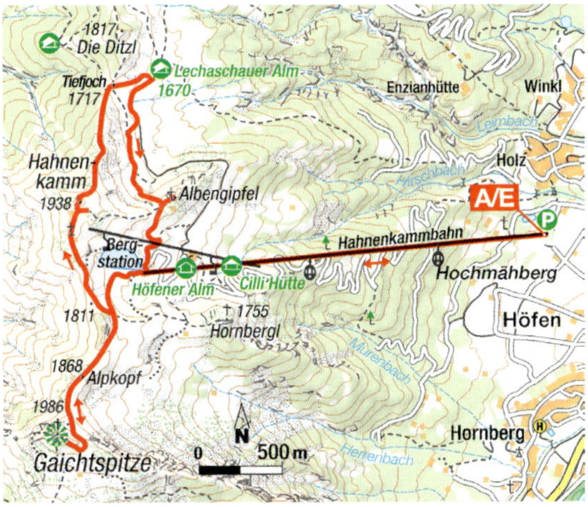

61 Über die Musauer Alm zur Füssener Hütte

Durch das Raintal der Tannheimer Berge

Schwer | 14,9 km | 720 Hm | 3 Std.

Alter
Ab 8 Jahren

Ausgangspunkt
Wanderparkplatz im Wald nach dem Gasthaus Bärenfalle

Anfahrt
Über die A 7 nach Füssen und durch den Grenztunnel nach Österreich (wird zur B 179); an der ersten Ausfahrt die Straße verlassen und durch Musau nach Brandstatt und direkt nach Roßschläg rechts zum Gasthaus Bärenfalle

Tourencharakter
Viele Höhenmeter auf guter Forststraße

Öffnungszeiten
Ganzjährig

Kinderwagen
Geeignet

Einkehr
Musauer Alm, Otto-Mayr-Hütte, Füssener Hütte

Informationen
musaueralm.at, otto-mayr-huette.com, fuessener-huette.at

Der Weg durch das Raintal am Sababach entlang zur Musauer Alm und weiter an der Otto-Mayr-Hütte vorbei bis zur Füssener Hütte (eventuell weiter bis zum Füssener Jöchl) ist abwechslungsreich und stets leicht zu bewältigen.

Allerdings addieren sich die Höhenmeter zu einer für kleinste Kinderbeine stattlichen Zahl. Man kann die gesamte Strecke aber auch mit dem Mountainbike fahren und dabei sogar noch

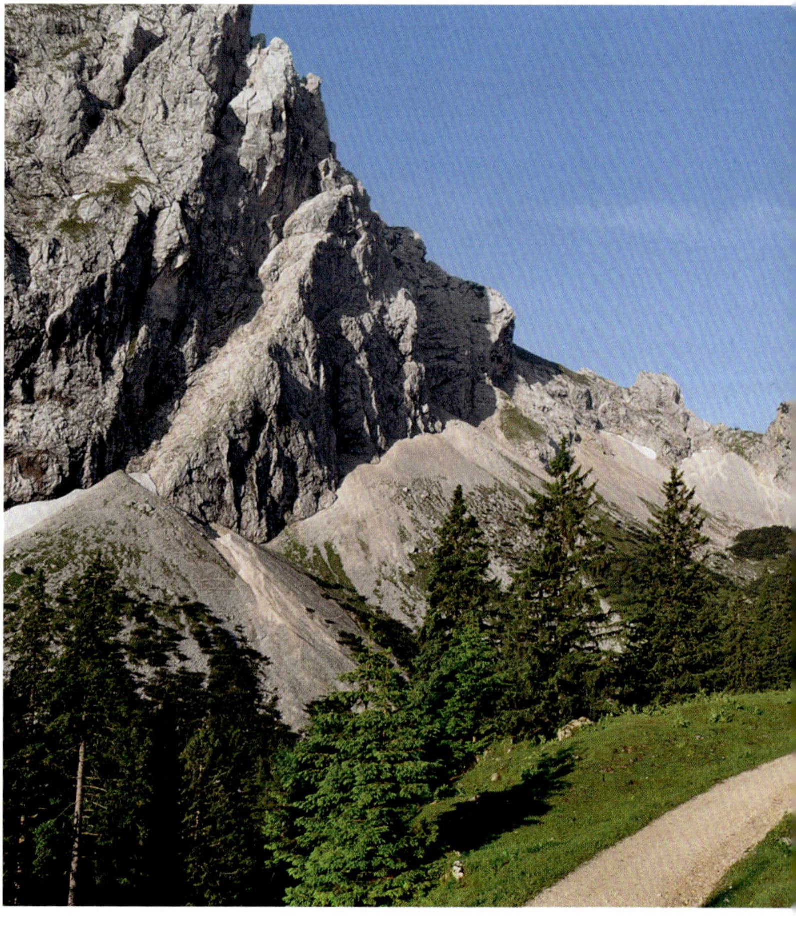

Blick von der Otto-Mayr-Hütte auf die Füssener Hütte und das Füssener Jöchl

einen Kinderanhänger hochziehen – oder man geht einfach durch das Raintal. Vom Wanderparklatz aus folgen wir der Forststraße weiter bergauf und lassen alle Abzweigungen links und rechts unbeachtet, bis wir schließlich zur Brücke beim Sababach gelangen. Radfahrer wählen hier die rechte Fahrstraße, während wir Fußgänger links gehen und nun stets direkt am Bach entlang auf dem kleineren, aber dennoch breiten Wanderweg zur Musauer Alm aufsteigen. Hier vereinen sich die Wege wieder und es geht weiter durch das Raintal auf der breiten Forststraße, bis uns ein Wegweiser rechts bergauf zur Otto-Mayr-Hütte führt. Hier können wir neben dem Spielplatz rasten oder noch eine Minute weiter zur benachbarten Füssener Hütte gehen.

Tipp

Wer den Schlafsack einpackt, kann auf der Hütte auch übernachten. In Reutte bietet die Neue Alpentherme Ehrenberg mit einer Wasserrutsche Badespaß für die ganze Familie.

Die Otto-Mayr-Hütte des DAV

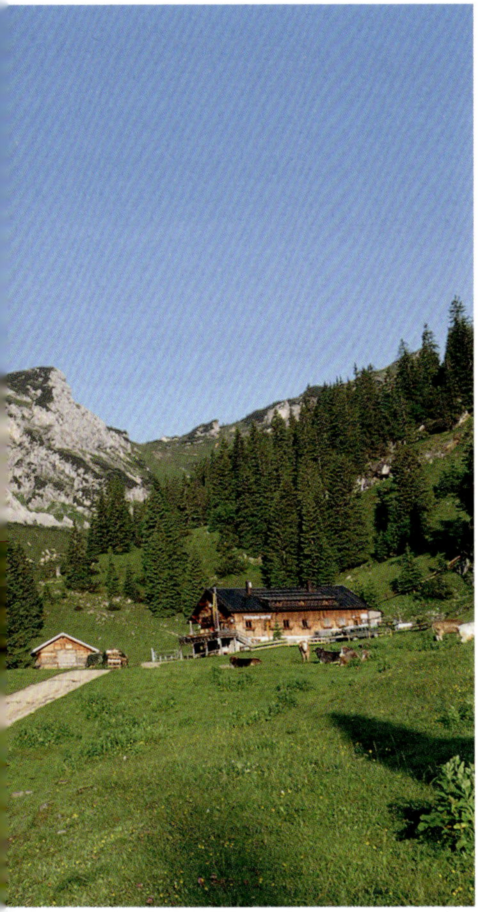

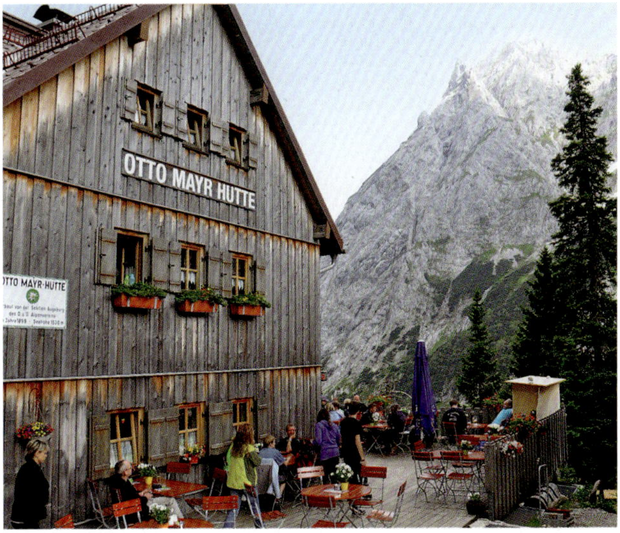

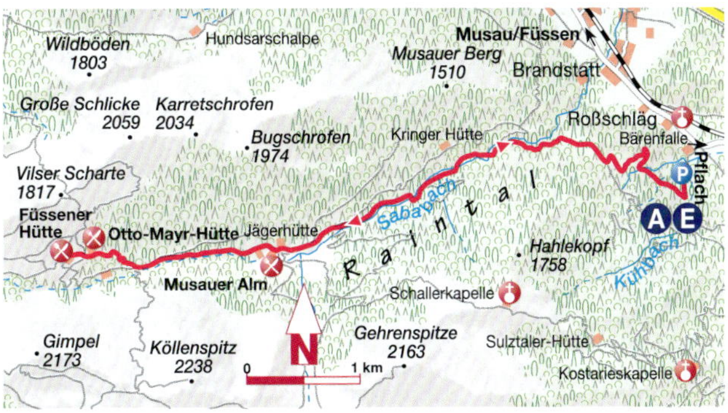

62 Breitenberg

Auf der längsten Rodelbahn des Allgäus einmal um und auf den Breitenberg

Leicht | 16 km | 240 Hm | 3.05 Std..

Alter
Ab 5 Jahren

Ausgangspunkt
Breitenbergbahn Talstation

Anfahrt
Auf der A 7 bis zur Ausfahrt Nesselwang und in südlicher Richtung zunächst nach Nesselwang. Im Ort links Richtung Pfronten. Alternativ aus Osten über Vils in westlicher Richtung nach Pfronten. Die Breitenbergbahn befindet sich am östlichen Ortsrand und ist ausgeschildert.

Tourencharakter
Winterwanderung mit Rodelabfahrt

Kinderwagen
Nicht geeignet

Einkehr
Ostlerhütte, Berghaus Allgäu, Hochalphütte, Gasthof Fallmühle

Informationen
breitenbergbahn.de

Natürlich kann man den Weg auf den Breitenberg auch im Sommer genießen. Ein besonderes Spektakel für Kinder ist aber die 6,5 Kilometer lange Abfahrt mit dem Rodel im Winter.

Die längste Naturrodelbahn des Allgäus darf in einem Kinder-Wanderbuch natürlich nicht fehlen. Zum Start der familientauglichen Rodelbahn könnte man sicherlich auch zu Fuß von Süden aufsteigen, man folgt hierfür einfach der Rodelbahn vom Parkplatz am Ende derselben. Ein größeres Erlebnis ist allerdings die komplette Umrundung des Breitenberges.
Hierfür fahren wir mit dem Rodelticket von Pfronten mit der Breitenbergbahn in kleinen Viererkabinen gemächlich hinauf zur Bergstation und stehen schon mitten in der Winterlandschaft auf knapp 1500 Höhenmetern. Hier an der Bergstation kann man

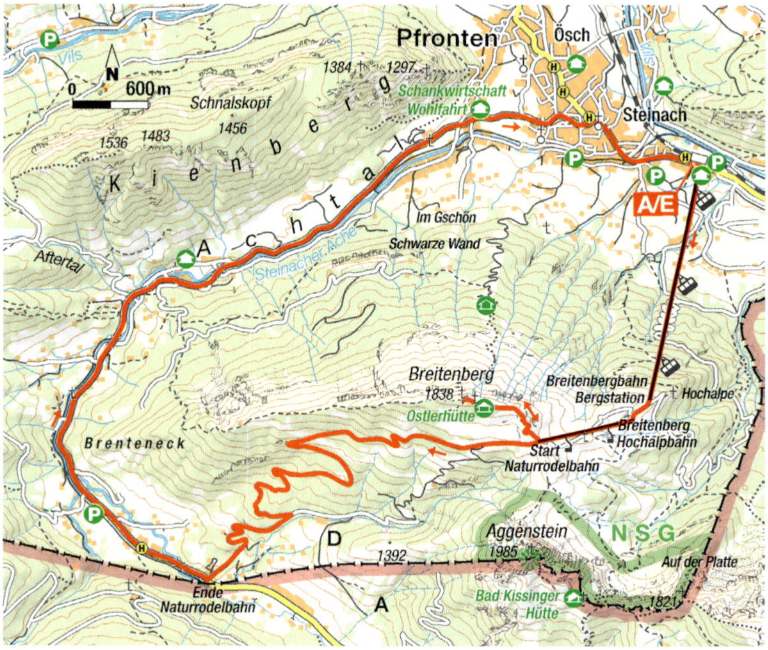

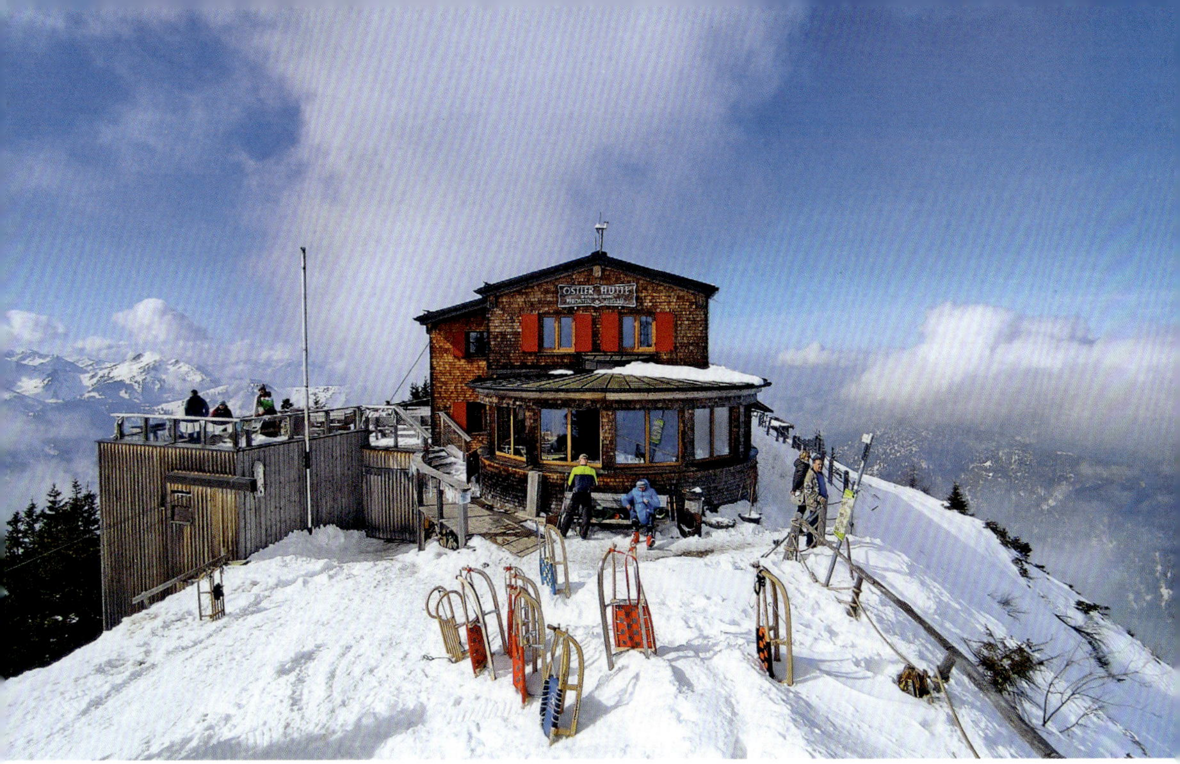

auch Schlitten für zehn Euro ausleihen. Die Hochalphütte wäre gleich eine Möglichkeit (und im Winter die letzte, da die Ostlerhütte am Gipfel erst im April öffnet) zur Einkehr. Wer mehr wandern will, kann zu Fuß entlang des Sesselliftes aufsteigen und sich das Rodelticket sparen, in dem die Auffahrt enthalten ist.

Die Ostlerhütte ist dank der Bergbahnen leicht erreichbar.

Am Sattel zwischen Breitenstein und Aggenstein, wo der Sessellift endet, gehen wir nach rechts und steigen auf dem breiten Wanderweg noch knapp 150 Meter zum Gipfelkreuz und zur auf dem Kamm daneben fast schon hingequetschten Ostlerhütte auf. Auch wenn diese im Winter geschlossen ist, lohnt sich der steile Weg, um den tollen Ausblick zu genießen.

Auf dem Wanderweg geht es wieder zurück zum Sessellift und hier nach rechts zur Rodelbahn. Diese ist bestens präpariert und durchgehend sehr breit, sodass schnellere Rodler leicht langsamere Familienschlitten passieren können. Die Steigung ist durchwegs sanft und die Kurven sind immer einige Meter vorab mit Schildern angekündigt, sodass man ohne größere Probleme die kommenden 6,5 Kilometer mit bester Aussicht genießen kann.

Am Ende der Bahn erreichen wir einen Parkplatz, befinden uns nun aber auf der Rückseite des Breitenberges. Rund 250 Meter weiter rechts ist die Bushaltestelle, an der man mindestens stündlich, am Wochenende auch öfter, vom Rodelbus aufgesammelt und wieder zurück zur Breitenbergbahn gebracht wird.

63 Kappeler Alp

Über die Hündeleskopfhütte zur Kappeler Alp

Mittel | 8,8 km | 460 Hm | 2.45 Std.

Alter
Ab 7 Jahren

Ausgangspunkt
Waldseilgarten Parkplatz

Anfahrt
Auf der A 7 bis zur Ausfahrt Nesselwang und in südlicher Richtung zunächst nach Nesselwang. Im Ort links Richtung Pfronten. Auf halbem Weg nach Pfronten liegt Kappel. Der Beschilderung folgend fahren wir rechts nach Kappel und parken gleich am Ortsanfang links auf dem großen Parkplatz.

Tourencharakter
Mittelschwere Wanderung zur gemütlichen Einkehr. Im Winter geht es mit dem Rodel ins Tal zurück.

Kinderwagen
Nicht geeignet

Einkehr
Kappeler Alp

Informationen
kappeleralp-edelsberg.de

Eine schöne Wanderung führt vom Waldseilgarten bei Pfronten hinauf zur Kappeler Alp, die sich als Ziel für eine Einkehr anbietet. Den Abstieg kann man sich im Winter erleichtern, indem man einfach mit dem Rodel ins Tal braust.

Beim großen Wanderparkplatz passieren wir die Anfahrtsstraße und gehen auf dem beschilderten Wanderweg am Steinebach entlang. Diesen überqueren wir auf einer überdachten Brücke und folgen dem leicht ansteigenden Bachweg weiter zum Waldseilgarten Höllschlucht. Hier kraxeln im Sommer die Kletterer auf zahlreichen Parcours hoch über unseren Köpfen und fliegen auf dem Flying Fox quer durch den Wald. Im Winter, wenn Ruhe eingekehrt ist, zeugt nur ein großer Berg von Leihrodeln von sportlicher Betätigung.

Am Parkplatz folgen wir der im Winter geräumten Forststraße bergauf. Weiter auf dieser geht es über die Wiesen oberhalb von Kappel bis unter den Hündeleskopf. Hier zweigt links ein Wiesenpfad ab, der uns zur Hündeleskopfhütte, die sich etwas hinter dem bereits länger sichtbaren Kreuz versteckt, führt.

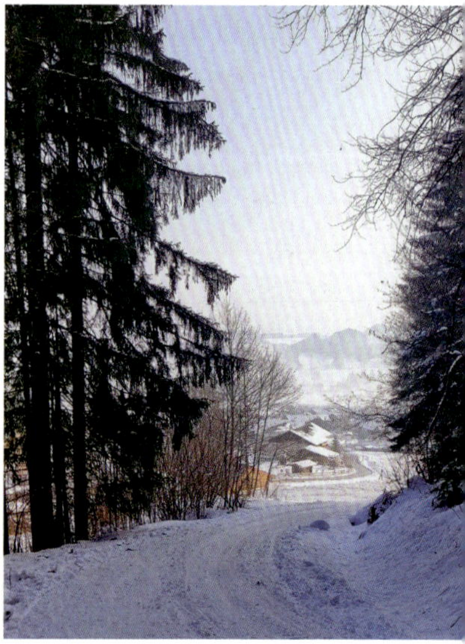

Breite Rodelbahn mit Blick auf Kappel

Auf der nun beginnenden welligen Forststraße gehen wir südseitig um den Hündeleskopf herum und stoßen wieder auf die Forststraße, die von Kappel heraufkommt.

Wir gehen rechts auf flachem bzw. nur leicht ansteigendem Weg weiter und überqueren wieder den Steinebach. Nun beginnt der

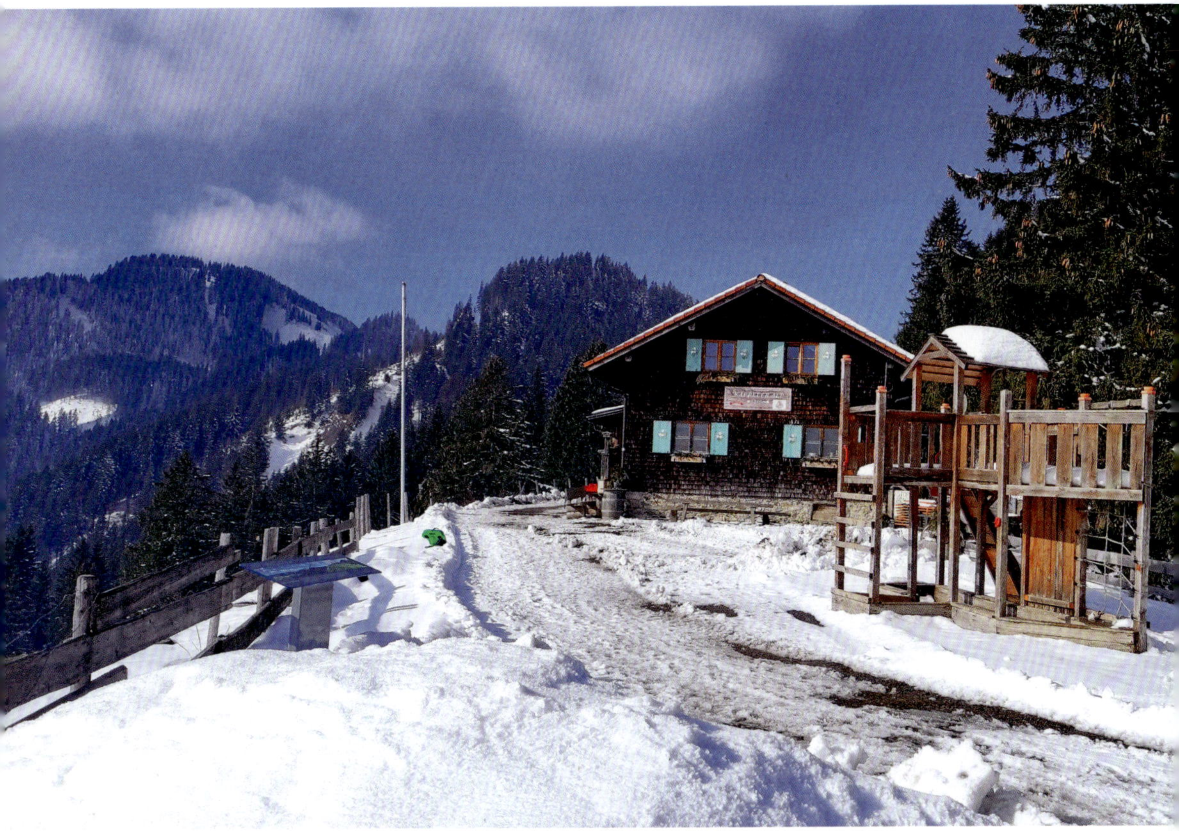

Ganzjährig bewirtschaftet: die Kappeler Alp

finale Aufstieg zur Kappeler Alp, die wir schon von unten mit wehender Fahne erblicken können.

Ein paar sonnige Kehren später ist die Alp auch schon erreicht. Einen kurzen Abstecher zum Kreuz hinter der Hütte und zum Spielplatz sollten wir noch unternehmen, um den Blick ins Vorland weit über Kappel hinweg zu genießen. Die Hütte ist ganzjährig bewirtschaftet, sodass wir uns vor dem Rückweg noch stärken können.

Zurück geht es dann im Sommer über den Steig unterhalb des Kreuzes, der uns durch die Höllschlucht wieder zum Waldseilgarten bringt. Im Winter rodeln wir auf dem Aufstiegsweg zurück. Nur ein kurzes Stück muss man nach dem Steinebach den Schlitten ziehen und schon geht es wieder ohne gefährliche Steigungen bergab. Den Abzweig zur Hündeleskopfhütte ignorieren wir und bleiben stets auf der Forststraße, deren Kurven mit Brettern extra für die Rodler gesichert wurden.

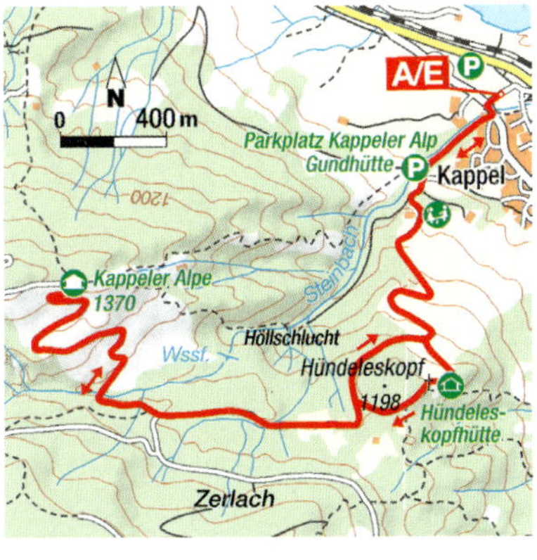

64 Imberger Horn

Gipfeltour über das Imberger Horn und den Strausberg zur Strausberghütte

Schwer	7,2 km	550 Hm	4.20 Std.

Alter
Ab 7 Jahren

Ausgangspunkt
Parkplatz Hornbahn

Anfahrt
Auf der B 19 von Kempten über Immenstadt nach Sonthofen und hier auf der B 308 in östlicher Richtung nach Bad Hindelang. Am Ortsanfang rechts der Beschilderung zu den Parkplätzen an der Hornbahn folgen

Tourencharakter
Mittelschwere Rundtour zum 1656 Meter hohen Imberger Horn. Um die Tour etwas abzukürzen, kann man den Lift/ Bus nutzen.

Kinderwagen
Nicht geeignet

Einkehr
Strausbergalpe, Café Nord-Süd, Berggasthaus Zum Oberen Horn

Informationen
hornbahn-hindelang.de

Auf dem familienfreundlichen »Erlebnispfad Georgs Naturwelt« wandern wir zunächst zum leicht zu erreichenden Aussichtspunkt Burgschrofen. Anschließend geht es etwas schweißtreibender und anspruchsvoller hinauf auf das Imberger Horn, wo wir das prächtige Gipfelpanorama genießen.

Sicherlich könnte man die Strecke vom Parkplatz zur Hornbahn-Bergstation auch zu Fuß überwinden, aber zusätzliche 500 Höhenmeter sind dem Familienfrieden mit großer Wahrscheinlichkeit eher abträglich.

Bei der Planung sollte man unbedingt den frühen Betriebsschluss der Hornbahn im Auge behalten, damit man nicht wie der Autor samt Nachwuchs am Ende des Tages zu Fuß nach Bad Hindelang absteigen muss – bergab sicherlich leichter als bergauf, aber auf einer Forststraße, die man sehr passend als »langweilig« bezeichnen kann, auch keine reine Freude.

An der Bergstation folgt man der Beschilderung auf dem breiten, kinderwagentauglichen Kiesweg zum Aussichtspunkt »Burgschrofen«. Spielstationen auf »Erlebnispfad Georgs Naturwelt« bieten den Kindern in kurzen Abständen immer wieder neue, abwechslungsreiche Entdeckererlebnisse.

Am aussichtsreichen Burgschrofen ist aber leider nur der leichteste Part der Wanderung geschafft. Wir folgen dem Erlebnispfad noch rund 50 Höhenmeter bergauf, gehen dann aber nicht auf diesem links zurück zur Bergstation, sondern weiter nach rechts. Schon kurz darauf zweigt links der Steig zum Imberger Horn ab. Über Stufen und in einem großen Bogen leitet uns dieser nun von Norden her zum Gipfel. Wem es hier auf den letzten Metern zu steil und felsig wird, der umgeht den Gipfel einfach auf der Ostseite und erreicht ihn dann etwas leichter von Süden her.

Dieser südliche Weg ist es auch, den wir nach dem Genuss des Gipfelpanoramas nutzen, um den felsigen Gipfelaufbau zu verlassen und auf dem leicht abfallenden Kammweg zum Straus-

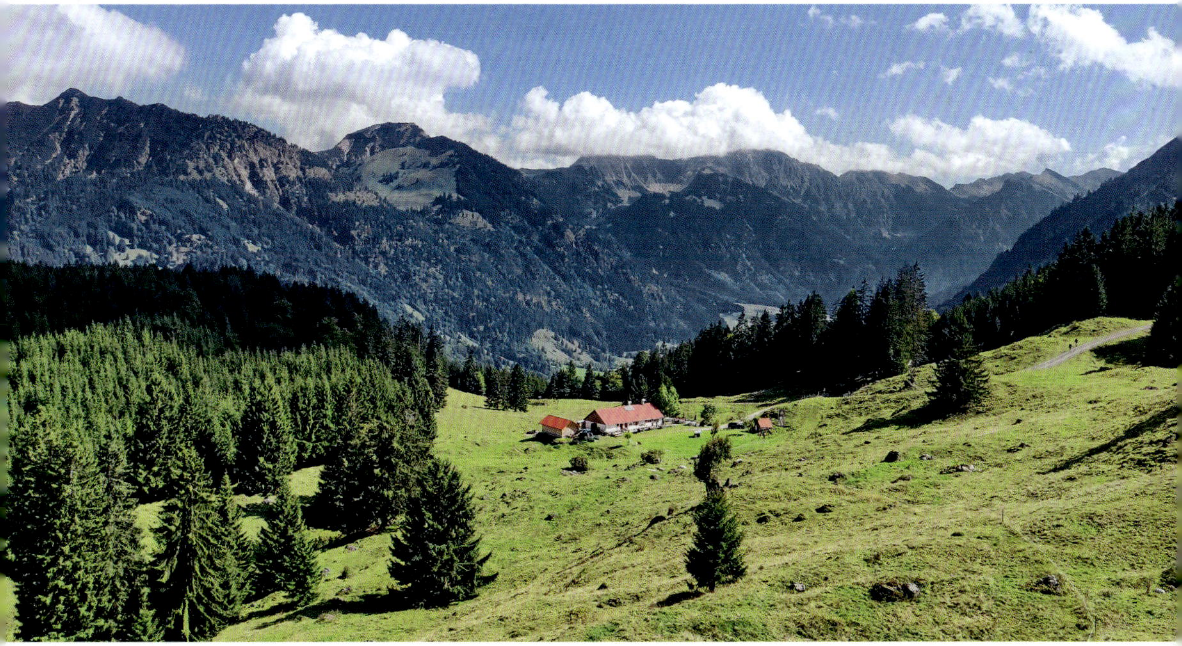

Blick auf die Horn-Alpe

berg abzusteigen. Hier wartet ein weiteres Gipfelkreuz auf uns. Von diesem zweiten Gipfel aus folgen wir dem Weg geradeaus, an der kurz mit Seilgeländer gesicherten Passage entlang, weiter nach Süden. Wir steigen auf dem schmalen Pfad in den Sattel zwischen Strausberg und Gehrenkopf ab und gehen hier rechts auf der nun wieder breiten Fahrstraße in nördlicher Richtung zur bewirtschafteten Strausbergalpe, die ein paar Meter nach links unterhalb des Weges liegt.

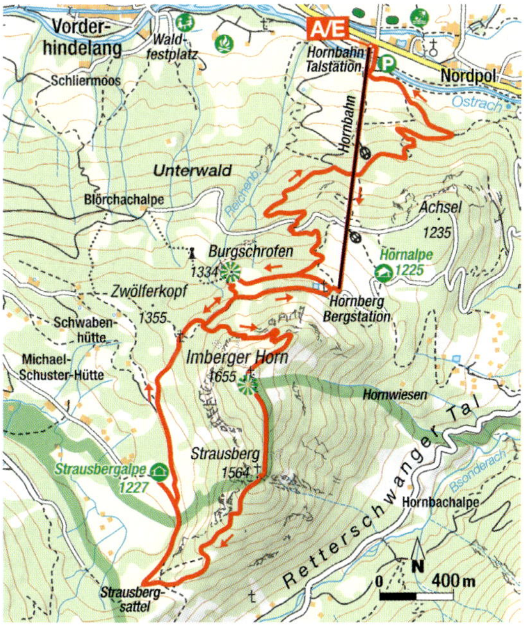

Nach der Rast geht es wieder zurück zur Fahrstraße und weiter nach Norden bis zum Waldrand unterhalb des Imberger Horns, wo der Weg wieder in einen schmaleren Pfad übergeht. Diesem folgen wir bergauf durch den Wald und erreichen so einen breiteren Weg. Rechts bergauf kommen wir zu dem vom Aufstieg bekannten Steig zum Imberger Horn, gehen aber geradeaus weiter auf dem Erlebnispfad zur Bergstation.

Nun geht es entweder mit der Bahn oder zu Fuß über die lange Forststraße zurück zum Ausgangspunkt.

65 Auf den Besler

Über die Schönberg Alpe zum Besler

Schwer | 5 km | 380 Hm | 2.30 Std.

Alter
Ab 7 Jahren

Ausgangspunkt
Parkplatz am Schönbergjoch

Anfahrt
Über die B 19 bis Fischen und rechts nach Obermaiselstein; weiter zum Riedbergpaß und durch die große Kurve mit den Parkplätzen bis zum nächsten Parkplatz

Tourencharakter
Wanderung mit kurzem Klettersteig (Klettersteigset oder Kinder an die Hand bzw. ans Seil), der aber umgangen werden kann

Kinderwagen
Nicht geeignet

Einkehr
Schönberg Alpe, in der Sommersaison geöffnet

Genauso wie es auf Wikipedia zu lesen ist, ragt der Besler tatsächlich »wie eine Mauer aus den umliegenden Bergwiesen hervor«. Den Gipfel erreicht man entweder auf einem angenehmen Wanderweg oder über einen kurzen, aber nicht leichten Klettersteig.

Wir folgen der Riedbergpassstraße vom Parkplatz aus noch etwas weiter Richtung Balderschwang und stehen nach ein paar Minuten am Schild, das uns links bergab zur Schönberg Alpe weist. Auf dieser Fahrstraße gehen wir hinunter zur Alpe. Der Weg gabelt sich und wir gehen rechts um die Alpe herum und

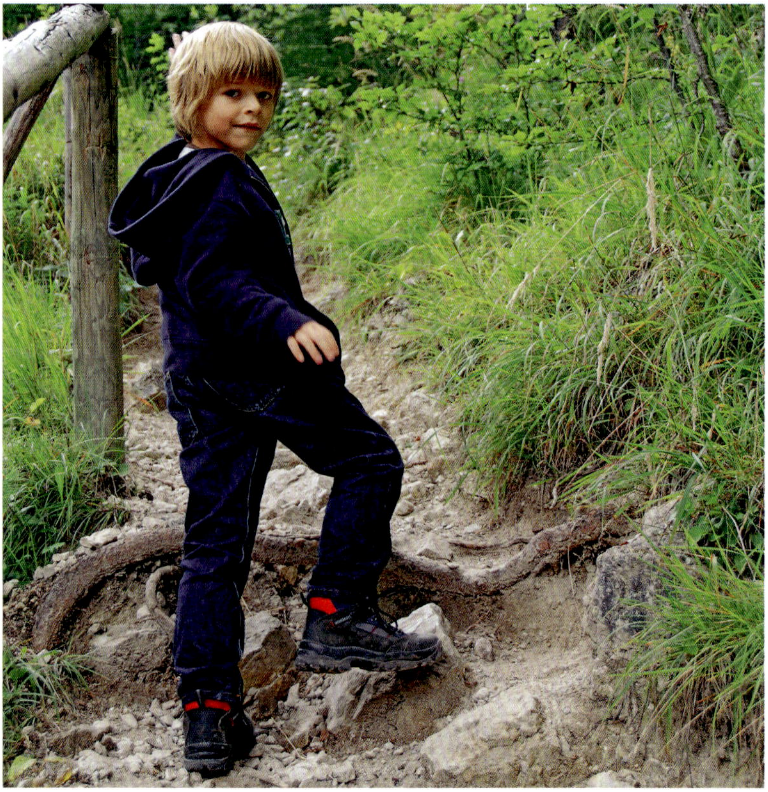

Gutes Schuhwerk ist ein Muss.

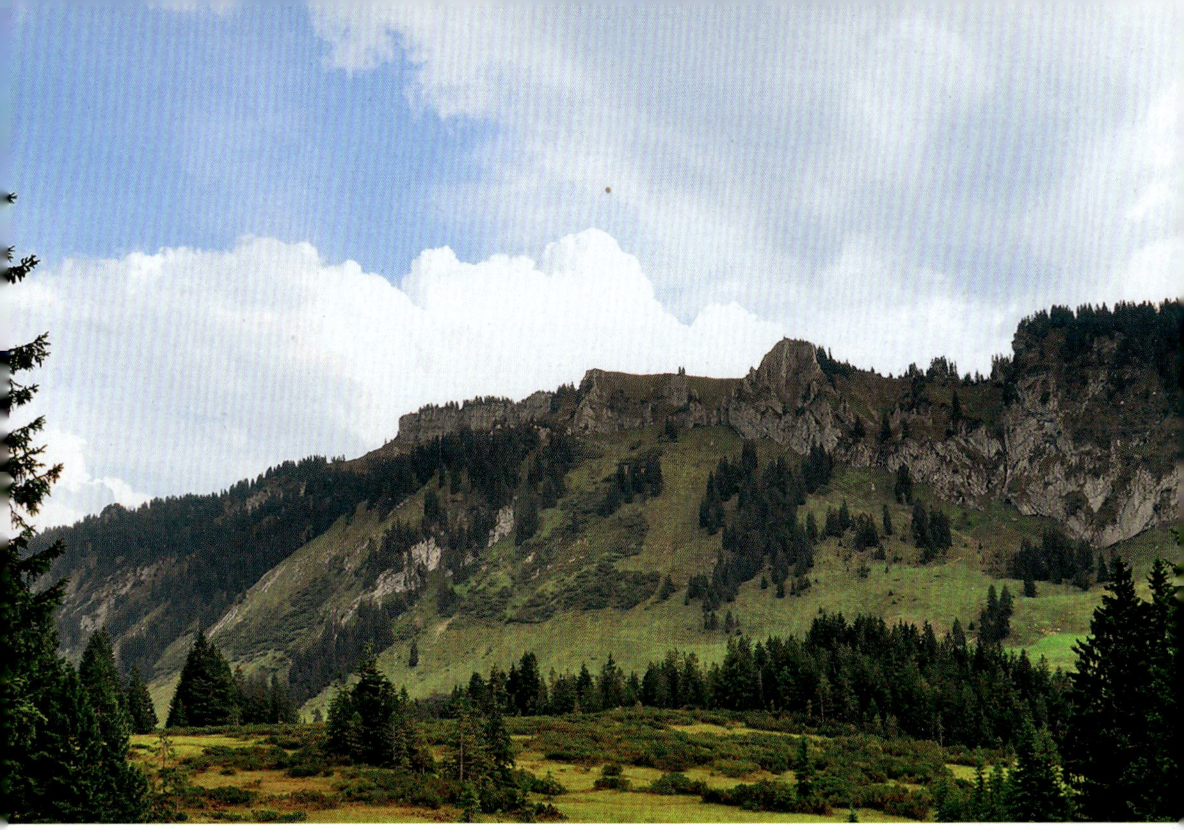

zweigen dann gleich nach der Alpe links auf den schmalen Pfad zu Beslerkopf und Besler ab. In Serpentinen geht es nun hinauf zu den Felswänden und unter dem Beslerkopf bis zu einem Abzweig. Mit kleinen Kinder geht man hier rechts zu einer Anhöhe, wieder kurz bergab und dann nach links, um so den Gipfel des Beslers in einem Bogen von Süden aus zu erreichen. Mit Klettersteigausrüstung und großen Kindern geht man geradeaus weiter und erreicht kurz darauf den Klettersteig direkt unterhalb des Besler-Gipfels. Da dieser Klettersteig stellenweise sehr ausgesetzt ist, sollte er nur mit Klettersteigset oder kurzem Seil begangen werden. Wer will, macht noch einen Abstecher zum Beslerkopf.

Blick auf den Besler und Beslerkopf

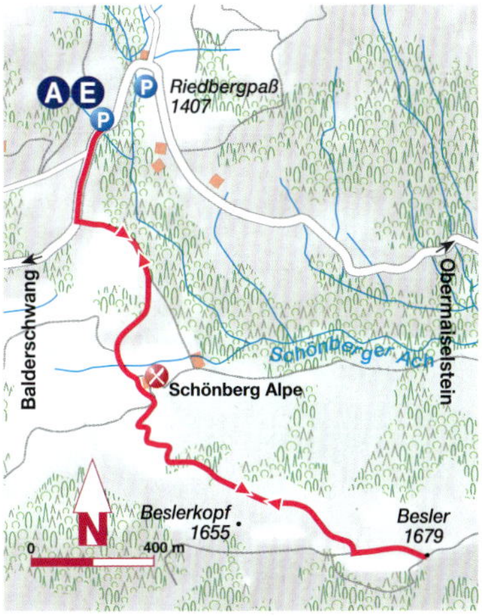

Tipp

Der Aufstieg ist auch von Süden vom Berggasthaus Rohrmoos, das man über die Mautstraße von Tiefenbach aus erreicht, möglich.

66 Alpenwildpark Obermaiselstein

Heimische Wildtiere beobachten

Leicht | 3,4 km | 110 Hm | 1.15 Std.

Alter
Ab 5 Jahren

Ausgangspunkt
Parkplatz beim Schützenheim

Anfahrt
Über die B 19 nach Fischen und rechts nach Obermaiselstein; weiter Richtung Riedbergpass und nach dem Tunnel beim Sportplatz und Schützenhaus links

Tourencharakter
Leichter Rundwanderweg

Kinderwagen
Nicht geeignet

Einkehr
Berghof-Stüble im Alpenwildpark

Informationen
alpenwildpark.de

Der Besuch der Tiere des Alpenwildparks kann gut mit einer Wanderung verbunden werden.

Vom Parkplatz aus gehen wir noch etwas weiter auf der kleinen Straße bis zum Spielplatz und hier rechts auf den Pfad, der uns unterhalb des Kleinen Herrenberges nach Süden führt. Nachdem wir aus dem Wald getreten sind, stoßen wir auf einen breiteren Weg, dem wir nach rechts folgen. Bald wird der Weg schmaler und wir überschreiten den Herrenberg. Es geht wieder durch den Wald bis zu einem Wegweiser, der uns nach links aus dem Wald heraus und zu dem nun direkt vor uns liegenden Wildpark führt.

Nach einem Besuch bei den Steinböcken, Gemsen, Hirschen und Greifvögeln geht es über den Anstiegsweg zurück oder wir folgen für eine Rundtour der kleinen Fahrstraße, die aus Obermaiselstein zum Alpenwildpark hinaufführt. Im Ort gehen wir dann stets links und kommen so zurück zum Parkplatz.

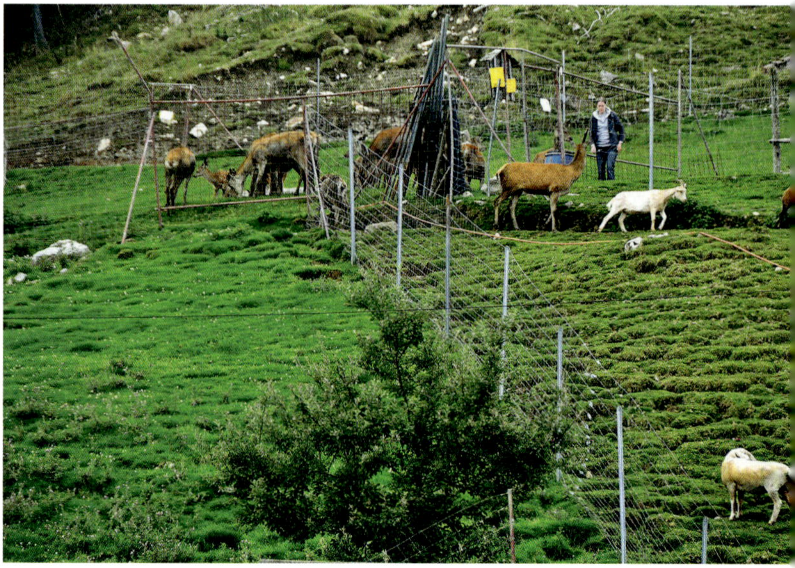

Tiergehege im Alpenwildpark

67

Burgberger Tierparadies

Kuschelige Streicheleinheiten

Über den Moorweg gelangen wir zu Ponys, Schafen, Eseln, Ziegen, Hennen, Alpakas sowie Hasen und Kaninchen.

Bei der Parkplatzeinfahrt gehen wir ein paar Meter zurück auf der Anfahrtsstraße und überqueren diese, um auf der gegenüberliegenden Seite auf den Moorweg direkt nach Westen einzubiegen. Wir stoßen auf einen anderen Weg und gehen nach rechts. Wenig später überschreiten wir den Agathazeller Bach und erreichen kurz darauf eine Teerstraße. Hier gehen wir links und im Ort wiederum links und nochmals links. Bei den nächsten Häusern biegen wir rechts ab und gelangen nun direkt zum Burgberger Tierparadies.
Zurück geht es nach dem Tierparadies links durch die Allee bis zur nächsten Wegkreuzung und hier scharf links. So erreichen wir über einen Feldweg die Brücke über den Burgberger Dorfbach und wieder das Moor. Im Moor gelangen wir rechts zum Parkplatz.

Leicht	3,3 km	35 Hm	1.55 Std.

Alter
Ab 5 Jahren

Ausgangspunkt
Parkplatz an der Schanz

Anfahrt
Über die B 19 nach Immenstadt und weiter Richtung Rettenberg; vor Rettenberg rechts nach Burgberg; am Ortseingang vor dem Steinbruch links zum Parkplatz

Tourencharakter
Leichter Rundweg

Öffnungszeiten
Täglich 10–18 Uhr

Kinderwagen
Geeignet

Einkehr
Imbiss im Tierparadies

Informationen
burgberger-tierparadies-mit-kafe-kult.business.site

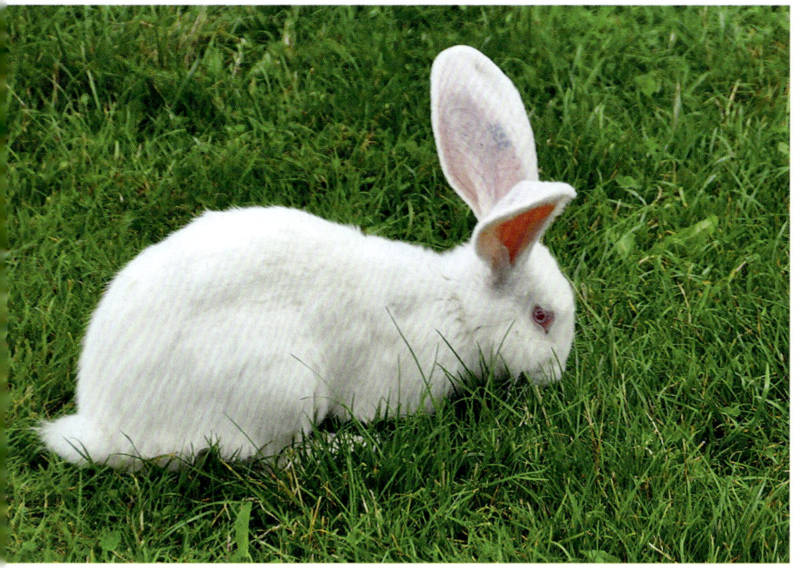

Eines von vielen Kaninchen und Hasen, die im Burgberger Tierparadies leben.

68 Reuterwanne

Ein toller, leicht erreichbarer Aussichtsberg

Mittel	7,6 km	540 Hm	2.55 Std.

Alter
Ab 7 Jahren

Ausgangspunkt
Wanderparkplatz Hinterreute

Anfahrt
Über die A 7 bis zur Ausfahrt Oy-Mittelberg und weiter auf der B 310 nach Süden Richtung Oberjoch, Bad Hindelang. Am Grüntensee entlang bis Wertach und links in Richtung Campingplatz. Auf halber Strecke rechts hinauf nach Hinterreute zum Wanderparkplatz.

Tourencharakter
Mittelschwere Tour auf den 1542 Meter hohen Reuterwanne-Gipfel. Der Rückweg erfolgt auf dem gleichen Weg.

Kinderwagen
Nicht geeignet

Einkehr
Alpe Blösse

Informationen
wertach.de

Ein herrliches Panorama mit Ausblick auf die markanten Gipfel des Wertacher Hörnles und des Grünten bietet der Gipfel der Reuterwanne. Eine gemütliche Einkehrmöglichkeit liegt auf dem Weg.

In Hinterreute folgen wir der Anfahrtsstraße noch rund 150 Meter weiter bergauf und gehen rechts auf der breiten Teerstraße, die zur Buronhütte führt bergan.
Wir unterqueren den Skilift und folgen noch vor der Buronhütte der Beschilderung »10 Minuten« nach rechts, sodass wir schon kurz darauf die Alpe Blösse erreichen.
Hinter der Alpe zweigt vom Fahrweg rechts ein Wanderweg ab, welchem wir in den Wald hinein folgen. Wir erreichen den Kamm und eine weitere Forststraße und folgen dem Wegweiser zur Reuterwanne hinauf zum Sendemast und Liftausstieg. Stets auf dem Kammweg schwenken wir nach Süden und erreichen bald das Gipfelkreuz der Reuterwanne, wo sich uns ein herrlicher Ausblick auf das Wertacher Hörnle und den Grünten bietet. Nach der Rast am Gipfel (Vorsicht, im Osten fällt das Gelände steil ab) gehen wir auf dem Anstiegsweg wieder zurück und schaffen es vermutlich kein zweites Mal, der Alpe Blösse die kalte Schulter zu zeigen.

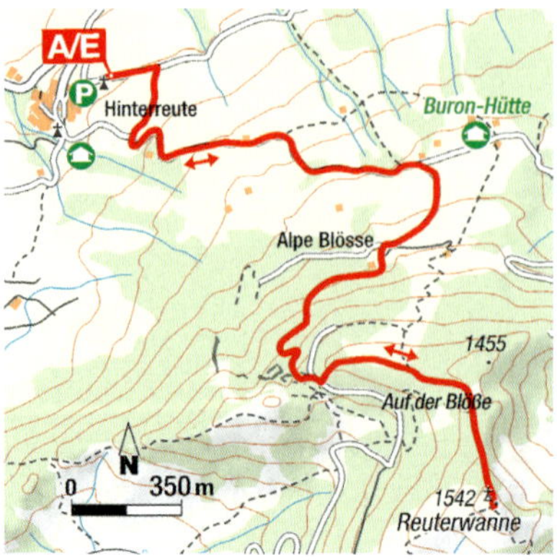

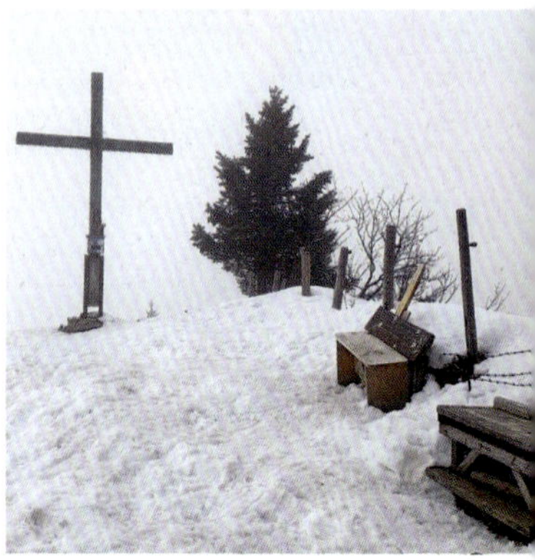

Aussichtsbankerl am Gipfelkreuz

Pfeifferberg

Grenztour aus der österreichischen Exklave

69

Das Ziel dieser grenzüberschreitenden Rundwanderung ist der Pfeifferberg-Gipfel bei Jungholz. Auf dem Rückweg lockt die Alpe Stubental mit ihrer sonnigen Terrasse zur Einkehr.

Auf der Anfahrtsstraße laufen wir wieder ein Stück zurück bis zum kleinen Kirchlein. Hier geht es rechts an den Häusern vorbei und links auf den »Jungholzer Höhenweg«. Dieser führt nun leicht bergab zu einem Speichersee.

Beim Sendemasten wandern wir rechts bergauf bis zur Überquerung des Holderbaches. Nach links ginge es nun bergab zur bewirtschafteten Alpe Untere Reuterwanne. Wir gehen aber nach rechts und gleich wieder rechts auf einen nun steileren Steig am Holderbach entlang. Wir erreichen die Wiesen bei der Alpe Obere Reuterwanne, die im Sattel zwischen Reuterwanne (links) und Pfeifferberg (rechts) liegt. Beim Wegweiser gehen wir rechts auf dem breiten Weg nach Süden ein Viertel um den Pfeifferberg herum und dann links hinauf zum Gipfelkreuz.

Nach der Rast überschreiten wir den Pfeifferberg und steigen am Zaun entlang auf der anderen Seite ab. Wir stoßen nach einer knappen Viertelstunde auf einen Weg, dem wir nach rechts folgen. Nach weiteren zehn Minuten sind wir an der Alpe Stubental.

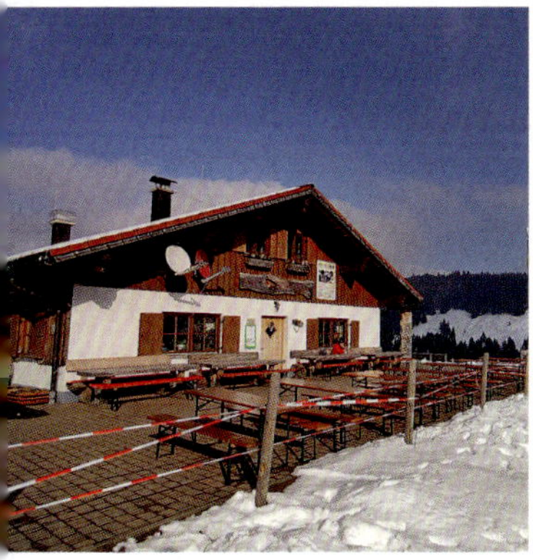

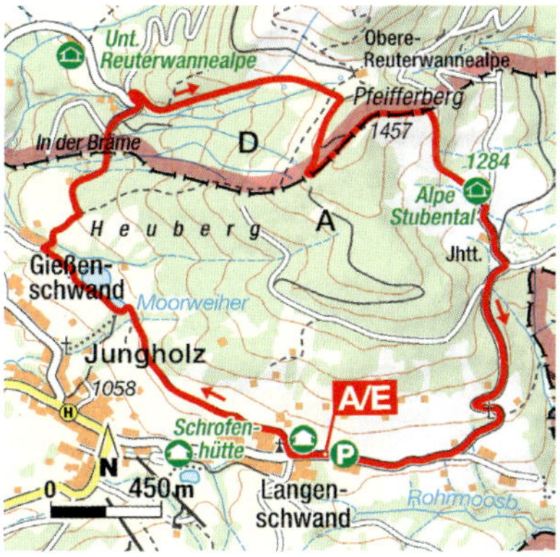

Rast auf dem Rückweg bei der Alpe Stubental

Mittel | 7 km | 360 Hm | 3.15 Std.

Alter
Ab 6 Jahren

Ausgangspunkt
Wanderparkplatz Langenschwand

Anfahrt
Über die A 7 bis zur Ausfahrt Oy-Mittelberg und weiter nach Süden Richtung Oberjoch, Bad Hindelang. Am Grüntensee entlang nach Wertach und weiter geradeaus bis zum beschilderten Abzweig nach links nach Jungholz. Durch Jungholz hindurch nach Langenschwand zum Wanderparkplatz.

Tourencharakter
Mittelschwere Rundtour auf den 1458 Meter hohen Pfeifferberg-Gipfel

Kinderwagen
Nicht geeignet

Einkehr
Alpe Stubental

Informationen
alpestubental.com

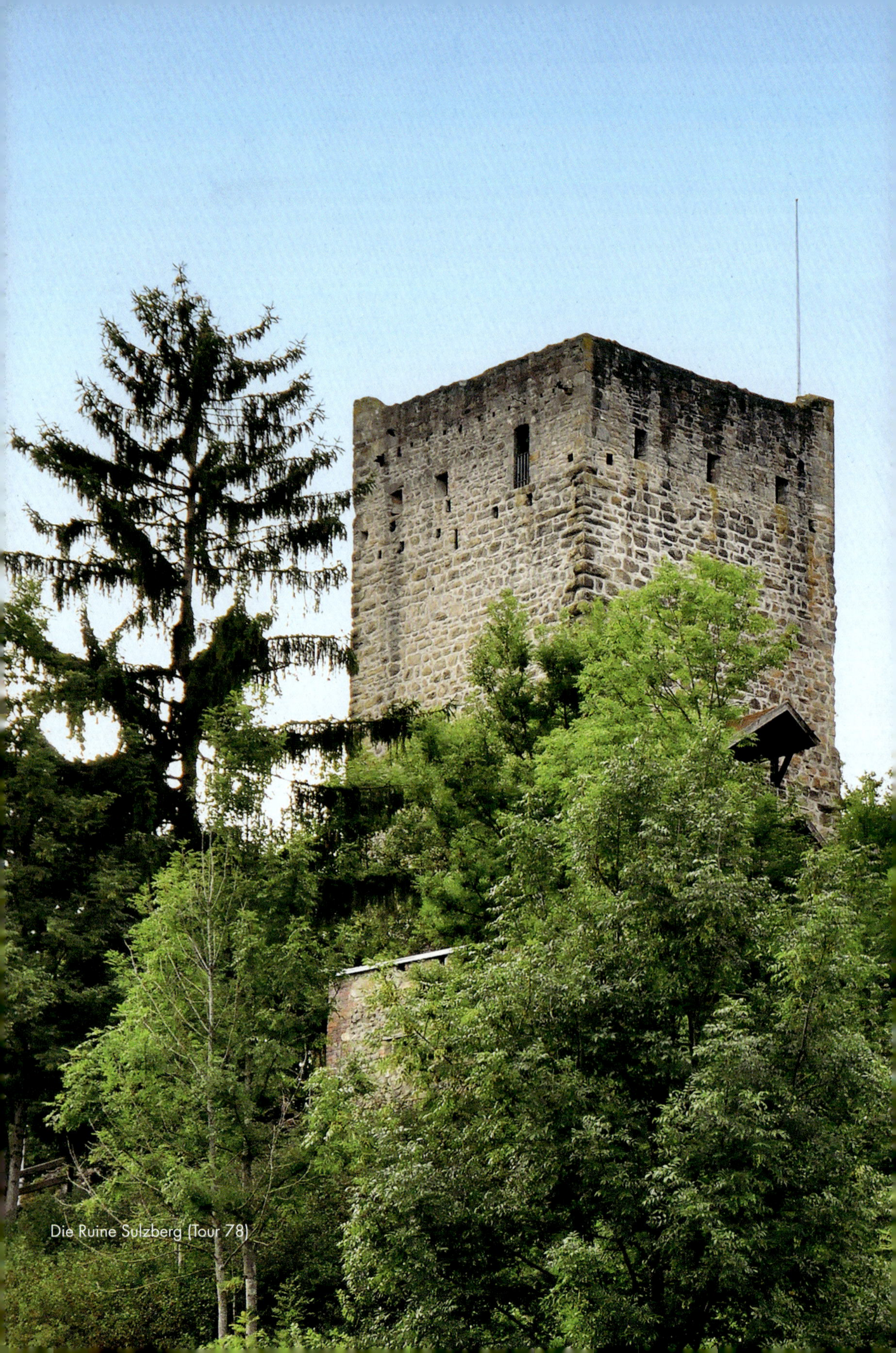

Die Ruine Sulzberg (Tour 78)

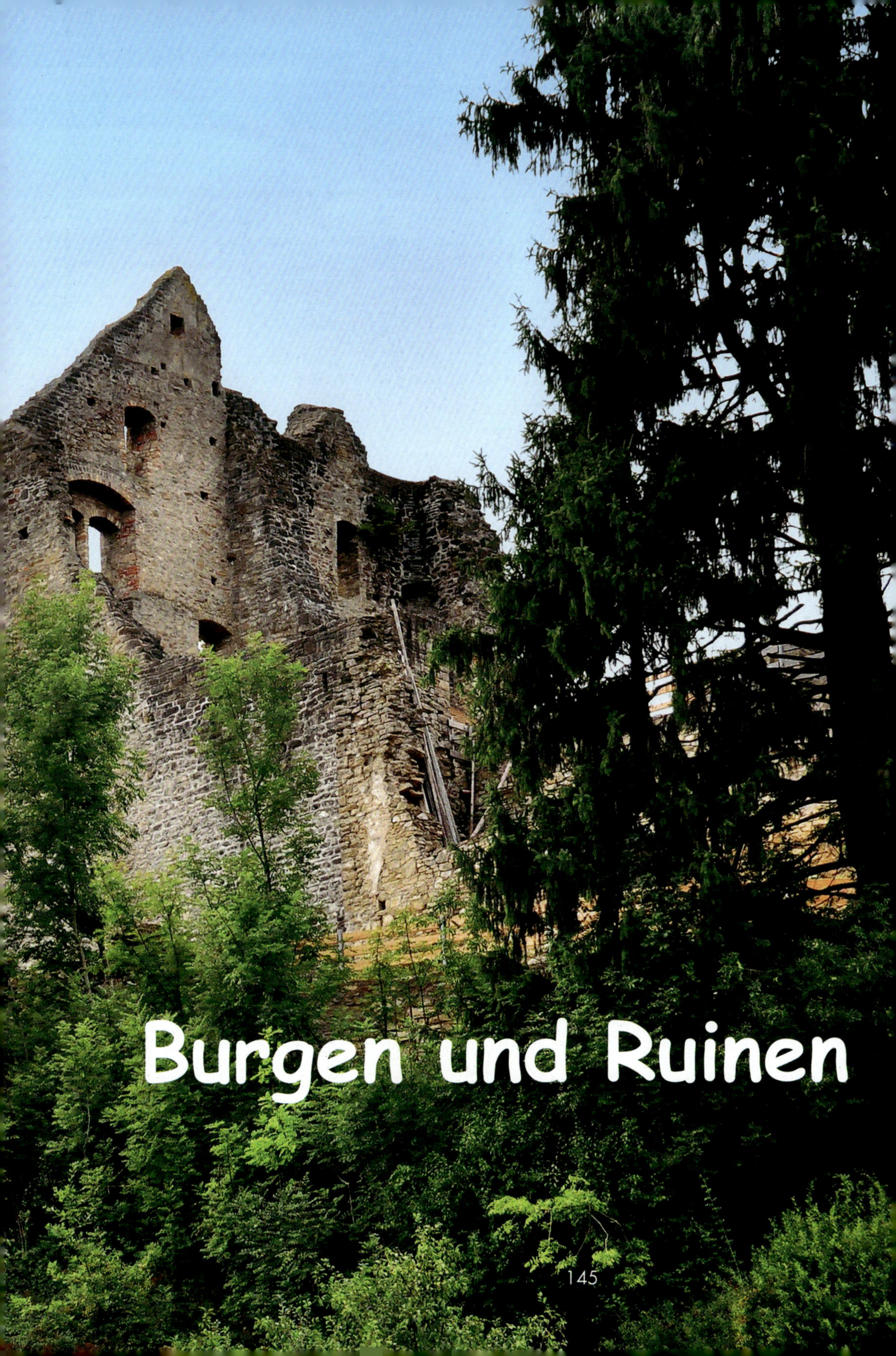

Burgen und Ruinen

70 Eisenberg und Hohen-Freyberg

Zwei imposante Ruinen über der Schlossbergalm

Mittel	3,5 km	240 Hm	1.30 Std.

Alter
Ab 5 Jahren

Ausgangspunkt
An der Dorfstraße parken

Anfahrt
Über die B 310 von Füssen Richtung Pfronten und weiter Richtung Eisenberg; nach etwa 2,3 Kilometern nach Zell hinein abbiegen

Tourencharakter
Leichte Rundtour

Öffnungszeiten
Ganzjährig

Kinderwagen
Geeignet

Einkehr
Schlossbergalm, ganzjährig geöffnet, Montag Ruhetag, schlossbergalm.de

Informationen
eisenberg-allgaeu.de

Die ab dem 12. Jahrhundert erbauten Burgen Eisenberg und Hohen-Freyberg entzünden bei kleinen Nachwuchs-Rittern die fantasiereichsten Träume von alten Zinnen, Zwingern, Scharten und Türmen.

Wir folgen der Dorfstraße weiter leicht bergauf an der Kirche und dem Burgmuseum Eisenberg vorbei aus dem Ort Zell Richtung Schweinegg hinaus. Nach etwa 300 Metern biegen wir bei einem Wanderparkplatz nach rechts ab, auf eine ebenfalls geteerte kleine Straße. Auf dieser geht es nun etwas zügiger bergan durch die Wiesen zum Wald hinauf, wo wir der Beschilderung zu den Ruinen folgend nach rechts abbiegen. Die Ruine Hohen-Freyberg sieht man bereits, trotz des Verfalls, majestätisch und imposant am oberen Ende der freien Weidefläche. Mit Kinderwagen (ohne Kinderwagen kann man auch auf dem Weglein am Rande der Wiese hochsteigen) gehen wir auf dem breiten Weg geradeaus in den Wald und nun abermals etwas steiler hoch bis in den Sattel zwischen den zwei Ruinen. Hier biegen wir zunächst nach links

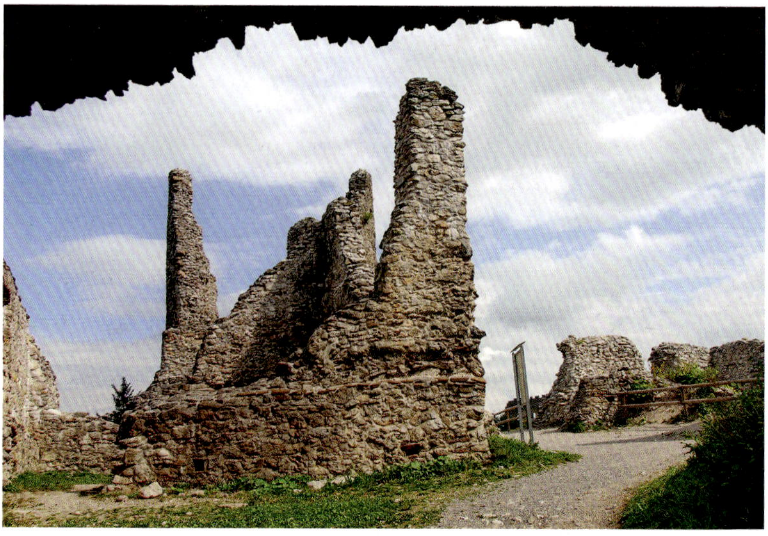

Ritter-Geschichte hautnah erleben

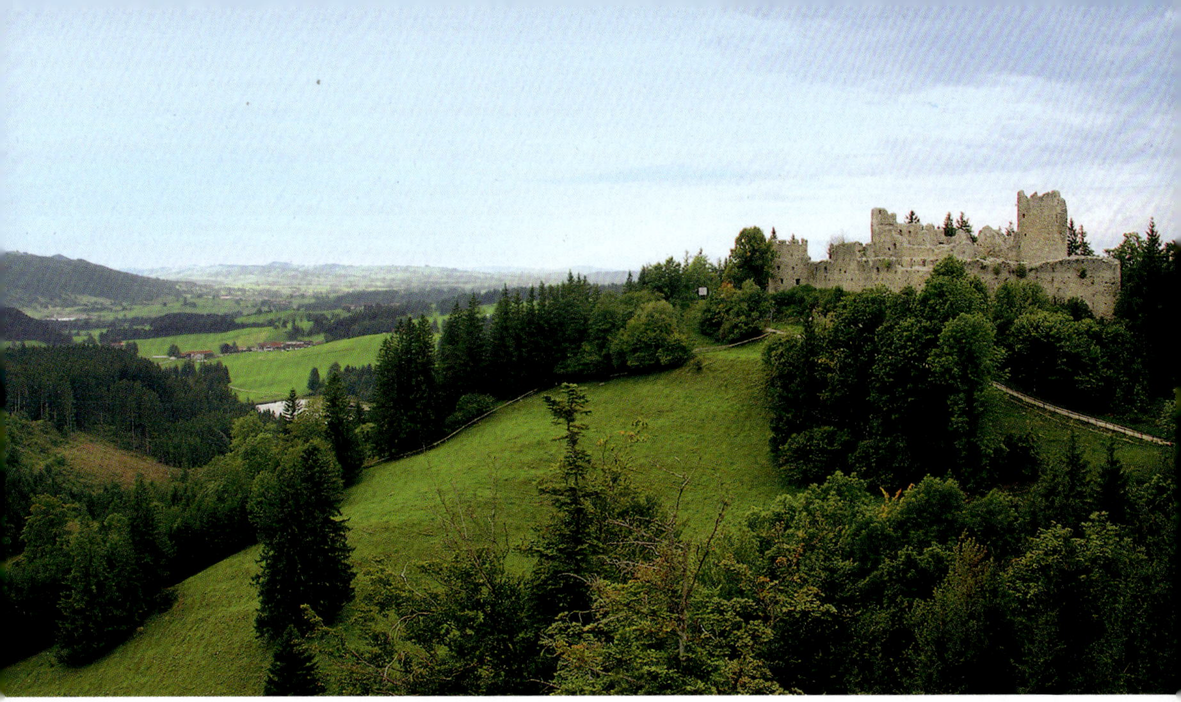

ab und halten uns in der Senke geradeaus, um somit nach einem letzten kurzen Anstieg die bereits vorher erspähte Ruine Hohen-Freyberg durch das Burgtor zu betreten. Alle Winkel, Wege und Scharten wollen erkundet werden, bevor man im Inneren der zweiten Burgmauer den höchsten Punkt im Turm erklimmt und die Aussicht unter anderem auf die Ruine Eisenberg genießen kann. Auch wenn nicht mehr alle Mauern stehen, erhält man einen einprägsamen Eindruck von der ehemals stolzen Ritterburg. Ist alles erkundet, geht es wieder aus der Burg hinaus, zurück in die Senke. Jetzt müssen wir stets geradeaus weiter bergauf, den Anstiegsweg aus Zell und die spätere Abzweigung zur Schlossbergalm passierend, um in einem großen Bogen die Ruine Eisenberg zu erobern. Auch hier werden alle Winkel der Burg erkundet, wobei die Tafeln in den hier deutlicher erkennbaren Räumen den Kleinen einen noch besseren Eindruck von der Architektur der Burg geben.

Wurde auch hier jeder Burgstein einmal gewendet, geht es auf dem Anstiegsweg wieder zurück, bis man die Abzweigung erreicht, bei der wir nach rechts wieder etwas steiler bergab gehen und so die Schlossberalm erreichen. Ziegen und ein kleiner Spielplatz ermöglichen den Eltern eine weitgehend ruhige Einkehr, bevor es auf der hier beginnenden Teerstraße weiter bergab und zurück nach Zell geht.

Die beiden Burgen liegen nur einen Katzensprung auseinander.

Tipp

Im Burgmuseum in Zell können Kinder anhand von Vitrinen und Schautafeln in die Geschichte der Ruinen eintauchen.

71 Ruine Vilsegg

Grenzroute über den Alatsee zur Salober Alm

Mittel	5,1 km	390 Hm	3 Std.

Alter
Ab 6 Jahren

Ausgangspunkt
Vils, Wanderparkplatz Alatseestraße

Anfahrt
Über Pfronten oder Füssen nach Vils (Österreich). Im Ort unter der Materialseilbahn des Zementwerks hindurch den gelben Wanderschildern bis zum Parkplatz unter der Vilser Scharte an den nördlichen bewaldeten Hängen folgen (Alatseestraße)

Tourencharakter
Leichte Pfade und Schotterstraße

Kinderwagen
Nicht geeignet

Einkehr
Salober Alm, Montag und Dienstag Ruhetag, saloberalm.de;
Hotel Alatsee, Dienstag Ruhetag, hotel-alatsee.de

Informationen
fuessen.de

Bevor wir zur Salober Alm und zur Ruine Vilsegg gelangen, wird zunächst der Alatsee umrundet. Sein schönstes Geheimnis gibt der See leider nicht sichtbar preis: In etwa 15 bis 18 Metern Tiefe existiert eine leuchtend rote Purpur-Schwefelbakterienschicht, die weltweit zu den ausgeprägtesten zählt.

Bereits die Anfahrt nach Vils am gleichnamigen Fluss begeistert die kleinen Hobby-Erdbeweger, wenn man die im Tal verlaufende Materialseilbahn des Zementwerkes in Vils unterfährt und die gefüllten Gondeln quer durch das Tal ziehen sieht. Am Wanderparkplatz angekommen gehen wir zunächst auf der Teerstraße ein wenig weiter bergauf und erreichen eine Asphaltkreuzung. Hier biegen wir scharf nach rechts ab, umgehen eine Schranke und befinden uns nun auf der breiten Schotterstraße zur Vilser Scharte. Noch vor der ersten Kurve zweigt links ein schmaler, nicht beschilderter Pfad ab, der unseren Anstieg um die einzige Serpentine verkürzt. Der Pfad stößt wieder auf die Schotterstraße, der wir nach links weiter bergauf folgen. Nach der nächsten Rechtskurve überschreiten wir die Landesgrenze und gehen etwa 50 Meter zum Alatsee leicht bergab. Entgegen dem Uhrzeigersinn umrunden wir den See und erreichen so das östlichste Ende beim Hotel Alatsee, wo wir an heißen Tagen eine Kneipp-Runde einlegen können. Auf der Teerstraße am nördlichen Ufer halten wir uns nun in westlicher Richtung. Nach einem Wanderparkplatz haben wir endlich wieder Kies unter den Schuhen und zweigen nun nach rechts auf den ausgeschilderten Maximiliansweg zur Salober Alm ab.

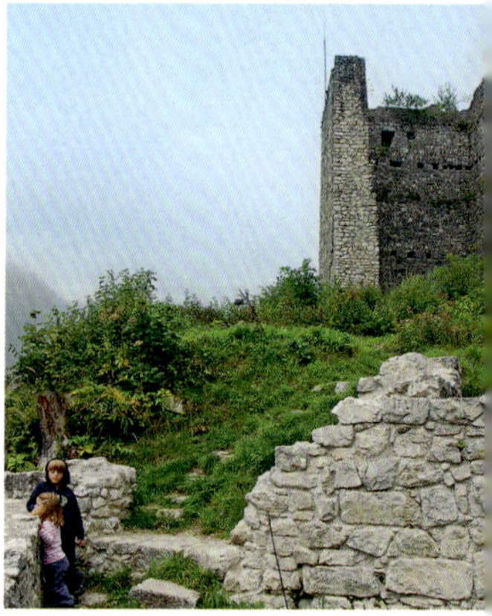

Oben: Imposante Mauerreste der ehemaligen Burg Vilsegg

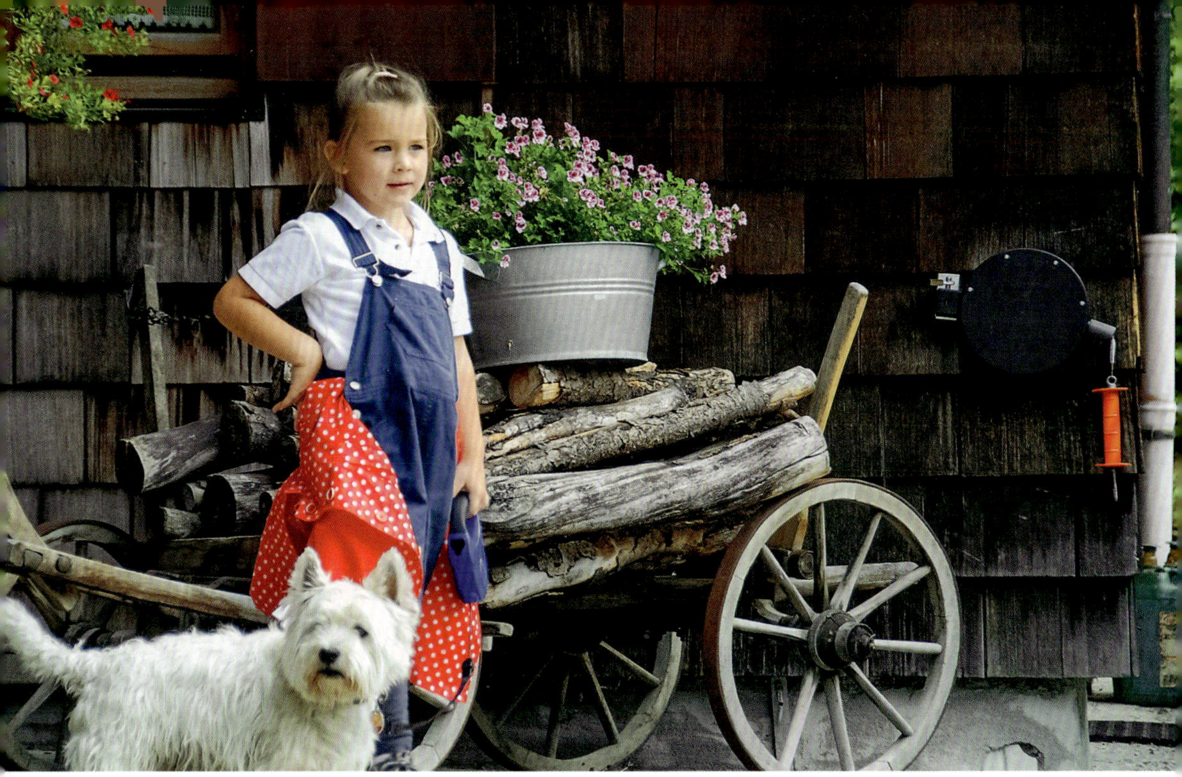

Rast auf der Salober Alm

Ordentlich steil geht es nun zügig bergan bis zum Abzweig des Josefs-Steiges, den wir wählen, um wieder eine Schotter-Serpentine zu umgehen. Nach etwa zwei Stunden erreichen wir die Scharte mit der Fahne, die wir bereits vom Alatsee aus gesehen haben und die uns auf eine gemütliche Rast hoffen lässt. Die Kinder laden wir etwa 40 Meter vor der Alm beim Spielplatz ab und rasten bei einem ordentlichen Germknödel.

Nach der Pause gehen wir zurück bis zum Spielplatz und dort nach rechts leicht bergab auf den schmalen Pfad hinter den Almgebäuden, der uns zum Alatsee und nach Vils weist. Wir umgehen den kleinen Gipfel und steigen dann auf einem kleinen, aber ungefährlichen Pfad durch den Bergwald hinab bis zu einer Wegkreuzung in einer Senke. Geradeaus folgen wir der Beschilderung zur Ruine Vilsegg, welche wir nach etwa 10 Minuten erreichen. Eindrucksvoll erheben sich die noch erhaltenen Reste der bereits 1263 erwähnten Burg auf dem Felsen etwa 60 Meter über Vils. Bei schönem Wetter hat man einen herrlichen Blick über Vils und das Vilstal und die kleinen Ritter und Burgfräulein erobern schnell die Mauern der Ruine. Im Anschluss folgen wir dem Wanderweg weiter bergab und erreichen Vils am westlichen Ortsende. Zum Parkplatz folgen wir nun für etwa 15 Minuten den gelben Wegweisern.

Tipp

Eine Verlängerung der Tour bis zur Ruine Falkenstein (60 Min. einfach) ist möglich.

72 Ruine Falkenstein

Fast wäre hier ein weiteres Märchenschloss König Ludwigs entstanden

Mittel | 2 km | 190 Hm | 1.15 Std.

Alter
Ab 5 Jahren

Ausgangspunkt
Parkplatz am Berghotel Schlossanger Alp

Anfahrt
Über die B 310 von Füssen Richtung Pfronten und am Kreisverkehr links nach Meilingen. Nach 400 Metern links der Beschilderung zur Ruine und zum Berghotel Schlossanger Alp folgen

Tourencharakter
Mittelsteiler Bergsteig zur Ruine

Kinderwagen
Nicht geeignet

Einkehr
Berghhotel Schlossanger Alp, schlossanger.de; Burghotel Auf dem Falkenstein, burghotel-falkenstein.de

Informationen
pfronten.de

An der höchstgelegenen Burgruine Deutschlands kann man seiner Fantasie freien Lauf lassen angesichts der Holzmodelle im kleinen Museum, die König Ludwigs märchenhafte Pläne für diesen exponierten Fleck veranschaulichen.

Darüber hinaus gibt es einen wunderbaren Rundblick über das südliche Ostallgäu, einen Geocache in der Ruine und zwei Einkehrmöglichkeiten sowie einen Kinderspielplatz am Ausgangspunkt. Nach einer Einkehr im Schlosshotel (gehobene Kategorie) und einer Umrundung des kleinen Badeweihers sowie einem Aufenthalt am Spielplatz starten wir am Anfang des Parkplat-

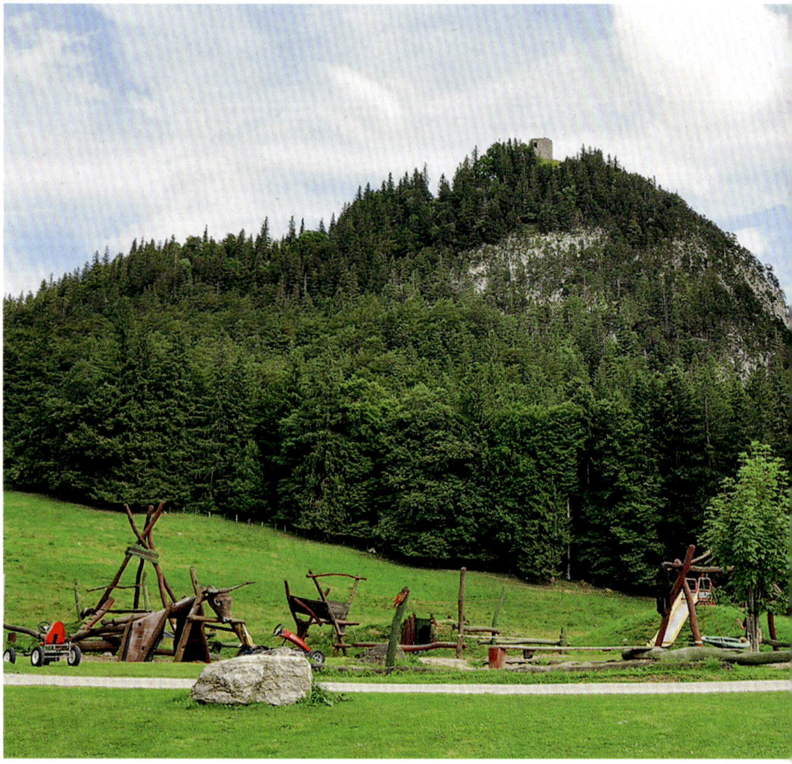

Blick vom Spielplatz Schlossanger Alp auf die Ruine Falkenstein

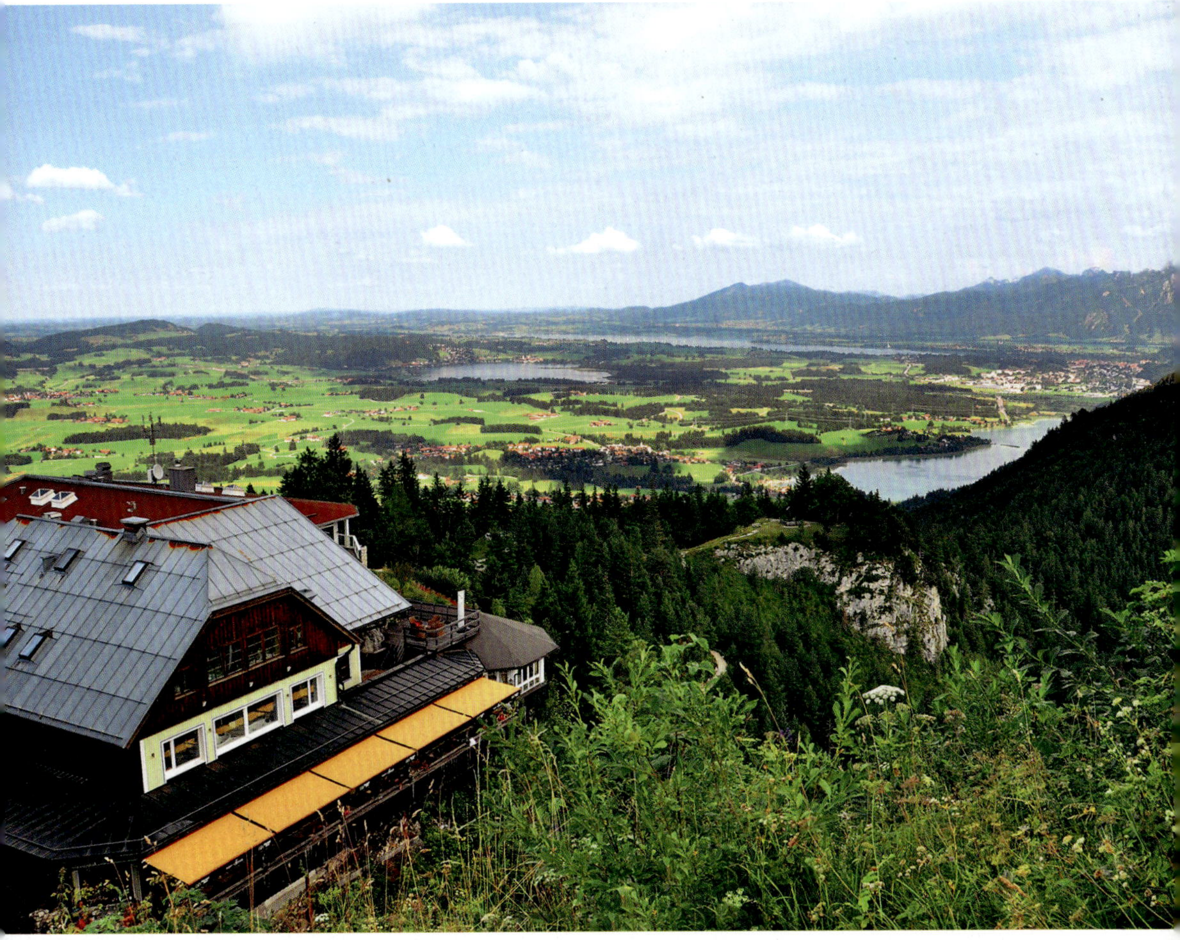

Blick über das Burghotel ins Ostallgäu

zes auf dem kleinen ausgeschilderten Wanderpfad, der uns am Rand der Wiese am Baumhaus vorbei bergauf in den Wald führt. In Serpentinen geht es auf einem schmalen Steig durch den Wald, bis wir das Burghotel auf dem Falkenstein erreichen. Hier taucht nach wenigen Metern rechts die Ruine auf und wir können die Mauern innen über das Holzgerüst erklimmen. Unterhalb der Burg gibt es ein kleines kostenloses Museum sowie einen Abstecher zu einer Mariengrotte.

Für den Rückweg folgen wir ein paar Meter der mautpflichtigen Teerstraße, bis uns links ein Schild in den Wald weist. Über Serpentinen geht es wieder bergab. Bei einem Abzweig gehen wir links über die Kuppe und erreichen eine Forststraße, die uns zur Anfahrtsstraße zurückführt.

Tipp

Die Ruine ist auch von Pfronten-Steinach aus in zusätzlichen zwei Stunden erreichbar.

73 Ruine Vorderburg

Zur Höhenburg der mächtigen Herren von Rettenberg

Mittel	2,8 km	160 Hm	1.50 Std.

Alter
Ab 4 Jahren

Ausgangspunkt
Wanderparkplatz in Großdorf

Anfahrt
Über die B 19 nach Immenstadt und über Rettenberg weiter nach Kranzegg; in der Ortsmitte links nach Emmereis, Vorderburg bis Großdorf

Tourencharakter
Leichte Rundtour auf Forststraßen und Wiesenwegen

Kinderwagen
Nicht geeignet

Einkehr
Alpe Müller's Berg, Dienstag Ruhetag, Mai bis Oktober geöffnet

Informationen
rettenberg.de

Von der vermutlich um 1100 erbauten Burg sind noch ein paar stattliche Mauern übrig, denen man aufgrund der erhöhten Einsturzgefahr allerdings nicht mehr allzu nah kommen darf. Die Tour hat jedoch noch mehr als nur eine Ruine zu bieten.

Beim Parkplatz überqueren wir die Hauptstraße in Großdorf, gehen zunächst zum Maibaum und dann zu der kleinen Kapelle. Hinter dieser führt uns ein Teerweg bergauf zur oberen Straße

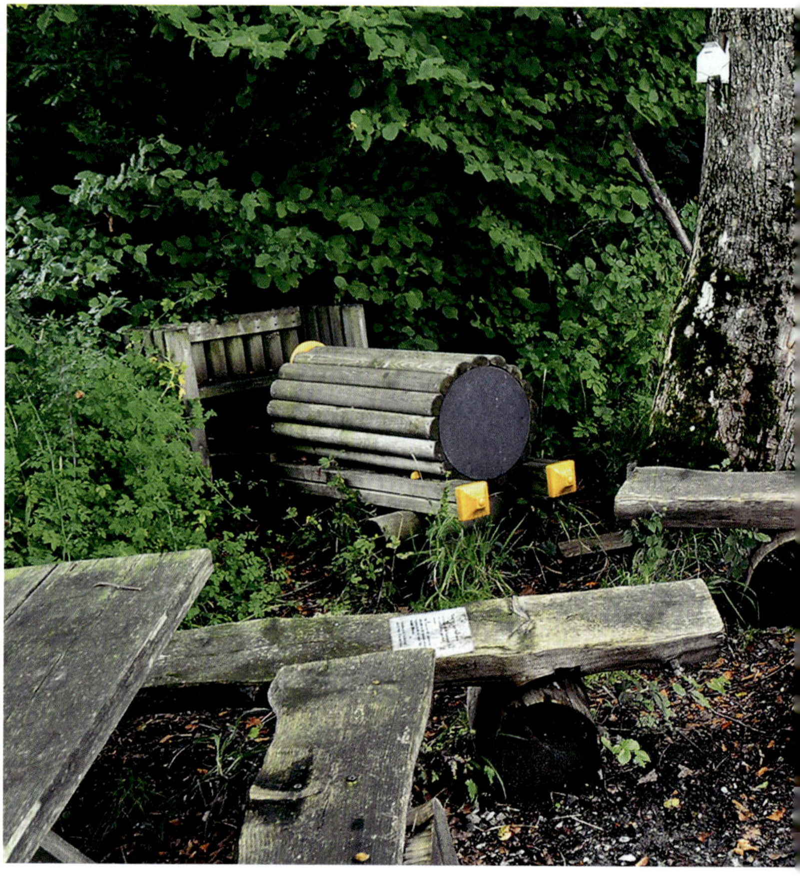

von Großdorf. Hier gehen wir links, dann bei der nächsten Gelegenheit wieder halbrechts (nicht scharf rechts) und kommen so aus dem Ort hinaus. An der Gabelung biegen wir erneut rechts ab und schon nach wenigen Metern stehen wir am Picknickplatz mit dem Schwenkgrill und den bereitgelegten Holzscheiten, die gegen eine Spende verwendet werden dürfen.
Von hier geht es über den kleinen Waldpfad (Märchenweg) weiter zum Spielplatz. Nach der Spielpause wandern wir auf der Forststraße weiter bergauf zur Alpe Müller's Berg. Hier können wir einkehren und mit den Tieren spielen, bevor wir links bergauf zum Waldrand gehen. Über die neue Stahlleiter geht es hinauf zur Ruine und zum Aussichtspavillon.
Zurück laufen wir wieder zum Wegweiser auf der Wiese unterhalb des Pavillons und rechts weiter, bis ein Pfad bergab zu den Weiden abzweigt. Wir erreichen wieder eine Forststraße und folgen ihr zurück nach Großdorf.

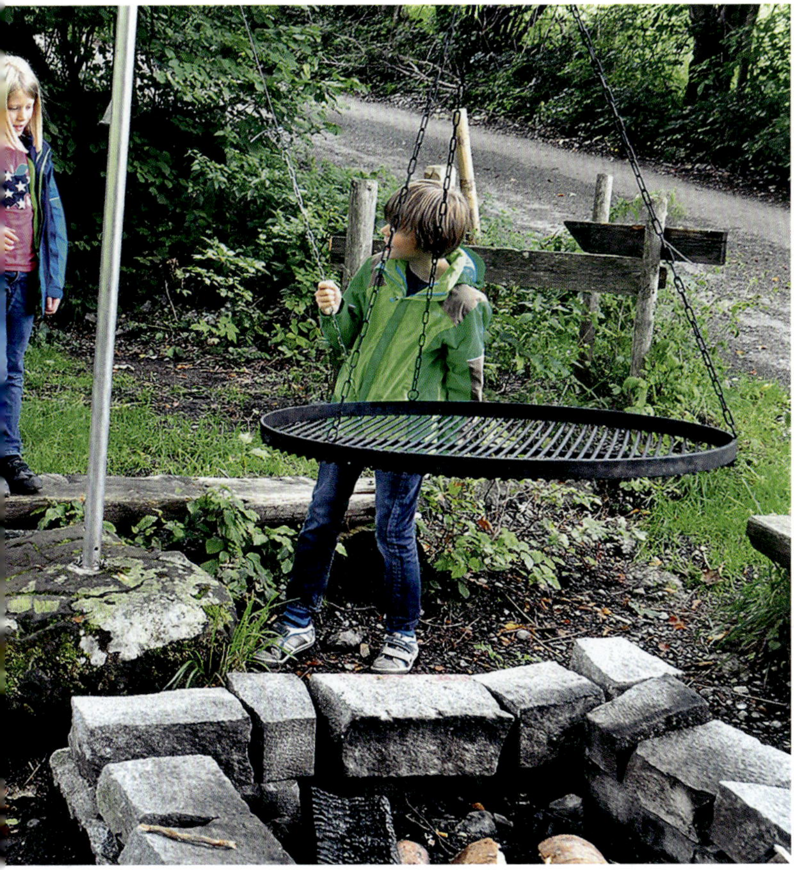

Picknickplatz mit bereitliegendem Brennholzvorrat

74-78 Weitere Burgen

74 Ruine Trauchburg

Auf dem Pedalpferd reiten wir ins Turnier.

Gehzeit: 1 Std. 30 Min., Ausgangspunkt: Wanderparkplatz, Anfahrt: Über die B 12 nach Kleinweiler und der Beschilderung zum Parkplatz an der Teerstraße zur Burg folgen, Höhenmeter: 110 m, Tourencharakter: Leichte Wanderwege, Kinderwagen: Nicht geeignet, Einkehr: Burggaststätte Alttrauchburg, Montag bis Mittwoch Ruhetag, burggaststätte-alttrauchburg.de, Informationen: weitnau.de

Ritterturnieranlage bei der Ruine Trauchburg

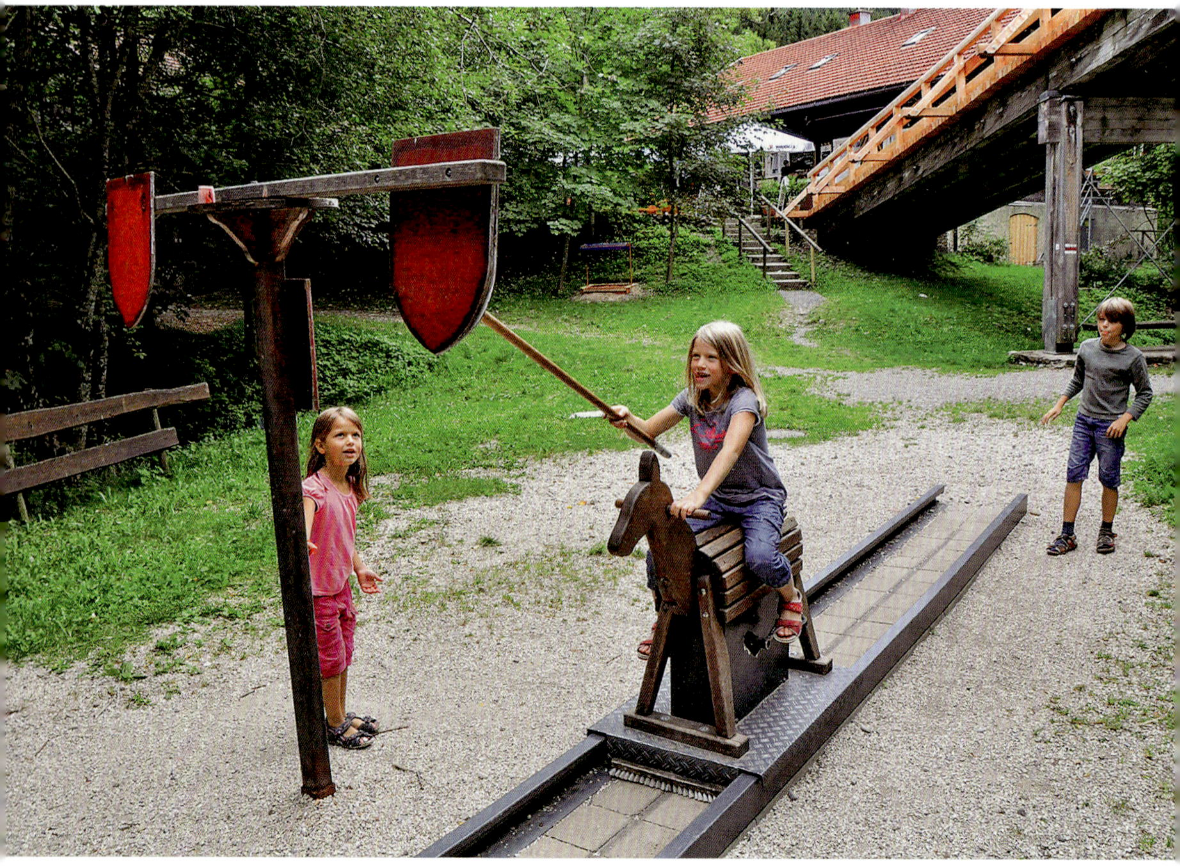

75 Ruine Hopfen

Hier bietet sich ein herrlicher Ausblick über den Badesee auf die Ammergauer Alpen und die Tannheimer Berge.
Gehzeit: 1 Std. 10 Min., Ausgangspunkt: Parkplatz in der Uferstraße, Anfahrt: Über die B 16 nach Füssen und weiter nach Hopfen am See; am Ortsende rechts in die Uferstraße, Höhenmeter: 95 m, Tourencharakter: Leichter Rundweg, Kinderwagen: Nicht geeignet, Einkehr: In Hopfen am See, Informationen: fuessen.de

76 Ruine Rothenstein

Über den Walderlebnispfad gelangen wir zu den Moosruinen.
Gehzeit: 2 Std. 20 Min., Ausgangspunkt: Wanderparkplatz, Anfahrt: Über die A7 bis Ausfahrt Bad Grönenbach und durch den Ort weiter Richtung Rothenstein; am Ortsende links auf den Wanderparkplatz beim Walderlebnispfad, Höhenmeter: 100 m, Tourencharakter: Leichte Rundwanderung, Kinderwagen: Nicht geeignet, Einkehr: In Bad Grönenbach, Informationen: bad-groenenbach.de

77 Burg Laubenbergerstein

Auf der Kurztour gelangen wir zu den Immenstädter Burgfreunden.
Gehzeit: 25 Min., Ausgangspunkt: Parkplatz Am Galgenbichl, Anfahrt: Über die B 19 nach Immenstadt-Nord und die B 308 nach Immenstadt; gleich rechts in die Straße Am Galgenbichl und bei der zweiten Straße links parken, Höhenmeter: 95 m, Tourencharakter: Leichte Wege, Kinderwagen: Geeignet, Einkehr: In Immenstadt, Informationen: immenstadt.de

78 Ruine Sulzberg

Ein Spaziergang führt uns zur Schauruine bei Kempten.
Gehzeit: 1 Std., Ausgangspunkt: Parkplatz beim Sportplatz, Anfahrt: Über die A 980 bis Ausfahrt Durach und nach Süden bis Sulzberg; im Ort rechts in die Martinszeller Straße, Höhenmeter: 40 m, Tourencharakter: Leichte Tour, Kinderwagen: Geeignet, Einkehr: In Sulzberg, Informationen: burgfreunde-sulzberg.de

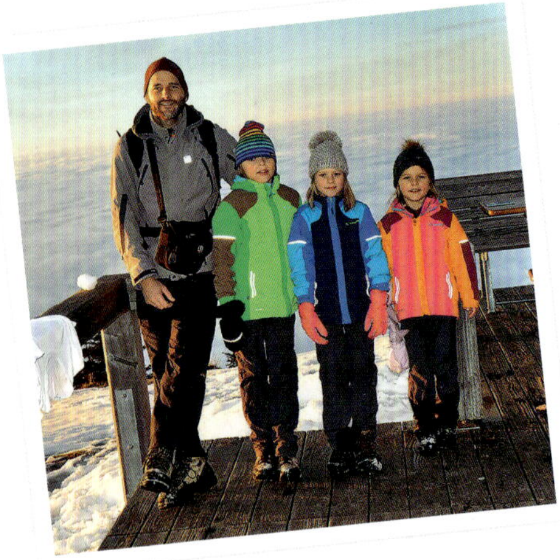

Zugabe

»Wie war die Tour?« *Diese Frage bekomme ich nach fast allen Wanderungen früher oder später zu hören. Oft auch »Hast du einen Tipp?«. Zumindest letztere Frage sollte mit diesem Wanderführer beantwortet sein – die Bewertung hingegen obliegt jedem Einzelnen. Für mich persönlich ist jede Wanderung immer wieder aufs Neue ein Highlight!*

Wie war nun die Tour? *Ich hoffe, die Frage kann jeder am Ende des Tages positiv beantworten! Sollte dem nicht so sein, freue ich mich über Rückmeldung, um dieses Buch weiter zu verbessern. Ein Wanderführer erscheint allerdings eventuell auf den ersten Blick der Schönheit der Natur abträglich. Nicht umsonst versucht man heute in den Sozialen Medien den Ort des Fotospots nicht immer anzugeben. Ein Kinderwanderführer spricht aus Erfahrung nicht die Massen an, und die Kinder, die er mit seinen Familien in die Berge führt, entwickeln hoffentlich ein Verständnis für diesen schützenswerten Raum.*

Der Abfall findet längst den Weg *wieder im Rucksack ins Tal – verblieben ist das Problem der Anreise. Hier bietet das Allgäu mit seinen vielen familienfreundlichen Unterkunftsbetrieben natürlich beste Voraussetzungen, um für mehr als nur einen Tag die Wegstrecke in die Region zurückzulegen. Bleibt die Frage, wie sie zurückgelegt wird. Wanderbusse und der ÖPNV sind eine Option, die man unbedingt prüfen sollte, auch wenn diese mangels Flexibilität speziell für Familien nicht immer tauglich sind. Bei der Individualanreise bildet eine Familie zumindest heute schon eine natürliche Fahrgemeinschaft. Wenn diese in naher Zukunft* CO_2*-neutral erfolgen kann, können wir die Natur weiter entlasten statt belasten.*

Ihr

Robert Theml

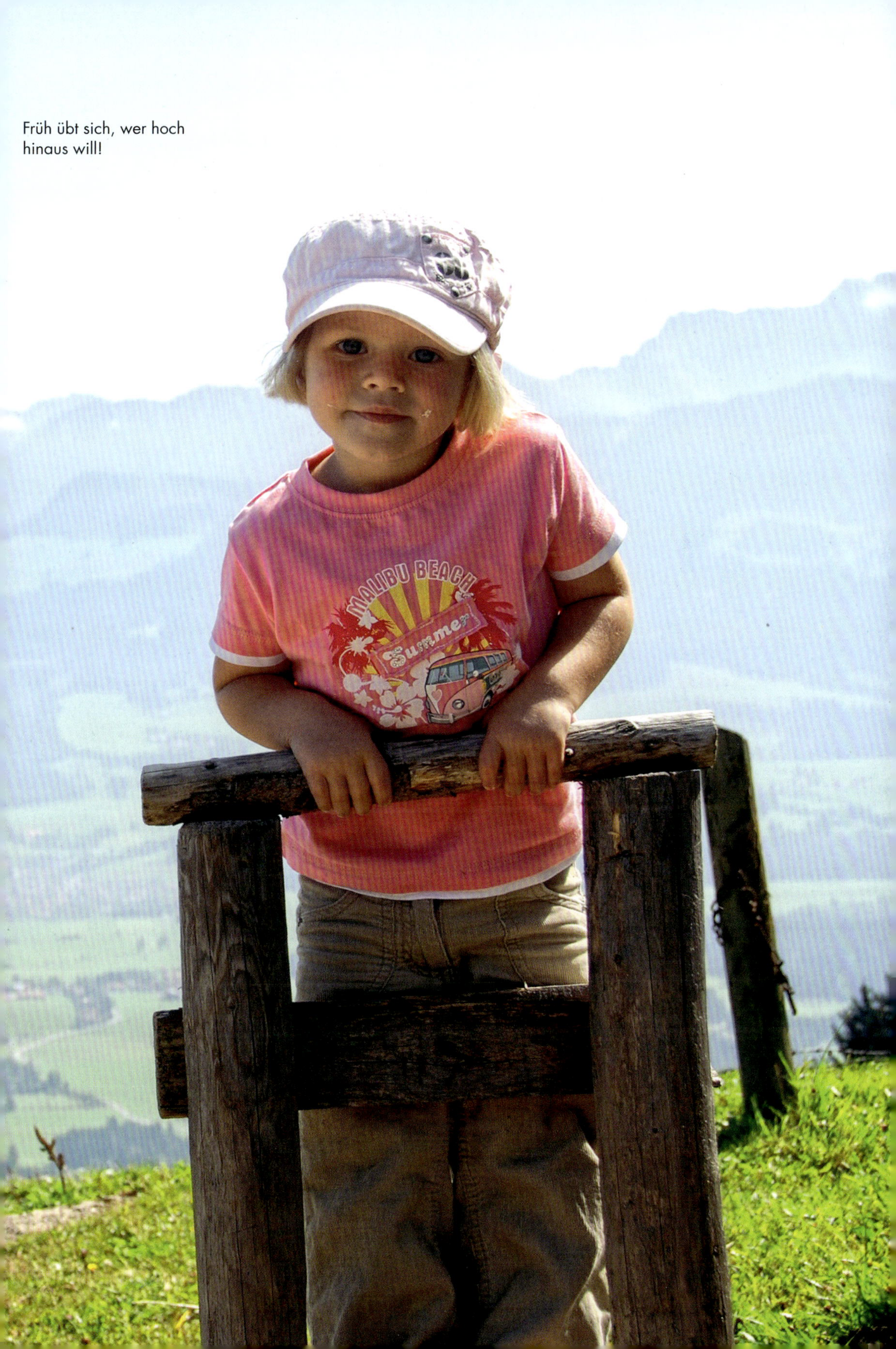

Früh übt sich, wer hoch hinaus will!

Register

Impressum

Verantwortlich: Sabine Klingan
Redaktion: Christian Schneider
Layout: Eva-Maria Klaffenböck
Repro: LUDWIG:media
Kartografie: Heidi Schmalfuß, München
Herstellung: Bettina Schippel
Printed in Turkey by Elma Basim

★★★★★

Sind Sie mit diesem Titel zufrieden? Dann würden wir uns über Ihre Weiterempfehlung freuen. Erzählen Sie es im Freundeskreis, berichten Sie Ihrem Buchhändler, oder bewerten Sie bei Onlinekauf. Und wenn Sie Kritik, Korrekturen, Aktualisierungen haben, freuen wir uns über Ihre Nachricht an J. Berg Verlag, Postfach 40 02 09, D-80702 München oder per E-Mail an lektorat@verlagshaus.de.

Unser komplettes Programm finden Sie unter www.j-berg-verlag.de

Alle Angaben dieses Werkes wurden vom Autor sorgfältig recherchiert und auf den neuesten Stand gebracht sowie vom Verlag geprüft. Für die Richtigkeit der Angaben kann jedoch keine Haftung übernommen werden, weshalb die Nutzung auf eigene Gefahr erfolgt. Insbesondere bei GPS-Daten können Abweichungen nicht ausgeschlossen werden. Sollte dieses Werk Links auf Webseiten Dritter enthalten, so machen wir uns die Inhalte nicht zu eigen und übernehmen für die Inhalte keine Haftung.

In diesem Buch wird aus Gründen der besseren Lesbarkeit das generische Maskulinum verwendet. Weibliche und anderweitige Geschlechteridentitäten sind dabei ausdrücklich mitgemeint, soweit es für die Aussage erforderlich ist.

Empfehlung der Redaktion
Sie sind auf der Suche nach weiterführender Literatur? Dann empfehlen wir Ihnen den Titel »Die schönsten Wanderungen mit dem Kinderwagen in den Bayerischen Hausbergen« von Robert Theml. Oder Sie werfen einen Blick in die Zeitschrift »Der Bergsteiger«. Hier werden Sie bestimmt fündig.

Bildnachweis: Alle Bilder im Innenteil und auf der Umschlagrückseite stammen vom Autor, mit folgenden Ausnahmen: Seite 35 (Breitachklammverein eG), S. 85 (Oberstaufen nikonmike – Fotolia.com), Seite 96 (Isny Marketing GmbH – Erhard Bolender), S. 102 (Alpsee Bergwelt).

Umschlagvorderseite: Blick auf die Kanzelwand (Tour 8)
Umschlagrückseite: Auf dem Wasseramselsteig (Tour 4)

Die Deutsche Nationalbibliothek verzeichnet diese Publikation in der Deutschen Nationalbibliografie; detaillierte bibliografische Daten sind im Internet über http://dnb.d-nb.de abrufbar.

Komplett überarbeitete und erweiterte Neuausgabe des im J. Berg Verlags erschienen Titels Erlebnistouren für Zwergerl im Allgäu

Infanteriestraße 11a
80797 München

ISBN 978-3-86246-681-8